Streitgespräch
um Theologie und Lehramt

# Streitgespräch um Theologie und Lehramt

## Die Instruktion über die kirchliche Berufung des Theologen in der Diskussion

Herausgegeben von Peter Hünermann
und Dietmar Mieth

VERLAG JOSEF KNECHT · FRANKFURT AM MAIN

*CIP-Titelaufnahme der Deutschen Bibliothek*

**Streitgespräch um Theologie und Lehramt** : die Instruktion über die kirchliche Berufung des Theologen in der Diskussion / hrsg. von Peter Hünermann und Dietmar Mieth. – Frankfurt am Main : Knecht, 1991
ISBN 3-7820-0624-0
NE: Hünermann, Peter [Hrsg.]

1. Auflage 1991.  Printed in Germany.

Umschlaggestaltung: Atelier Warminski, Büdingen.
Papier: Werkdruck »Alster« holz- und säurefrei von Ernst A. Geese, Hamburg.
Gesamtherstellung: Druckerei Wagner, Nördlingen.
ISBN 3-7820-0624-0

Inhalt

# Vorwort

Im Juni 1990 wurde in Rom eine Instruktion der Kongregation für die Glaubenslehre über »die kirchliche Berufung des Theologen« veröffentlicht. Sie hat ein weltweites Echo ausgelöst. Die in diesem Band vereinigten Stellungnahmen und Beiträge vermitteln einen Einblick in die gegenwärtige Diskussion um das Verhältnis von Kirche und Theologie, lehramtlicher Autorität und theologischer Lehrkompetenz.

Ohne daß dies in den Beiträgen eigens thematisiert würde, spiegelt sich in ihnen eine gewandelte Situation der Theologie in der Kirche wider. Bis zum II. Vatikanum wurde in weiten Teilen der Weltkirche der Klerus nach dem festgefügten Kanon der neuscholastischen Theologie ausgebildet. Zumeist wurden römische Handbücher zugrunde gelegt. Die Dozenten der Priesterseminare waren oftmals in Rom ausgebildet worden. Es gab nahezu keine Laientheologen. Eine eigenständige theologische Forschung existierte im Grunde nur in den wenigen Ländern, in denen es aufgrund historischer Traditionen theologische Fakultäten gab. Hinzu kamen einige Ordenshochschulen und die römischen Ausbildungsstätten. Seit dem II. Vatikanischen Konzil hat sich die Situation erheblich geändert. Die Zahl der Länder mit katholisch-theologischen Fakultäten hat sich erheblich vergrößert. Im englisch-sprachigen Bereich sind zahlreiche katholische Theologen an interkonfessionelle theologische Fakultäten berufen worden. Auch dadurch hat die theologische Forschung und Lehre eine entscheidende Förderung erfahren. Diese Entwicklung hängt zweifellos mit der innerkirchlichen Situation während und unmittelbar nach dem

II. Vatikanischen Konzil zusammen. Man wird zu Recht von einer Neuentdeckung der Notwendigkeit der Theologie durch das II. Vatikanum sprechen können. Daß die weitgehend nach neuscholastischen Kategorien vorbereiteten theologischen Schemata von den Konzilsvätern abgelehnt und durch neue ersetzt wurden, die einen ganz anderen theologischen Duktus aufweisen, macht die Bedeutung theologischer Forschung und Reflexion nachhaltig klar.

Diese innerkirchliche Entwicklung ist aufs engste mit dem Wandel der Bildungssituation in allen Kontinenten verknüpft. Der Ausbau der Bildungssysteme von der Grundschule bis zu den Universitäten hat sich seit Anfang der 60er Jahre in allen Kontinenten in einer immensen Weise beschleunigt. Dazu einige Zahlen: In Deutschland hat sich in den zurückliegenden Jahren die Zahl der Universitäten verdreifacht, die Studentenzahl hat sich seit 1960 verfünffacht. Die Wachstumszahlen in der Dritten Welt stellen die europäische wie die nordamerikanische Nachkriegsentwicklung jedoch weit in den Schatten. In Argentinien etwa hat sich die Anzahl der Universitäten seit dem Ende des Zweiten Weltkriegs verachtfacht. In Indonesien gab es 1950 fünf Universitäten, 1984 bereits 52, und die Zahl der Studenten beträgt heute etwa das 20fache derer, die 1950 studierten. Dies bedeutet zugleich, daß in einer ganz anderen Weise als früher alle Angelegenheiten des öffentlichen Lebens der wissenschaftlichen Diskussion unterzogen werden. Die wissenschaftliche Behandlung irgendwelcher öffentlich bedeutsamer Sachverhalte ist selbstverständlich geworden. Man kann in dieser Hinsicht von einer regelrechten Kulturrevolution auf Weltebene sprechen. Die Kirche und die Theologie konnten von dieser Entwicklung nicht unberührt bleiben. Man hat allerdings den Eindruck, daß die neue Problematik, die sich damit stellt, bislang nur unzureichend aufgearbeitet worden ist. Sie ist kirchenrechtlich und kirchenorganisatorisch, aber auch kirchenpolitisch und mentalitätsmäßig noch kaum angemessen aufgegriffen, geschweige denn gelöst worden.

In einer Welt, in der die Wissenschaft in der skizzierten Weise ein institutioneller Faktor geworden ist, gewinnt selbstverständlich auch die Theologie als Glaubenswissenschaft ein anderes Gewicht und eine veränderte Kontur. Dies bedeutet konsequenterweise auch, daß die Kompetenzen und Grenzen der Theologen im öffentlichen Leben von Kirche und Gesellschaft, die spezifische Form der Freiheit von Forschung und Lehre, welche Theologie braucht und berechtigterweise in Anspruch nimmt, neu bedacht werden müssen. Analoges gilt vom Verhältnis zwischen den kirchlichen Amtsträgern und den Theologen. In den Prozeß dieser notwendigen Abklärung gehören die römische Instruktion, aber auch die dazu veröffentlichten Stellungnahmen von Theologen. Es liegt im wohlverstandenen kirchlichen Interesse, wenn der skizzierte neue »Vermessungsprozeß« – der in analoger Form ja auch in der Öffentlichkeit vieler Länder ausgetragen wird – möglichst rasch und vernünftig, gespeist aus dem Geist des Evangeliums, vorangetrieben wird.

Liest man die Instruktion vor dem hier nur kurz angedeuteten zeitgenössischen Hintergrund, so fällt auf, daß sie sich im Grunde stark auf das Verhältnis zwischen Theologie und Theologen auf der einen Seite und dem Lehramt auf der anderen Seite konzentriert. Es wird nicht der Versuch gemacht – abgesehen von den einleitenden grundsätzlichen Ausführungen über die Theologie –, die Bedeutung der Theologie im Blick auf die Kirche und die gegenwärtige kulturelle Situation konkreter zu umschreiben. Bei der Verhältnisbestimmung von Lehramt und Theologie ist ein hervorstehender Zug des Dokuments, daß ein erheblicher Akzent auf das definitive Lehren der Amtsträger in Fragen, die nicht direkt zum Glaubensgut der göttlichen Offenbarung gehören, gelegt wird. In diesem Zusammenhang werden Auffassungen bekräftigt, die theologisch nicht unumstritten sind.

Einen breiten Raum nehmen bereits im Abschnitt über die gegenseitige Zusammenarbeit von Lehramt und Theologie die Fragen ein, die sich bei abweichenden Meinungen von Theologen einstellen. Ein umfangreicher Abschnitt ist zusätzlich nochmals dem Problem des Dissenses gewidmet.

Diese Akzentsetzungen der Instruktion zeigen deutlich, daß es konkrete Anlässe, Besorgnisse, ja vielleicht Ängste waren, die die Veröffentlichung zumindest mitbestimmt haben, wenngleich die Ausführungen über die Natur der Theologie im ersten Teil der Instruktion das grundsätzliche Anliegen dokumentieren.

Die hier vorgelegte Veröffentlichung umfaßt den deutschen und französischen Text der Instruktion sowie gewichtigere Stellungnahmen von Theologen und theologisch interessierten und gebildeten Journalisten. Die Instruktion wurde ursprünglich auf französisch verfaßt, publiziert und erst nachträglich ins Lateinische übersetzt. Der französische Text ist sprachlich und begrifflich genauer. Nicht aufgenommen wurden kürzere Erklärungen, die nicht in Sacherörterungen einmündeten. Die Herausgeber waren bemüht, in ihrer Auswahl das ganze Meinungsspektrum zu präsentieren. Leider erteilten Herr Kardinal Ratzinger und Herr Bischof Walter Kasper keine Genehmigung zum Abdruck ihrer Erklärungen zur Instruktion.

Die Herausgeber möchten durch die Publikation einen Beitrag dazu leisten, die Aufgaben und Pflichten der Theologen im gegenwärtigen kirchlichen und gesellschaftlichen Kontext, die immer möglichen Konflikte und ihre Beilegung genauer zu bedenken und in entsprechende Handlungsformen umzusetzen.

*Peter Hünermann*
*Dietmar Mieth*

## Abkürzungen

| | |
|---|---|
| AAS | Acta Apostolicae Sedis, Rom |
| AHC | Annuarium Historiae Conciliorum, Amsterdam |
| CIC | Codex Iuris Canonici |
| CT | Concilium Tridentinum, hg. von der Görres-Gesellschaft, Freiburg |
| DS | H. Denzinger – A. Schönmetzer, Enchiridion symbolorum, definitionum et declarationum de rebus fidei et morum, Freiburg $^{36}$1976 |
| EKL | Evangelisches Kirchenlexikon, Göttingen |
| HK | Herder-Korrespondenz, Freiburg |
| HV | Enzyklika »Humanae Vitae« |
| IKZ | Internationale Katholische Zeitschrift, Frankfurt |
| ITK | Internationale Theologenkommission |
| LG | Kirchenkonstitution »Lumen Gentium« |
| Mansi | Sacrorum Conciliorum Nova Collectio, hg. von J. D. Mansi, Florenz |
| MdKI | Materialdienst des Konfessionskundlichen Instituts, Bensheim |
| ThPh | Theologie und Philosophie, Freiburg |

Kongregation für die Glaubenslehre

## Instruktion über die kirchliche Berufung des Theologen

### Einführung

1. Die Wahrheit, die frei macht, ist ein Geschenk Jesu Christi (vgl. Joh 8,32). Das Erforschen der Wahrheit wird von der Natur des Menschen gefordert, während Unwissenheit ihn in Knechtschaft hält. Der Mensch kann in der Tat nicht wahrhaft frei sein, wenn er über die wesentlichen Fragen seiner Existenz keine Klarheit erhält und zumal wenn er nicht weiß, woher er kommt und wohin er geht. Er wird frei, wenn Gott sich ihm nach dem Wort des Herrn als Freund anvertraut: »Ich nenne euch nicht mehr Knechte; denn der Knecht weiß nicht, was sein Herr tut. Vielmehr habe ich euch Freunde genannt; denn ich habe euch alles mitgeteilt, was ich von meinem Vater gehört habe« (Joh 15,15). Befreit von der Entfremdung durch Sünde und Tod aber wird der Mensch, wenn Christus, der die Wahrheit ist, für ihn zum »Weg« wird (vgl. Joh 14,6).

Im christlichen Glauben sind Erkenntnis und Leben, Wahrheit und Existenz innerlich verbunden. Gewiß übersteigt die in der Offenbarung Gottes geschenkte Wahrheit die Fassungskraft der Erkenntnis des Menschen, doch steht sie zur Vernunft des Menschen nicht in Gegensatz. Sie durchdringt und erhebt diese vielmehr und appelliert an die Verantwortung eines jeden Menschen (vgl. 1 Petr 3,15). So war die »Lehr-Regel« (Röm 6,17) vom Anfang der Kirche an mit der Taufe an den Eintritt in das Geheimnis Christi gebunden. Der Dienst an der Lehre, zu dem das gläubige Be-

Congrégation pour la doctrine de la foi

# Instruction sur la vocation ecclésiale du théologien

## Introduction

1. La vérité qui libère est un don de Jésus-Christ (cf. Jn 8,32). La recherche de la vérité est appelée par la nature de l'homme, tandis que l'ignorance le maintient dans la servitude. L'homme en effet ne peut être vraiment libre que s'il est éclairé sur les questions centrales de son existence, notamment sur celle de savoir d'où il vient et où il va. Il devient libre lorsque Dieu se donne à lui comme un Ami, selon la parole du Seigneur: »Je ne vous appelle plus serviteurs, car le serviteur ignore ce que fait son maître. Je vous appelle amis, car tout ce que j'ai appris de mon Père, je vous l'ai fait connaître« (Jn 15,15). La délivrance de l'aliénation du péché et de la mort advient à l'homme lorsque le Christ, qui est la Vérité, devient pour lui le »chemin« (cf. Jn 14,6).

Dans la foi chrétienne, connaissance et vie, vérité et existence, sont intrinsèquement liées. Assurément, la vérité donnée dans la révélation de Dieu dépasse la propre capacité de connaissance de l'homme, mais elle ne s'oppose pas à la raison de l'homme; elle la pénètre plutôt, l'élève et fait appel à la responsabilité de chacun (cf. 1 P 3,15). Ainsi, dès le commencement de l'Église, la »règle de doctrine« (Ro 6,17) a-t-elle été liée, avec le baptême, à l'entrée dans le mystère du Christ. Le service de la doctrine, comportant la recherche croyante de l'intelligence de la foi qu'est la théomühen um Glaubensverständnis, nämlich die Theologie, gehört, ist daher eine Forderung, auf die die Kirche nicht verzichten kann.

Zu allen Zeiten ist die Theologie wichtig, damit die Kirche auf den Plan Gottes antworten kann, der will, »daß alle Menschen gerettet werden und zur Erkenntnis der Wahrheit gelangen« (1 Tim 2,4). Doch in Zeiten großer geistiger und kultureller Umbrüche wird sie noch wichtiger, auch wenn sie dann besonderen Gefahren ausgesetzt ist, denn sie muß sich bemühen, in der Wahrheit »zu bleiben« (vgl. Joh 8,31) und zugleich die neuen Probleme, die sich dem menschlichen Geist stellen, berücksichtigen. In unserem Jahrhundert und zumal bei der Vorbereitung und Durchführung des II. Vatikanischen Konzils hat die Theologie viel zu einem tieferen »Verständnis der überlieferten Dinge und Worte«[1] beigetragen, freilich auch Momente der Krise und Spannung erlebt, und sie erlebt sie weiter.

Daher hält es die Kongregation für die Glaubenslehre für angebracht, den Bischöfen der katholischen Kirche und über sie den Theologen diese Instruktion vorzulegen, welche die Sendung der Theologie in der Kirche erhellen möchte. Die Instruktion behandelt zunächst (I) die Wahrheit als Geschenk Gottes für sein Volk, beschreibt dann (II) die Aufgabe der Theologen, geht auf den besonderen Auftrag der Hirten ein (III) und bietet schließlich (IV) einige Hinweise zum richtigen Verhältnis beider zueinander. Sie möchte damit dem Wachstum in der Erkenntnis der Wahrheit dienen (vgl. Kol 1,10), die uns in jene Freiheit einführt, für die Christus gestorben und auferstanden ist (vgl. Gal 5,1).

1 Dogm. Konst. *Dei Verbum* 8.

logie, est donc une exigence à laquelle l'Église ne peut renoncer.

A toute époque, la théologie est importante pour que l'Église puisse répondre au dessein de Dieu qui veut »que tous les hommes soient sauvés et parviennent à la connaissance de la vérité« (1 Tm 2,4). Mais en des temps de bouleversements spirituels et culturels, elle est encore plus importante, même si elle est exposée à des risques, car elle doit s'efforcer de »demeurer« dans la vérité (cf. Jn 8,31) tout en tenant compte des nouvelles questions posées par l'esprit humain. C'est ainsi qu'en notre siècle, en particulier lors de la préparation du Concile Vatican II et de sa mise en œuvre, la théologie a beaucoup contribué à une plus profonde »compréhension des réalités et des paroles transmises«,[1] mais a aussi connu et connaît encore des moments de crise et de tension.

C'est pourquoi la Congrégation pour la Doctrine de la Foi estime opportun d'adresser aux évêques de l'Église catholique, et par leur intermédiaire aux théologiens, la présente Instruction qui se propose d'éclairer la mission de la théologie dans l'Église. Après avoir considéré la vérité comme don de Dieu à son peuple (I), elle décrira la fonction des théologiens (II), puis s'arrêtera au mandat particulier des Pasteurs (III), pour proposer enfin des indications sur le juste rapport des uns avec les autres (IV). Elle entend ainsi servir le progrès dans la connaissance de la vérité (cf. Col 1,10), qui nous introduit dans la liberté en vue de laquelle le Christ est mort et ressuscité (cf. Ga 5,1).

---

1 Const. dogm. *Dei Verbum,* n. 8.

## I. Die Wahrheit, ein Geschenk Gottes für sein Volk

2. Von grenzenloser Liebe bewogen, hat Gott dem Menschen auf der Suche nach der eigenen Identität nahe sein und sein Weggefährte werden wollen (vgl. Lk 24,15). Er wollte ihn ferner von den Fallstricken des »Vaters der Lüge« (vgl. Joh 8,44) befreien und ihm Zugang zu einem innigen Verhältnis zu Gott schenken, damit er dort die volle Wahrheit und die wahre Freiheit in Überfülle finde. Dieser Liebesplan, der vom »Vater der Lichter« (Jak 1,17; vgl. 1 Petr 2,9; 1 Joh 1,5) stammt und durch den dem Tod entrissenen Sohn (vgl. Joh 8,36) verwirklicht wurde, erhält durch den Geist, der »in die ganze Wahrheit führt« (Joh 16,13), dauerhafte Gestalt.

3. Die Wahrheit besitzt aus sich selbst eine einigende Kraft: Sie befreit die Menschen aus der Isolierung und den Gegensätzen, in denen sie die Unkenntnis der Wahrheit gefangenhält, öffnet ihnen den Weg zu Gott und vereinigt untereinander. Christus hat die Trennmauer zerstört, die sie der Verheißung Gottes und der Gemeinschaft des Bundes gegenüber zu Fremden machte (vgl. Eph 2,12–14). Er sendet in die Herzen der Glaubenden seinen Geist, durch den alle in Ihm nur noch »einer« sind (vgl. Röm 5,5; Gal 3,28). So werden wir dank der Wiedergeburt und der Salbung des Heiligen Geistes (vgl. Joh 3,5; 1 Joh 2,20. 27) zum einen und neuen Volk Gottes, das durch die verschiedenen Berufungen und Charismen beauftragt ist, das Geschenk der Wahrheit zu bewahren und weiterzugeben. Die ganze Kirche muß in der Tat als »Salz der Erde« und »Licht der Welt« (vgl. Mt 5,13 f.) von der Wahrheit Christi, die frei macht, Zeugnis geben.

4. Das Volk Gottes antwortet auf diesen Aufruf »vor allem durch ein Leben in Glauben und Liebe, in der Darbrin-

2. Mû par un amour sans mesure, Dieu a voulu s'approcher de l'homme en quête de sa propre identité et faire route avec lui (cf. Lc 24,15). Il l'a aussi libéré des ruses du »père du mensonge« (cf. Jn 8,44) et lui a donné accès à son intimité pour qu'il y trouve, comme par surcroît, sa vérité définitive, et sa liberté véritable. Ce dessein d'amour conçu par le »Père des lumières« (Jc 1,17; cf. 1 P 2,9; 1 Jn 1,5) réalisé par le Fils affranchi de la mort (cf. Jn 8,36) est perpétué par l'Esprit qui conduit »vers la vérité tout entière« (Jn 16, 13).

3. La vérité possède en soi une force unifiante: elle délivre les hommes de l'isolement et des oppositions dans lesquelles les enferme l'ignorance de la vérité et, tandis qu'elle ouvre le chemin vers Dieu, elle les unit les uns aux autres. Le Christ a détruit le mur de séparation qui les avait rendus étrangers à la promesse de Dieu et à la communion de l'Alliance (cf. Ep 2, 12–14). Il envoie dans le cœur des croyants son Esprit, par lequel tous en Lui, nous ne sommes plus qu'»un seul« (cf. Ro 5,5; Ga 3,28). Ainsi devenons-nous, grâce à la nouvelle naissance et à l'onction du Saint-Esprit (cf. Jn 3,5; 1 Jn 2,20.27), le Peuple de Dieu unique et nouveau qui, par les diverses vocations et charismes, a la mission de conserver et de transmettre le don de la vérité. En effet, l'Église tout entière doit, comme »sel de la terre« et »lumière du monde« (cf. Mt 5,13s), rendre témoignage à la vérité du Christ qui libère.

4. A cet appel, le Peuple de Dieu répond »avant tout par une vie de foi et de charité et en offrant à Dieu un sacrifice

gung des Lobesopfers an Gott«. Was näherhin das »Leben im Glauben« betrifft, so führt das II. Vatikanische Konzil weiter aus: »Die Gesamtheit der Gläubigen, welche die Salbung von dem Heiligen haben (vgl. 1 Joh 2,20. 27), kann im Glauben nicht irren. Und diese ihre besondere Eigenschaft macht sie durch den übernatürlichen Glaubenssinn des ganzen Volkes dann kund, wenn sie ›von den Bischöfen bis zu den letzten gläubigen Laien‹ ihre allgemeine Übereinstimmung in Sachen des Glaubens und der Sitten äußert«.[2]

5. Um seine prophetische Funktion in der Welt auszuüben, muß das Volk Gottes sein Glaubensleben (vgl. 2 Tim 1,6) ständig in sich selber erwecken oder »neu beleben«, zumal durch eine immer tiefere Reflexion, die sich unter der Führung des Heiligen Geistes mit dem Inhalt des Glaubens selber auseinandersetzt und durch das Bemühen, den Glauben in den Augen jener zu rechtfertigen, die für ihn Gründe fordern (vgl. 1 Petr 3,15). Im Hinblick auf diese Sendung verteilt der Geist der Wahrheit unter den Glaubenden aller Stände besondere Gaben, die verliehen werden, »damit sie anderen nützen« (1 Kor 12, 7–11).

## II. Die Berufung des Theologen

6. Unter den durch den Geist in der Kirche entfachten Berufungen zeichnet sich die des Theologen aus, dessen Aufgabe darin besteht, in Gemeinschaft mit dem Lehramt ein immer tieferes Verständnis des Wortes Gottes, wie es in der inspirierten und von der lebendigen Tradition der Kirche getragenen Schrift enthalten ist, zu gewinnen.

Der Glaube strebt von seiner Natur her nach Erkenntnis, denn er enthüllt dem Menschen die Wahrheit über seine

---

2 Dogm. Konst. *Lumen gentium* 12.

de louange«. En ce qui a trait plus spécifiquement à la »vie de foi«, le Concile Vatican II précise que »l'ensemble des fidèles qui ont reçu l'onction du Saint (cf. 1 Jn 2, 20. 27) ne peut pas errer dans la foi«, et qu' »il manifeste cette prérogative au moyen du sens surnaturel de la foi commun à tout le peuple, lorsque, ›depuis les évêques jusqu'au dernier des fidèles laïcs‹, il fait entendre son accord universel dans les domaines de la foi et de la morale«.[2]

5. Afin d'exercer sa fonction prophétique dans le monde, le Peuple de Dieu doit constamment réveiller ou »raviver« en lui sa vie de foi (cf. 2 Tm 1,6), en particulier par une réflexion toujours plus approfondie, guidée par l'Esprit Saint, sur le contenu de la foi elle-même, et par un effort pour la justifier aux yeux de ceux qui lui en demandent raison (cf. 1 P 3,15). Pour cette mission, l'Esprit de vérité dispense, parmi les croyants de tout ordre, des grâces spéciales données »en vue du bien commun« (1 Co 12,7, 7–11).

## II La vocation du théologien

6. Parmi les vocations ainsi suscitées par l'Esprit dans l'Eglise se distingue celle du théologien qui, d'une manière particulière, a pour fonction d'acquérir, en communion avec le Magistère, une intelligence toujours plus profonde de la Parole de Dieu contenue dans l'Écriture inspirée et transmise par la Tradition vivante de l'Église.

De par sa nature, la foi tend à l'intelligence, car elle ouvre à l'homme la vérité concernant sa destinée et la voie pour

2 Const. dogm. *Lumen gentium,* n. 12.

Bestimmung und den Weg, sie zu erreichen. Obwohl diese geoffenbarte Wahrheit all unser Reden überschreitet und unsere Begriffe angesichts seiner letzten Endes unergründlichen Erhabenheit (vgl. Eph 3,19) unvollkommen bleiben, so fordert er doch unsere Vernunft, dieses Geschenk Gottes zum Erfassen der Wahrheit, auf, in ihr Licht einzutreten und so fähig zu werden, das Geglaubte in einem gewissen Maß auch zu verstehen. Theologische Wissenschaft, die sich um das Verständnis des Glaubens in Antwort auf die Stimme der sie ansprechenden Warheit bemüht, hilft dem Volk Gottes, gemäß dem Auftrag des Apostels (vgl. 1 Petr 3,15) dem, der nach seiner Hoffnung fragt, Rede und Antwort zu stehen.

7. Die Arbeit des Theologen entspricht daher einer Dynamik, die dem Glauben selber innewohnt: Die Wahrheit will sich ihrer Natur nach mitteilen, denn der Mensch ist für die Erkenntnis der Wahrheit geschaffen und verlangt in seinem tiefsten Inneren nach ihrer Kenntnis, um sich in ihr wiederzufinden und darin sein Heil zu erlangen (vgl. 1 Tim 2,4). Deswegen hat der Herr seine Apostel ausgesandt, alle Nationen zu seinen »Jüngern« zu machen und sie zu lehren (vgl. Mt 28,19 f.). Die Theologie, die nach dem »Grund des Glaubens« forscht und ihn den Suchenden als eine Antwort anbietet, bildet einen integralen Teil des Gehorsams gegenüber diesem Gebot; denn die Menschen können nicht zu Jüngern werden, wenn ihnen die im Wort des Glaubens enthaltene Wahrheit nicht dargelegt wird (vgl. Röm 10,14 f.).

Die Theologie leistet daher ihren Beitrag dazu, daß der Glaube mitteilbar wird und der Verstand jener Menschen, die Christus noch nicht kennen, den Glauben suchen und finden kann. Wenn die Theologie damit dem Antrieb der Wahrheit, die sich mitteilen möchte, entspricht, so wird sie zugleich aus der Liebe und ihrer Dynamik geboren: Im Glaubensakt erkennt der Mensch die Güte Gottes und beginnt, ihn zu lieben. Liebe aber will den Geliebten immer l'atteindre. Même si la vérité révélée surpasse notre discours, et si nos concepts sont imparfaits face à sa grandeur à la fin du compte insondable (cf. Ep 3,19), elle invite pourtant notre raison – don de Dieu pour percevoir la Vérité – à entrer en sa lumière et à devenir ainsi capable de comprendre dans une certaine mesure ce qu'elle croit. La science théologique, qui recherche l'intelligence de la foi en réponse à la voix de la Vérité qui appelle, aide le Peuple de Dieu, selon le commandement apostolique (cf. 1 P 3,15), à rendre compte de son espérance à ceux qui le demandent.

7. Le travail du théologien répond ainsi au dynamisme présent dans la foi elle-même: de par sa nature, la vérité veut se communiquer, car l'homme a été créé pour percevoir la Vérité, et désire au plus profond de lui-même la connaître pour se trouver en elle et y trouver son salut (cf. 1 Tm 2,4). C'est pourquoi le Seigneur a envoyé ses Apôtres pour qu'ils fassent de toutes les nations des »disciples« et les enseignent (cf. Mt 28,19s.). La théologie, qui recherche la »raison de la foi« et offre cette raison comme une réponse à ceux qui cherchent, fait intégralement partie de l'obéissance à ce commandement, car les hommes ne peuvent devenir disciples si la Vérité contenue dans la parole de foi ne leur est pas présentée (cf. Rm 10,14s.).

La théologie offre donc sa contribution pour que la foi devienne communicable, pour que l'intelligence de ceux qui ne connaissent pas encore le Christ puisse rechercher et trouver la foi. Obéissant ainsi à l'impulsion de la Vérité qui tend à se communiquer, la théologie naît aussi de l'amour et de son dynamisme: dans l'acte de foi, l'homme connaît la bonté de Dieu et commence à l'aimer mais l'amour désire connoch besser kennenlernen.[3] Aus diesem doppelten Ursprung der Theologie im inneren Leben des Volkes Gottes und seiner missionarischen Berufung ergibt sich die Weise, wie sie auszuarbeiten ist, um den Ansprüchen ihrer eigenen Natur gerecht zu werden.

8. Da das Objekt der Theologie die Wahrheit, nämlich der lebendige Gott und sein in Jesus Christus geoffenbarter Heilsplan ist, muß der Theologe sein Glaubensleben vertiefen sowie wissenschaftliches Forschen und Gebet immer vereinen.[4] Er wird auf diese Weise für den »übernatürlichen Glaubenssinn« aufgeschlossener, von dem er abhängt und der ihm als sichere Regel gelten wird, die seine Reflexion leitet und die Richtigkeit seiner Ergebnisse messen läßt.

9. Im Verlauf der Jahrhunderte ist die Theologie nach und nach zu einem wirklichen wissenschaftlichen Wissen geworden. Der Theologe muß daher notwendig auf die erkenntnismäßigen Erfordernisse seines Faches und die der kritischen Strenge, mit anderen Worten auf die rationale Kontrolle eines jeden Schritts seiner Forschung achten. Doch kritische Strenge ist etwas anderes als der Geist der Kritik, der eher auf affektive Gründe oder Vorurteile zurückgeht. Der Theologe muß daher bei sich selber Ursprung und Motive seiner kritischen Haltung prüfen und seinen Blick durch den Glauben reinigen lassen, denn Theologie treiben erfordert ein geistliches Bemühen um Redlichkeit und Heiligung.

10. Obwohl die geoffenbarte Wahrheit die menschliche Vernunft übersteigt, so steht sie mit ihr doch in tiefer Über-

---

3 Vgl. Hl. Bonaventura, *Proem. In I. Sent.* q. 2, a. 6: »quando fides non assentit propter rationem, sed propter amorem eius cui assentit, desiderat habere rationes«.

4 Vgl. Johannes Paul II. *Ansprache bei der Verleihung des »Internationalen Preises Pauls VI.« an Hans Urs von Balthasar,* 23. Juni 1984: *Insegnamenti di Giovanni Paolo II,* VII, 1 (1984) 1911–1917.

naître toujours mieux celui qu'il aime.[3] De cette double origine de la théologie, qui s'inscrit dans la vie interne du Peuple de Dieu et dans sa vocation missionnaire, découle la manière dont elle doit être élaborée pour satisfaire aux exigences de sa propre nature.

8. Puisque l'objet de la théologie est la Vérité, le Dieu vivant et son dessein de salut révélé en Jésus-Christ, le théologien est appelé à intensifier sa vie de foi et à unir toujours recherche scientifique et prière.[4] Il sera ainsi plus ouvert au »sens surnaturel de la foi« dont il dépend et qui lui apparaîtra comme une règle sûre pour guider sa réflexion et mesurer la justesse de ses conclusions.

9. Au cours des siècles, la théologie s'est progressivement constituée en un véritable savoir scientifique. Il est donc nécessaire que le théologien soit attentif aux exigences épistémologiques de sa discipline, aux exigences de rigueur critique, c'est-à-dire au contrôle rationnel de chaque étape de sa démarche. Mais l'exigence critique ne doit pas être identifiée avec l'esprit critique, qui naît plutôt de motifs affectifs ou de préjugés. Le théologien doit discerner en lui-même l'origine et les motivations de son attitude critique et laisser purifier son regard par la foi. L'exercice de la théologie requiert un effort spirituel de rectitude et de sanctification.

10. Bien qu'elle transcende la raison humaine, la vérité révélée est en profonde harmonie avec elle. Cela suppose

---

3 Cf. Saint Bonaventure, *Prooem. in I Sent.*, q. 2, ad 6: »Quando fides non assentit propter rationem, sed propter amorem eius cui assentit, desiderat habere rationes«.

4 Cf. Jean-Paul II, *Discours à l'occasion de la remise du prix international Paul VI à Hans Urs von Balthasar,* 23 juin 1984: *Insegnamenti di Giovanni Paolo II,* VII, 1 (1984) 1911–1917.

einstimmung und setzt voraus, daß die Vernunft ihrer Natur nach auf die Wahrheit hingeordnet ist, so daß sie, vom Glauben erleuchtet, den Sinn der Offenbarung erfassen kann. Trotz der Behauptungen vieler philosophischer Strömungen, aber in Übereinstimmung mit einer gesunden, von der Schrift bekräftigten Denkweise, ist die Wahrheitsfähigkeit der menschlichen Vernunft anzuerkennen sowie auch ihre metaphysische Fähigkeit, Gott von der Schöpfung her zu erfassen.[5]

Daher erfordert die der Theologie eigene Aufgabe, den Sinn der Offenbarung zu verstehen, die Verwendung philosophischer Errungenschaften, die »ein gründliches und zusammenhängendes Wissen über Mensch, Welt und Gott«[6] liefern und deren Aussagen bei der Reflexion über die geoffenbarte Lehre aufgenommen werden können. Notwendig für die Studien des Theologen sind ebenfalls die historischen Wissenschaften, an erster Stelle wegen des historischen Charakters der Offenbarung, die uns innerhalb einer »Heilsgeschichte« übermittelt worden ist. Endlich soll er auch auf die Humanwissenschaften zurückgreifen, um die geoffenbarte Wahrheit über den Menschen und die moralischen Normen seines Tuns durch Einbringen der gültigen Ergebnisse dieser Wissenschaften besser zu erfassen.

In dieser Hinsicht gehört es zur Aufgabe des Theologen, in seiner eigenen Kultur Elemente zu finden, mit denen er den einen oder anderen Aspekt der Geheimnisse des Glaubens erhellen kann. Eine solche Aufgabe ist gewiß schwer und nicht ohne Gefahren, doch bleibt sie in sich selber berechtigt und soll ermuntert werden.

Hier ist zu betonen: Wenn die Theologie begriffliche Ele-

---

5 Vgl. Vatic. I., Dogm. Konst. *De fide catholica, De revelatione,* can. 1: DS 3026.

6 Dekret *Optatam totius* 15.

que la raison soit par sa nature ordonnée à la Vérité de sorte que, illuminée par la foi, elle puisse pénétrer la signification de la Révélation. En dépit des affirmations de plusieurs courants philosophiques, mais conformément à une saine philosophie confirmée par l'Écriture, il faut reconnaître la capacité que possède la raison humaine d'atteindre la vérité, ainsi que sa capacité métaphysique de connaître Dieu à partir du créé.[5]

C'est pourquoi la tâche, propre à la théologie, de comprendre le sens de la Révélation exige l'utilisation d'acquisitions philosophiques qui fournissent »une connaissance solide et correcte de l'homme, du monde et de Dieu«,[6] dont les affirmations puissent être assumées dans la réflexion sur la doctrine révélée. Les sciences historiques sont également nécessaires aux études du théologien, en premier lieu à cause du caractère historique de la Révélation, qui nous a été livrée dans une »histoire du salut«. On doit enfin avoir aussi recours aux »sciences humaines«, pour mieux saisir la vérité révélée sur l'homme et sur les normes morales de son agir, en mettant en rapport avec elle les résultats valables de ces sciences.

Dans cette perspective, il est de la tâche du théologien d'emprunter à la culture qui est la sienne des éléments lui permettant de mettre mieux en lumière tel ou tel aspect des mystères de la foi. Une telle tâche est certes ardue et comporte des risques, mais elle est en soi légitime et doit être encouragée.

Il importe à ce propos de souligner que l'utilisation par la

---

5 Cf. Conc. Vatican I, Const. dogm. *De fide catholica, De revelatione,* can. 1: DS 3026.

6 Décret *Optatam totius,* n. 15.

mente und Methoden, die von der Philosophie oder anderen Wissenschaften herstammen, verwendet, muß sie zu unterscheiden wissen, wobei sie das letzte normgebende Prinzip in der geoffenbarten Lehre findet. Diese muß ihr die Kriterien für die Beurteilung dieser begrifflichen Elemente und Methoden an die Hand geben und nicht umgekehrt.

11. Da er nie vergessen wird, daß auch er ein Glied des Volkes Gottes ist, muß der Theologe dieses achten und sich bemühen, ihm eine Lehre vorzutragen, die in keiner Weise der Glaubenslehre Schaden zufügt.

Die der theologischen Forschung eigene Freiheit gilt innerhalb des Glaubens der Kirche. Daher kann die Kühnheit, die sich dem Bewußtsein des Theologen oft nahelegt, keine Früchte bringen und »erbauen«, wenn sie nicht von der Geduld des Reifenlassens begleitet ist. Die neuen Vorschläge zum Verständnis des Glaubens »sind nur ein Angebot für die ganze Kirche. Vieles muß im brüderlichen Gespräch korrigiert und erweitert werden, bis die ganze Kirche es annehmen kann. Theologie ist zutiefst ein sehr selbstloser Dienst an der Gemeinschaft der Gläubigen. Darum gehören die sachliche Disputation, das brüderliche Gespräch, Offenheit und Bereitschaft zur Veränderung der eigenen Meinungen wesentlich zu ihr«.[7]

12. Die Freiheit der Forschung, an der die Gemeinschaft der Wissenschaftler mit Recht als einem ihrer kostbarsten Güter festhält, bedeutet die Bereitschaft, die Wahrheit so anzunehmen, wie sie sich am Ende einer Forschungsarbeit

---

7 JOHANNES PAUL II. *Ansprache an die Theologen in Altötting,* 18. November 1980: *AAS* 73 (1981) 104; vgl. ferner PAUL VI. *Ansprache an die Mitglieder der Internationalen Theologenkommission,* 11. Oktober 1972: *AAS* 64 (1972) 682–683; JOHANNES PAUL II. *Ansprache an die Mitglieder der Internationalen Theologenkommission,* 26. Oktober 1979: *AAS* 71 (1979) 1428–1433.

théologie d'éléments et instruments conceptuels provenant de la philosophie ou d'autres disciplines exige un discernement qui trouve son principe normatif ultime dans la doctrine révélée. C'est elle qui doit fournir les critères pour le discernement de ces éléments et instruments conceptuels, et non l'inverse.

11. N'oubliant jamais qu'il est lui aussi membre du Peuple de Dieu, le théologien doit le respecter et s'attacher à lui dispenser un enseignement qui n'altère en rien la doctrine de la foi.

La liberté propre à la recherche théologique s'exerce à l'intérieur de la foi de l'Église. C'est pourquoi l'audace qui s'impose souvent à la conscience du théologien ne peut porter de fruits et »édifier« que si elle s'accompagne de la patience du mûrissement. Les propositions nouvelles avancées par l'intelligence de la foi »ne sont qu'une offre faite à toute l'Église. Il faut beaucoup de corrections et d'élargissements dans un dialogue fraternel jusqu'à ce que toute l'Église puisse les accepter«. En conséquence, »le service très désintéressé à la communauté des croyants« qu'est la théologie »comporte essentiellement un débat objectif, un dialogue fraternel, une ouverture et une disponibilité à modifier ses propres opinions«.[7]

12. La liberté de recherche, à laquelle la communauté des scientifiques tient justement comme à l'un de ses biens les plus précieux, signifie la disponibilité à accueillir la vérité telle qu'elle se présente au terme d'une recherche dans la-

7 Jean-Paul II, *Discours aux théologiens à Altötting,* 18 novembre 1980: *AAS* 73 (1981) 104; cf. aussi Paul VI, *Allocution aux membres de la Commission théologique internationale,* 11 octobre 1972: *AAS* 64 (1972) 682–683; Jean-Paul II, *Allocution aux membres de la Commission théologique internationale,* 26 octobre 1979: *AAS* 71 (1979) 1428–1433.

darbietet, bei der kein Element Einfluß gewinnt, das den Erfordernissen einer dem studierten Objekt entsprechenden Methode fremd ist.

In der Theologie ist diese Freiheit der Forschung innerhalb eines rationalen Wissens anzusetzen, dessen Gegenstand von der Offenbarung gegeben wird, wie sie in der Kirche unter der Autorität des Lehramtes übermittelt, ausgelegt und vom Glauben angenommen wird. Diese Elemente, die den Rang von Grundsätzen haben, beiseite zu lassen, würde bedeuten, daß man aufhört, Theologie zu treiben. Um die Art dieses Verhältnisses zum Lehramt klarzustellen, soll nun von dessen Aufgabe in der Kirche die Rede sein.

## III. Das Lehramt der Hirten

13. »Was Gott zum Heil aller Völker geoffenbart hatte, das sollte – so hat er in Güte verfügt – für alle Zeiten unversehrt erhalten bleiben und allen Geschlechtern weitergegeben werden«.[8] Er hat seiner Kirche durch die Gabe des Heiligen Geistes Anteil an seiner eigenen Unfehlbarkeit gegeben.[9] Durch den »übernatürlichen Glaubenssinn« aber erfreut sich auch das Volk Gottes dieses Vorzugs, unter der Leitung des lebendigen Lehramtes der Kirche, das kraft der im Namen Christi ausgeübten Autorität die einzige authentische Instanz für die Auslegung des geschriebenen oder überlieferten Wortes Gottes ist.[10]

14. Als Nachfolger der Apostel empfangen die Hirten der Kirche »vom Herrn . . . die Sendung, alle Völker zu lehren

---

8 Dogm. Konst. *Dei Verbum* 7.

9 Vgl. Kongregation für die Glaubenslehre, Erkl. *Mysterium Ecclesiae* 2: *AAS* 65 (1973) 398 f.

10 Vgl. Dogm. Konst. *Dei Verbum* 10.

quelle n'est intervenu aucun élément étranger aux exigences d'une méthode correspondant à l'objet étudié.

En théologie, cette liberté de recherche s'inscrit à l'intérieur d'une savoir rationnel dont l'objet est donné par la Révélation, transmise et interprétée dans l'Église sous l'autorité du Magistère, et reçu par la foi. Omettre ces données, qui ont valeur de principe, serait comme cesser de faire de la théologie. Afin de bien préciser les modalités de ce rapport avec le Magistère, il convient de réfléchir maintenant sur le rôle de celui-ci dans l'Église.

## III Le magistere des pasteurs

13. »Avec une grande bienveillance, Dieu a pris des dispositions pour que la Révélation donnée pour le salut de toutes les nations demeurât toujours en son intégrité et fût transmise à toutes les générations«.[8] Il a conféré à son Église par le don de l'Ésprit Saint une participation à sa propre infaillibilité.[9] Par le »sens surnaturel de la foi«, le Peuple de Dieu jouit de cette prérogative, sous la conduite du Magistère vivant de l'Église qui, en vertu de l'autorité exercée au nom du Christ, est le seul interprète authentique de la Parole de Dieu, écrite ou transmise.[10]

14. Comme successeurs des apôtres, les Pasteurs de l'Église »reçoivent du Seigneur [...] la mission d'enseigner

8 Const. dogm. *Dei Verbum,* n. 7.

9 Cf. Congrégation pour la Doctrine de la Foi, Décl. *Mysterium Ecclesiae,* n. 2: *AAS* 65 (1973) 398s.

10 Const. dogm. *Dei Verbum,* n. 10.

und das Evangelium jedwedem Geschöpf zu verkünden. So sollen alle Menschen ... das Heil erlangen«.[11] Ihnen ist damit die Aufgabe anvertraut, das Wort Gottes zu bewahren, darzulegen und zu verbreiten, dessen Diener sie sind.[12]

Die Sendung des Lehramtes besteht darin, in einer mit dem »eschatologischen« Charakter des Christusereignisses übereinstimmenden Form den endgültigen Charakter des Bundes zu verkünden, den Gott in Christus mit seinem Volke geschlossen hat; es muß dieses vor Abweichungen und Verirrungen schützen und ihm die objektive Möglichkeit garantieren, den echten Glauben jederzeit und in den verschiedenen Situationen irrtumsfrei zu bekennen. Daraus folgt, daß die Bedeutung des Lehramtes und sein Wert nur im Verhältnis zur Wahrheit der christlichen Lehre und zur Predigt des Wortes der Wahrheit zu verstehen ist. Seine Funktion ist daher nicht etwas der christlichen Wahrheit Äußerliches, und es ist ebensowenig dem Glauben übergeordnet; es leitet sich vielmehr unmittelbar von der Ökonomie des Glaubens selber her, weil das Lehramt in seinem Dienst am Wort Gottes eine positiv von Christus als konstitutives Element der Kirche gewollte Institution ist. Der Dienst, den das Lehramt der christlichen Wahrheit leistet, hilft daher dem ganzen Volk Gottes, das aufgerufen ist, in jene Freiheit der Wahrheit einzutreten, die Gott in Christus geoffenbart hat.

15. Damit sie die ihnen übertragenen Aufgabe, das Evangelium zu verkünden und die Offenbarung authentisch auszulegen, in vollem Umfang erfüllen können, hat Jesus Christus den Hirten der Kirche den Beistand des Heiligen Geistes verheißen. Er hat sie im besonderen in Sachen des Glaubens und der Sitten mit dem Charisma der Unfehlbarkeit ausgestattet. Die Ausübung dieses Charismas kann in

11 Dogm. Konst. *Lumen gentium* 24.
12 Vgl. Dogm. Konst. *Dei Verbum* 10.

toutes les nations et de prêcher l'Évangile à toute créature, afin que les hommes [...] obtiennent le salut«.[11] La tâche leur est donc confiée de conserver, d'exposer et d'annoncer la Parole de Dieu, dont ils sont les serviteurs.[12]

La mission du Magistère est d'affirmer, d'une manière cohérente avec la nature »eschatologique« propre à l'événement de Jésus-Christ, le caractère définitif de l'Alliance instaurée par Dieu dans le Christ avec son Peuple; il doit le protéger des déviations et des défaillances, et lui garantir la possibilité objective de professer sans erreurs la foi authentique, en tout temps et dans les diverses situations. Il en découle que la signification du Magistère et sa valeur ne sont compréhensibles que par rapport à la vérité de la doctrine chrétienne et à la prédication de la Parole véritable. La fonction du Magistère n'est donc pas quelque chose d'extrinsèque à la vérité chrétienne ni de superposé à la foi; elle émerge directement de l'économie de la foi elle-même parce que le Magistère est, au service de la Parole de Dieu, une institution voulue positivement par le Christ comme élément constitutif de l'Église. Le service rendu à la vérité chrétienne par le Magistère s'exerce donc en faveur de tout le Peuple de Dieu, appelé à être introduit dans la liberté de la vérité que Dieu a révelée dans le Christ.

15. Afin qu'ils puissent accomplir pleinement la tâche qui leur est confiée d'enseigner l'Évangile et d'interpréter authentiquement la Révélation, Jésus-Christ a promis aux Pasteurs de l'Église l'assistance de l'Esprit Saint. Il les a en particulier dotés du charisme d'infaillibilité en matière de foi et de mœurs. L'exercice de ce charisme peut revêtir plusieurs

11 Const. dogm. *Lumen gentium,* n. 24.
12 Cf. Const. dogm. *Dei Verbum,* n. 10.

verschiedener Weise erfolgen. Es wird insbesondere ausgeübt, wenn die Bischöfe mit ihrem sichtbaren Haupt vereint in einem kollegialen Akt, wie es bei ökumenischen Konzilien der Fall ist, eine Lehre verkünden, oder wenn der Römische Papst in Erfüllung seiner Sendung als oberster Hirte und Lehrer aller Christen eine Lehre »ex cathedra« vorlegt.[13]

16. Die Aufgabe des Lehramtes ist es, das Glaubensgut der göttlichen Offenbarung gewissenhaft zu hüten und treulich zu erklären. Diese Aufgabe schließt ihrer Natur nach ein, daß das Lehramt Aussagen »definitiv«[14] vorlegen kann, auch wenn sie nicht in den Glaubenswahrheiten enthalten, wohl aber mit ihnen innerlich so verknüpft sind, daß ihr definitiver Charakter letztlich sich von der Offenbarung selber herleitet.[15]

Die Moral kann Gegenstand des authentischen Lehramtes sein, weil das Evangelium als Wort des Lebens den ganzen Bereich des menschlichen Handelns anregt und bestimmt. Das Lehramt hat daher die Aufgabe, durch für das Gewissen der Gläubigen normgebende Urteile jene Akte zu bezeichnen, die in sich selber mit den Forderungen des Glaubens übereinstimmen und seine Anwendung im Leben fördern, aber auch jene Akte, die aufgrund ihres inneren Schlechtseins mit diesen Forderungen unvereinbar sind. Aufgrund des Bandes, das zwischen der Schöpfungs- und Erlösungsordnung besteht und wegen der Notwendigkeit, das ganze

---

13 Vgl. Dogm. Konst. *Lumen gentium* 25; KONGREGATION FÜR DIE GLAUBENSLEHRE, Erkl. *Mysterium Ecclesiae* 3; *AAS* 65 (1973) 400 f.

14 Vgl. *Professio fidei et Iusiurandum fidelitatis; AAS* 81 (1989) 104 f. »omnia et singula quae circa doctrinam de fide vel moribus ab eadem definitive proponuntur«.

15 Vgl. Dogm. Konst. *Lumen gentium* 25; KONGREGATION FÜR DIE GLAUBENSLEHRE, Erkl. *Mysterium Ecclesiae* 3–5; *AAS* 65 (1973) 400–404; *Professio fidei et Iusiurandum fidelitatis: AAS* 81 (1989) 104 f.

modalités. Il s'exerce en particulier quand les évêques en union avec leur chef visible, par un acte collégial, comme dans le cas de conciles œcuméniques, proclament une doctrine, ou quand le Pontife romain, exerçant sa mission de Pasteur et de Docteur suprême de tous les chrétiens, proclame une doctrine »ex cathedra«.[13]

16. Le devoir de conserver saintement et d'exposer fidèlement le dépôt de la divine Révélation implique, de par sa nature, que le Magistère puisse proposer »d'une manière définitive«[14] des énoncés qui, même s'ils ne sont pas contenus dans les vérités de foi, leur sont cependant intimement connexes, de sorte que le caractère définitif de telles affirmations dérive, en dernier ressort, de la Révélation elle-même.[15]

Ce qui concerne la morale peut être l'objet du magistère authentique, car l'Évangile, qui est Parole de vie, inspire et dirige tout le domaine de l'agir humain. Le Magistère a donc la tâche de discerner, par des jugements normatifs pour la conscience des fidèles, les actes qui sont en eux-mêmes conformes aux exigences de la foi et en promeuvent l'expression dans la vie, et ceux qui au contraire, de par leur malice intrinsèque, sont incompatibles avec ces exigences. En raison du lien qui existe entre l'ordre de la création et l'ordre de la rédemption, et en raison de la nécessité de connaître et ob-

---

13 Cf. Const. dogm. *Lumen gentium,* n. 25; Congrégation pour la Doctrine de la Foi, Décl. *Mysterium Ecclesiae,* n. 3: *AAS* 65 (1973) 400 s.

14 Cf. *Professio fidei et Iusiurandum fidelitatis: AAS* 81 (1989) 104 s: »omnia et singula quae circa doctrinam de fide vel moribus ab eadem definitive proponuntur«.

15 Cf. Const. dogm. *Lumen gentium,* n. 25; Congrégation pour la Doctrine de la Foi, Décl. *Mysterium Ecclesiae,* nn. 3–5: *AAS* 65 (1973) 400–404; *Professio fidei et Iusiurandum fidelitatis: AAS* 81 (1989) 104 s.

Moralgesetz um des Heiles willen zu kennen und zu befolgen, erstreckt sich die Zuständigkeit des Lehramtes auch auf den Bereich des Naturgesetzes.[16]

Andererseits enthält die Offenbarung selber moralische Lehren, die an sich von der natürlichen Vernunft erkannt werden könnten, die aber aufgrund der sündigen Verfaßtheit des Menschen schwer zugänglich sind. Es ist Glaubenslehre, daß diese moralischen Normen vom Lehramt unfehlbar gelehrt werden können.[17]

17. Der göttliche Beistand ist ferner den Nachfolgern der Apostel gegeben, wenn sie in Gemeinschaft mit dem Nachfolger des Petrus lehren, und in besonderer Weise dem Römischen Papst als dem Hirten der ganzen Kirche, wenn sie, ohne eine unfehlbare Definition abzugeben und ohne sich »definitiv« auszusprechen, in der Ausübung ihres ordentlichen Lehramtes eine Lehre vortragen, die zu einem besseren Verständnis der Offenbarung in Sachen des Glaubens und der Sitten führt, oder moralische Weisungen erlassen, die sich aus dieser Lehre ergeben.

Man muß daher den eigenen Charakter einer jeden Äußerung des Lehramtes beachten, dazu das Maß, in dem es seine Autorität geltend macht, und auch der Tatsache Rechnung tragen, daß sich alle aus der gleichen Quelle herleiten, nämlich von Christus, der will, daß sein Volk in der ganzen Wahrheit wandelt. Aus dem gleichen Grund fehlt auch den lehramtlichen Entscheidungen in Sachen der Disziplin nicht der göttliche Beistand, selbst wenn sie nicht durch das Charisma der Unfehlbarkeit garantiert sind, und sie beanspruchen daher die Zustimmung der Gläubigen.

18. Der Römische Papst bedient sich bei seiner universa-

---

16 Vgl. Paul VI. Enzykl. *Humanae vitae* 4: *AAS* 60 (1968) 483.
17 Vgl. Vatic. I., Dogm. Konst. *Dei Filius,* Kap. 2: DS 3005.

server toute la loi morale en vue du salut, la compétence du Magistère s'étend aussi à ce qui regarde la loi naturelle.[16]

D'ailleurs, la Révélation elle-même contient des enseignements moraux qui de soi pourraient être connus par la raison naturelle, mais auxquels la condition pécheresse de l'homme rend l'accès difficile. C'est une doctrine de foi que ces règles morales peuvent être infailliblement enseignées par le Magistère.[17]

17. L'assistance divine est encore donnée aux successeurs des apôtres, enseignant en communion avec le successeur de Pierre, et, d'une manière particulière, au Pontife romain, Pasteur de toute l'Église, lorsque, sans arriver à une définition infaillible et sans se prononcer d'une »manière définitive«, ils proposent dans l'exercice du magistère ordinaire un enseignement qui conduit à une meilleure intelligence de la Révélation en matière de foi et de mœurs, et des directives morales découlant de cet enseignement.

On doit donc tenir compte du caractère propre de chacune des interventions du Magistère et de la mesure dans laquelle son autorité est engagée, mais aussi du fait qu'elles découlent toutes de la même source, c'est-à-dire du Christ qui veut que son peuple marche dans la vérité tout entière. Pour la même raison, les décisions magistérielles en matière de discipline, même si elles ne sont pas garanties par le charisme de l'infaillibilité, ne sont pas dépourvues de l'assistance divine, et requièrent l'adhésion des fidèles.

18. Le Pontife romain s'acquitte de sa mission universelle

---

16 Cf. Paul VI, Encycl. *Humanae vitae,* n. 4: *AAS* 60 (1968) 483.
17 Cf. Conc. Vatican I, Const. dogm. *Dei Filius,* chap. 2: DS 3005.

len Sendung der Hilfe der Organe der Römischen Kurie, insbesondere der Kongregation für die Glaubenslehre bei Lehren über den Glauben und die Moral. Daraus folgt, daß die ausdrücklich vom Papst approbierten Dokumente dieser Kongregation am ordentlichen Lehramt des Nachfolgers Petri teilhaben.[18]

19. In den Einzelkirchen kommt es dem Bischof zu, das Wort Gottes zu hüten und auszulegen und mit Autorität zu entscheiden, was ihm entspricht oder nicht. Die Lehrtätigkeit jedes einzelnen Bischofs für sich betrachtet erfolgt in Gemeinschaft mit der des Römischen Papstes, dem Hirten der universalen Kirche, und der der übrigen in der ganzen Welt verteilten oder zu einem ökumenischen Konzil versammelten Bischöfe. Diese Gemeinschaft ist Bedingung für ihre Authentizität.

Als Mitglied des Bischofskollegiums aufgrund seiner sakramentalen Weihe und der hierarchischen Gemeinschaft vertritt der Bischof seine Kirche wie alle Bischöfe in Gemeinschaft mit dem Papst als dem Vertreter der Gesamtkirche im Band des Friedens, der Liebe, der Einheit und der Wahrheit. Indem sie mit ihrem eigenen Erbe in der Einheit zusammenstehen, tun die Ortskirchen die Katholizität der Kirche kund. Die Bischofskonferenzen tragen ihrerseits zur konkreten Verwirklichung des kollegialen Geistes (»affectus«) bei.[19]

---

18 Vgl. CIC can. 360–361; PAUL VI. Apost. Konst. *Regimini Ecclesiae Universae,* 15. August 1967, Nr. 29–40: *AAS* 59 (1967) 897–899; JOHANNES PAUL II. Apost. Konst. *Pastor bonus,* 28. Juni 1988, Art. 48–55: *AAS* 80 (1988) 873–874.

19 Vgl. Dogm. Konst. *Lumen gentium* 22–23. Bekanntlich hat Papst JOHANNES PAUL II. im Anschluß an die II. Außerordentliche Vollversammlung der Bischofssynode der Kongregation für die Bischöfe die Aufgabe übertragen, den »theologisch-juridischen Status der Bischofskonferenzen« zu vertiefen.

à l'aide des organismes de la Curie romaine et en particulier, pour ce qui regarde la doctrine sur la foi et sur la morale, de la Congrégation pour la Doctrine de la Foi. Il découle de là que les documents de cette Congrégation approuvés expressément par le Pape participent au magistère ordinaire du successeur de Pierre.[18]

19. Dans les Églises particulières, il revient à l'évêque de garder et d'interpréter la Parole de Dieu et de juger avec autorité de ce qui lui est conforme ou non. L'enseignement de chaque évêque, pris singulièrement, s'exerce en communion avec celui du Pontife romain, Pasteur de l'Église universelle, et avec les autres évêques dispersés à travers le monde ou réunis en Concile œcuménique. Cette communion est condition de son authenticité.

Membre du collège épiscopal par son ordination sacramentelle et par la communion hiérarchique, l'évêque représente son Église, comme tous les évêques en union avec le Pape représentent l'Église universelle dans le lien de la paix, de l'amour, de l'unité et de la vérité. Convergeant dans l'unité avec leur propre patrimoine, les Églises locales manifestent la catholicité de l'Église. Pour leur part, les Conférences épiscopales contribuent à la réalisation concrète du sentiment (»affectus«) collégial.[19]

---

18 Cf. C.I.C. can. 360–361; Paul VI, Const. apost. *Regimini Ecclesiae universae,* 15 août 1967, nn. 29–40: *AAS* 59 (1967) 897–899; Jean-Paul II, Const. apost. *Pastor bonus,* 28 juin 1988, art. 48–55: *AAS* 80 (1988) 873–874.

19 Cf. Const. dogm. *Lumen gentium,* nn. 22–23. Comme on le sait, à la suite de la seconde Assemblée générale extraordinaire du Synode des Evêques, le Saint-Père a confié à la Congrégation pour les Evêques la tâche d'approfondir le »Statut théologico-juridique des Conférences épiscopales«.

20. Mit dem Auftrag, darüber zu wachen, daß das Volk Gottes in der Wahrheit, die frei macht, verbleibt, ist die pastorale Aufgabe des Lehramtes eine komplexe und unterschiedliche Wirklichkeit. Will der Theologe, der auch seinerseits der Wahrheit dient, seiner Aufgabe treu bleiben, muß er die dem Lehramt eigene Sendung beachten und mit ihm zusammenarbeiten. Wie ist nun diese Zusammenarbeit zu verstehen? Wie verwirklicht sie sich konkret, und welche Hindernisse können dabei auftreten? Darauf soll im folgenden näher eingegangen werden.

## IV. Lehramt und Theologie

### A. Die gegenseitige Zusammenarbeit

21. Das lebendige Lehramt der Kirche und die Theologie haben zwar unterschiedliche Gaben und Aufgaben, aber am Ende das gleiche Ziel: Das Volk Gottes in der Wahrheit, die frei macht, zu bewahren und es damit zum »Licht der Völker« zu machen. Dieser Dienst an der Gemeinschaft der Kirche bringt Theologen und Lehramt in gegenseitige Beziehung. Das letztere legt authentisch die Lehre der Apostel vor und weist, indem es aus der theologischen Arbeit Vorteil zieht, die Einwürfe gegen den Glauben und dessen Verfälschungen zurück. Es legt ferner mit der von Jesus Christus empfangenen Autorität neue Vertiefungen, Verdeutlichungen und Anwendungen der geoffenbarten Lehre vor. Die Theologie gewinnt dagegen auf reflexive Weise ein immer tieferes Verständnis des in der Schrift enthaltenen und von

20. Ordonnée à veiller à ce que le Peuple de Dieu demeure dans la vérité qui libère, la charge pastorale du Magistère est donc une réalité complexe et diversifiée. Dans son engagement au service de la vérité, le théologien aura, pour rester fidèle à sa fonction, à tenir compte de la mission propre au Magistère et à collaborer avec lui. Comment faut-il concevoir cette collaboration? Comment se réalise-t-elle concrètement et quels obstacles peut-elle rencontrer? C'est ce qu'il faut maintenant examiner de plus près.

## IV Magistère et théologie

### A. Les rapports de collaboration

21. Tout en ayant des charismes et des fonctions différentes, le Magistère vivant de l'Église et la théologie ont en définitive un même but: garder le Peuple de Dieu dans la vérité qui libère et en faire ainsi la »lumière des nations«. Ce service de la communauté ecclèsiale met en relations réciproques le théologien et le Magistère. Ce dernier enseigne authentiquement la doctrine des apôtres et, tirant profit du travail théologique, réfute les objections et les déformations de la foi, proposant en outre, avec l'autorité reçue de Jésus-Christ, des approfondissements, des explicitations et des applications nouvelles de la doctrine révélée. La théologie au contraire acquiert, par la réflexion, une intelligence toujours plus profonde de la Parole de Dieu contenue dans l'Écriture et fidèlement transmise par la Tradition vivante de l'Église sous la conduite du Magistère; elle cherche à éclairer l'ensei-

der lebendigen Tradition der Kirche unter Führung des Lehramtes getreu überlieferten Wortes Gottes, sucht die Lehre der Offenbarung gegenüber den Ansprüchen der Vernunft zu klären und schenkt ihr schließlich eine organische und systematische Form.[20]

22. Die Zusammenarbeit zwischen dem Theologen und dem Lehramt erfolgt auf besondere Weise, wenn der Theologe die »missio canonica« oder den Lehrauftrag erhält. Sie wird dann in einem gewissen Sinn zur Teilhabe am Auftrag des Lehramtes, mit dem ihn nun ein juridisches Band verbindet. Die das Verhalten bestimmenden Regeln, die sich von selber und evident aus dem Dienst am Wort Gottes ergeben, werden durch die Verpflichtung bekräftigt, die der Theologe mit seinem Auftrag übernommen hat, ferner durch das Ablegen des Glaubensbekenntnisses und des Treueeids.[21]

Von diesem Zeitpunkt an wird er amtlich mit der Aufgabe betraut, mit aller Genauigkeit und unverkürzt die Lehre des Glaubens vorzulegen und zu erklären.

23. Wenn das Lehramt der Kirche unfehlbar und feierlich ausspricht, eine Lehre sei in der Offenbarung enthalten, ist die Zustimmung mit theologalem Glauben gefordert. Diese Zustimmung erstreckt sich auch auf die Unterweisung des ordentlichen und universalen Lehramtes, wenn es eine Glaubenslehre als von Gott geoffenbart zu glauben vorlegt.

Wenn es »definitiv« Wahrheiten über Glauben und Sitten vorlegt, die, wenn auch nicht von Gott geoffenbart, jedoch

---

20 Vgl. Paul VI. *Ansprache an die Teilnehmer des internationalen Kongresses über die Theologie des II. Vatikanischen Konzils,* 1. Oktober 1966: *AAS* 58 (1966) 892 f.

21 Vgl. CIC can. 833; *Professio fidei et Iusiurandum fidelitatis: AAS* 81 (1989) 104 f.

gnement de la Révélation face aux instances de la raison, et lui donne enfin une forme organique et systématique.[20]

22. La collaboration entre le théologien et le Magistère se réalise d'une manière spéciale quand le théologien reçoit la mission canonique ou le mandat d'enseigner. Elle devient alors, dans un certain sens, une participation à lœuvre du Magistère auquel la rattache un lien juridique. Les règles de déontologie qui découlent par elles-mêmes et avec évidence du service de la Parole de Dieu se trouvent renforcées par l'engagement que le théologien a pris en acceptant sa tâche ainsi qu'en émettant la profession de foi et le serment de fidélité.[21]

A partir de ce moment, il est investi officiellement de la charge de présenter et d'illustrer dans toute son exactitude et son intégralité la doctrine de la foi.

23. Lorsque le Magistère de l'Église se prononce infailliblement pour déclarer solennellement qu'une doctrine est contenue dans la Révélation, l'adhésion requise est celle de la foi théologale. Une telle adhésion s'étend à l'enseignement du Magistère ordinaire et universel quand il propose à croire une doctrine de foi comme divinement révélée.

Lorsque celui-ci propose »d'une manière définitive« des vérités concernant la foi et les mœurs qui, même si elles ne sont pas divinement révélées, sont toutefois étroitement et

---

20 Cf. Paul VI, *Discours aux participants au Congrès international sur la théologie du Concile Vatican II*, 1 octobre 1966: *AAS* 58 (1966) 892 s.

21 Cf. C.I.C. can. 833; *Professio fidei et Iusiurandum fidelitatis: AAS* 81 (1989) 104 s.

eng und zuinnerst mit der Offenbarung verbunden sind, müssen diese fest angenommen und beibehalten werden.[22]

Wenn das Lehramt – auch ohne die Absicht, einen »definitiven« Akt zu setzen – eine Lehre vorlegt, sei es, um zu einem tieferen Verständnis der Offenbarung beizutragen oder ihren Inhalt zu verdeutlichen, sei es, um die Übereinstimmung einer Lehre mit den Glaubenswahrheiten zu betonen, sei es andererseits, um vor mit diesen Wahrheiten unvereinbaren Auffassungen zu warnen, ist eine religiöse Zustimmung des Willens und des Verstandes gefordert.[23] Diese darf nicht rein äußerlich und disziplinär bleiben, sondern muß sich in die Logik des Glaubensgehorsams einfügen und von ihm bestimmen lassen.

24. Das Lehramt kann endlich, um dem Volk Gottes möglichst gut zu dienen, wenn es dieses nämlich vor gefährlichen Auffassungen, die zum Irrtum führen können, warnt, bei diskutierten Fragen eingreifen, bei denen neben den sicheren Prinzipien auch Vermutungen und zufällige Dinge im Spiele sind. Oft wird es erst nach einiger Zeit möglich, zwischen dem Notwendigen und dem Zufälligen klar zu unterscheiden.

Der Wille, einem Spruch des Lehramts bei an sich nicht irreformablen Dingen loyal zuzustimmen, muß die Regel sein. Es kann freilich vorkommen, daß der Theologe sich Fragen stellt, die je nach dem Fall die Angebrachtheit, die Form oder auch den Inhalt einer Äußerung betreffen. Er wird das freilich nicht tun, bevor er sorgfältig ihre Autorität, wie sie sich aus ihrem Charakter, aus dem Nachdruck, mit der sie als Lehre vorgetragen wird, und aus der Ausdrucksweise selber ergibt, geprüft hat.[24]

---

22 Der Text des neuen Glaubensbekenntnisses (vgl. Anm. 15) formuliert die Zustimmung zu diesen Lehren wie folgt: »Firmiter etiam amplector et retineo«.

23 Vgl. Dogm. Konst. *Lumen gentium* 25; CIC can. 752.

24 Vgl. Dogm. Konst. *Lumen gentium* 25 § 1.

intimement connexes avec la Révélation, celles-ci doivent être fermement acceptées et tenues.[22]

Lorsque le Magistère, même sans l'intention de poser un acte »définitif«, enseigne une doctrine pour aider à l'intelligence plus profonde de la Révélation ou de ce qui en explicite le contenu, ou encore pour rappeler la conformité d'une doctrine avec les vérités de foi, ou enfin pour mettre en garde contre des conceptions incompatibles avec ces mêmes vérités, un assentiment religieux de la volonté et de l'intelligence est requis.[23] Celui-ci ne peut pas être purement extérieur et disciplinaire, mais doit se situer dans la logique et sous la mouvance de l'obéissance de la foi.

24. Enfin le Magistère, dans le but de servir le mieux possible le Peuple de Dieu, et en particulier pour le mettre en garde contre des opinions dangereuses pouvant conduire à l'erreur, peut intervenir sur des questions débattues dans lesquelles sont impliqués, à côté de principes fermes, des éléments conjecturaux et contingents. Et ce n'est souvent qu'avec le recul du temps qu'il devient possible de faire le partage entre le nécessaire et le contingent.

La volonté d'acquiescement loyal à cet enseignement du Magistère en matière de soi non-irréformable doit être la règle. Il peut cependant arriver que le théologien se pose des questions portant, selon les cas, sur l'opportunité, sur la forme ou même le contenu d'une intervention. Cela le conduira avant tout à vérifier soigneusement quelle est l'autorité de cette intervention, telle qu'elle résulte de la nature des documents, de l'insistance à proposer une doctrine et de la manière même de s'exprimer.[24]

---

22 Le texte de la nouvelle Profession de foi (cf. n. 15) précise l'adhésion à ces enseignements en ces termes: »Firmiter etiam amplector et retineo«.

23 Cf. Const. dogm. *Lumen gentium,* n. 25; C.I.C. can. 752.

24 Cf. Const. dogm. *Lumen gentium,* n. 25 § 1.

In diesem Bereich von Äußerungen der Klugheit ist es vorgekommen, daß Lehrdokumente nicht frei von Mängeln waren. Die Hirten haben nicht immer gleich alle Aspekte oder die ganze Kompliziertheit einer Frage erfaßt. Aber man würde in Gegensatz zur Wahrheit geraten, wollte man aus einigen bestimmten Fällen schließen, das Lehramt der Kirche könne sich bei seinen Klugheitsurteilen gewöhnlich täuschen, oder es würde sich nicht des göttlichen Beistands erfreuen, der der unverkürzten Ausübung seiner Sendung verheißen ist. Da der Theologe in der Tat sein Fach nicht ohne bestimmte Kenntnisse der Geschichte gut vertreten kann, so ist er sich der Abklärung von Fragen im Lauf der Zeit bewußt. Dies darf nicht im Sinn einer Relativierung der Glaubensaussagen verstanden werden. Er weiß vielmehr, daß gewisse Urteile des Lehramtes in der Zeit, in der sie ausgesprochen wurden, gerechtfertigt sein konnten, weil diese Aussagen wahre Feststellungen mit anderen, die nicht sicher waren, unentwirrbar vermischt haben. Erst die Zeit hat eine Unterscheidung gestattet, und als Ergebnis vertiefter Studien kam ein wirklicher Fortschritt in der Lehre zustande.

25. Selbst dort, wo die Zusammenarbeit unter besten Bedingungen erfolgt, ist nicht ausgeschlossen, daß zwischen dem Theologen und dem Lehramt Spannungen entstehen. Es ist nicht gleichgültig, welche Bedeutung man ihnen beimißt und in welchem Geist man sie aufgreift: Entstehen die Spannungen nicht aus einer Haltung der Feindschaft und des Widerspruchs, können sie als ein dynamisches Element und als Anregung gelten, die Lehramt und Theologen zur Wahrnehmung ihrer jeweiligen Aufgaben in gegenseitigem Dialog bestimmen.

26. Für den Dialog aber müssen zwei Regeln gelten: Dort, wo die Gemeinschaft im Glauben auf dem Spiele steht, gilt der Grundsatz der »unitas veritatis« (Einheit der Wahrheit);

Dans ce domaine des interventions d'ordre prudentiel, il est arrivé que des documents magistériels ne soient pas exempts de déficiences. Les Pasteurs n'ont pas toujours perçu aussitôt tous les aspects ou toute la complexité d'une question. Mais il serait contraire à la vérité de conclure, à partir de certains cas déterminés, que le Magistère de l'Église puisse se tromper habituellement dans ses jugements prudentiels, ou qu'il ne jouisse pas de l'assistance divine dans l'exercice intégral de sa mission. En effet, le thélogien, qui ne peut bien exercer sa discipline sans une certaine compétence historique, est conscient de la décantation qui s'opère avec le temps. Ceci ne doit pas être entendu dans le sens d'une relativisation des énoncés de la foi. Il sait que certains jugements du Magistère ont pu être justifiés à l'époque où ils furent prononcés, parce que les affirmations visées mêlaient inextricablement des assertions vraies et d'autres qui n'étaient pas sûres. Seul le temps a permis d'opérer le discernement et, à la suite d'études approfondies, d'aboutir à un vrai progrès doctrinal.

25. Même lorsque la collaboration se déroule dans les meilleures conditions, il n'est pas exclu que naissent des tensions entre le théologien et le Magistère. La signification qu'on leur confère et l'esprit avec lequel on les affronte ne sont pas choses indifférentes: si elles ne procèdent pas d'un sentiment d'hostilité et d'opposition, elles peuvent représenter un facteur de dynamisme et un stimulant qui incite le Magistère et les théologiens à remplir leurs fonctions respectives en pratiquant le dialogue.

26. Une double règle s'impose dans le dialogue: là où la communion de foi est en cause, vaut le principe de l' »unitas veritatis«; là où demeurent des divergences qui ne mettent

wo Gegensätze bleiben, die diese Gemeinschaft nicht in Frage stellen, wird man die »unitas caritatis« (Einheit der Liebe) wahren müssen.

27. Auch wenn die Glaubenslehre nicht gefährdet ist, wird der Theologe seine abweichenden Meinungen oder Hypothesen nicht so vortragen, als ob es um undiskutable Schlußfolgerungen ginge. Diese Rücksicht wird von dem Respekt vor der Wahrheit ebenso gefordert wie von der Hochachtung vor dem Volk Gottes (vgl. Röm 14,1–15; 1 Kor 8; 10,23–33). Aus den gleichen Gründen wird er ihre vorzeitige Veröffentlichung vermeiden.

28. Das Voraufgehende kommt zu seiner besonderen Anwendung im Fall eines Theologen, der sich aus ihm fundiert erscheinenden Gründen mit einer reformablen Äußerung des Lehramts in ernsthaften Schwierigkeiten befindet oder an ihrem irreformablen Charakter Zweifel hat.

Eine solche Uneinigkeit könnte nicht gerechtfertigt sein, wenn sie sich allein auf die Tatsache gründet, die Gültigkeit der Lehre sei nicht offenkundig oder auf die Meinung, die gegenteilige Position sei wahrscheinlicher. Ebensowenig ist das Urteil des eigenen subjektiven Gewissens des Theologen ausreichend, weil dieses keine autonome und exklusive Instanz ist, um über die Wahrheit einer Lehre zu urteilen.

29. Auf keinen Fall darf dabei die Grundhaltung einer Bereitschaft leiden, die Lehre des Lehramtes loyal anzunehmen, denn dazu ist jeder Gläubige aufgrund seines Glaubensgehorsams verpflichtet. Daher wird sich der Theologe bemühen, diese Lehre nach ihrem Inhalt, ihren Gründen und Motiven zu verstehen, und er wird darauf seine tiefere und geduldige Reflexion richten in der Bereitschaft, seine eigenen Ansichten zu überdenken und die Einwände zu prüfen, die ihm etwa von seinen Kollegen vorgetragen werden.

30. Bleiben die Schwierigkeiten trotz loyaler Bemühungen bestehen, ist der Theologe verpflichtet, den Lehrautoritäten

pas en cause cette communion, on sauvegardera l'»unitas caritatis«.

27. Même si la doctrine de foi ne lui apparaît pas être en cause, le théologien ne présentera pas ses opinions ou ses hypothèses divergentes comme s'il s'agissait de conclusions indiscutables. Cette discrétion est commandée par le respect de la vérité ainsi que par le respect du Peuple de Dieu (cf. Ro 14,1–15; 1 Co 8; 10,23–33). Pour les mêmes raisons, il renoncera à leur expression publique intempestive.

28. Ce qui précède trouve une application particulière dans le cas du théologien qui aurait de sérieuses difficultés à accueillir, pour des raisons qui lui paraissent fondées, un enseignement magistériel non-irréformable.

Un tel désaccord ne pourrait être justifié s'il se fondait seulement sur le fait que la validité de l'enseignement donné n'est pas évidente, ou sur la persuasion que la position contraire est plus probable. De même, le jugement de la conscience subjective du théologien ne saurait suffire, car celle-ci ne constitue pas une instance autonome et exclusive pour juger de la vérité d'une doctrine.

29. Jamais en tout cas ne pourra manquer une attitude fondamentale de disponibilité à accueillir loyalement l'enseignement du Magistère, comme il convient à tout croyant au nom de l'obéissance de la foi. C'est pourquoi le théologien s'efforcera de comprendre cet enseignement dans son contenu, dans ses raisons et dans ses motifs. A cela il consacrera une réflexion approfondie et patiente, prompt à revoir ses propres opinions et à examiner les objections qui lui seraient faites par ses pairs.

30. Si, en dépit d'efforts loyaux, les difficultés persistent, c'est un devoir pour le théologien de faire connaître aux

die Probleme vorzutragen, die eine Lehre in sich selber, in den Begründungen, die dafür vorgebracht werden, oder auch in der Art, wie sie vorgelegt wird, enthält. Er wird das im Geist des Evangeliums tun und in dem tiefen Verlangen, die Schwierigkeiten zu überwinden. Dann können seine Einwände zu einem wirklichen Fortschritt beitragen, indem sie das Lehramt anregen, die Lehre der Kirche gründlicher und besser begründet vorzulegen.

Der Theologe wird in diesen Fällen nicht auf die Massenmedien zurückgreifen, sondern vielmehr die verantwortliche Autorität ansprechen, denn durch das Ausüben von Druck auf die öffentliche Meinung kann man nicht zur Klärung von lehrhaften Problemen beitragen und der Wahrheit dienen.

31. Es kann ferner vorkommen, daß die Schwierigkeit nach Abschluß einer ernsthaften Prüfung in der Bereitschaft, ohne inneren Widerstand gegen den Spruch des Lehramtes zu hören, bestehen bleibt, weil dem Theologen die Gegengründe zu überwiegen scheinen. Er muß dann angesichts einer Zustimmung, die er nicht geben kann, bereit bleiben, die Frage gründlicher zu studieren.

Für eine loyale Einstellung, hinter der die Liebe zur Kirche steht, kann eine solche Situation gewiß eine schwere Prüfung bedeuten. Sie kann ein Aufruf zu schweigendem und betendem Leiden in der Gewißheit sein, daß, wenn es wirklich um die Wahrheit geht, diese sich notwendig am Ende durchsetzt.

## B. Das Problem des Dissenses

32. Schon wiederholt hat das Lehramt die Aufmerksamkeit auf die schweren Schäden gelenkt, die für die Gemeinschaft der Kirche aus jenen Haltungen systematischer Opposition

autorités magistérielles les problèmes que soulève un enseignement en lui-même, dans les justifications qui en sont proposées ou encore dans la manière selon laquelle il est présenté. Il le fera dans un esprit évangélique, avec le désir profond de résoudre les difficultés. Ses objections pourront alors contribuer à un réel progrès, en stimulant le Magistère à proposer l'enseignement de l'Eglise d'une manière plus approfondie et mieux argumentée.

Dans ces cas, le théologien évitera de recourir aux mass-media plutôt que de s'adresser à l'autorité responsable, car ce n'est pas en exerçant ainsi une pression sur l'opinion publique que l'on peut contribuer à la clarification des problèmes doctrinaux et servir la vérité.

31. Il peut aussi arriver qu'au terme d'un examen de l'enseignement du Magistère, sérieux et mené dans une volonté d'écoute sans réticences, la difficulté demeure, car les arguments en sens opposé semblent au théologien l'emporter. Devant une affirmation à laquelle il ne pense pas pouvoir donner son adhésion intellectuelle, son devoir est de rester disponible pour un examen plus approfondi de la question.

Pour un esprit loyal et animé par l'amour de l'Église, une telle situation peut assurément représenter une épreuve difficile. Ce peut être un appel à souffrir dans le silence et la prière, avec la certitude que si la vérité est vraiment en cause, elle finira nécessairement par s'imposer.

### B. Le problème du dissentiment

32. A plusieurs reprises, le Magistère a attiré l'attention sur les graves inconvénients causés à la communion de l'Église par les attitudes d'opposition systématique, qui en viennent

entstehen, die sogar zur Bildung von organisierten Gruppen führen.[25] Papst Paul VI. hat in seinem Apostolischen Schreiben *Paterna cum benevolentia* eine Diagnose vorgelegt, die ihre volle Gültigkeit behält. Hier soll vor allem von jener öffentlichen Oppositionshaltung gegen das Lehramt der Kirche die Rede sein. Sie wird auch »Dissens« genannt und muß gut von einer Situation persönlicher Schwierigkeiten unterschieden werden, von denen weiter oben die Rede war. Der Dissens kann verschiedene Formen annehmen, und seine entfernten und näheren Ursachen sind zahlreich.

Zu den Faktoren, die entfernt oder indirekt ihren Einfluß ausüben, muß man die Ideologie des philosophischen Liberalismus rechnen, die auch die Mentalität unserer Zeit prägt. Von ihr her kommt die Tendenz zu meinen, ein Urteil sei um so authentischer, je mehr es vom Individuum und dessen eigenen Kräften ausgeht. So stellt man die Freiheit des Denkens der Autorität und der Tradition als Ursache der Knechtschaft gegenüber. Eine überlieferte und allgemein angenommene Lehre wird von vornherein verdächtigt und ihr Wahrheitswert bestritten. Am Ende gilt die so verstandene Freiheit des Urteils mehr als die Wahrheit selber. Es geht also um etwas ganz anderes als um die berechtigte Forderung nach Freiheit im Sinn des Fehlens von Zwang als Vorbedingung für ein loyales Suchen nach der Wahrheit. Wegen dieser Notwendigkeit hat die Kirche immer daran festgehalten, daß »niemand gegen seinen Willen zur Annahme des Glaubens gezwungen werden darf«.[26]

Das Gewicht einer künstlich gesteuerten öffentlichen Meinung übt mit dem Druck, sich konform zu verhalten, eben-

25 Vgl. PAUL VI. Apost. Schreiben *Paterna cum benevolentia,* 8. Dezember 1974: *AAS* 67 (1975) 5–23. Vgl. auch KONGREGATION FÜR DIE GLAUBENSLEHRE, Erkl. *Mysterium Ecclesiae: AAS* 65 (1973) 396–408.

26 Erkl. *Dignitatis humanae* 10.

même à se constituer en groupes organisés.[25] Dans l'Exhortation apostolique *Paterna cum benevolentia,* Paul VI a proposé un diagnostic qui conserve toute sa pertinence. On veut ici parler en particulier de cette attitude publique d'opposition au magistère de l'Église, appelé encore »dissentiment«, et qu'il convient de bien distinguer de la situation de difficulté personnelle dont on a parlé plus haut. Le phénomène du dissentiment peut avoir diverses formes, et ses causes lointaines ou proches sont multiples.

Parmi les facteurs qui peuvent exercer leur influence d'une façon lointaine ou indirecte, il convient de rappeler l'idéologie du libéralisme philosophique qui imprègne aussi la mentalité de notre époque. De là provient la tendance à considérer qu'un jugement a d'autant plus de valeur qu'il procède de l'individu s'appuyant sur ses propres forces. Ainsi on oppose la liberté de pensée à l'autorité de la tradition, considérée comme source de servitude. Une doctrine transmise et reçue est d'emblée frappée de suspicion et sa valeur de vérité contestée. A la limite, la liberté de jugement ainsi entendue importe plus que la vérité elle-même. Il s'agit donc de tout autre chose que de l'exigence légitime de la liberté, au sens d'absence de contrainte, comme condition requise pour la recherche loyale de la vérité, exigence en vertu de laquelle l'Église a toujours tenu que »personne ne doit être contraint à embrasser la foi malgré lui«.[26]

Le poids d'une opinion publique intentionellement dirigée et de ses conformismes exerce aussi son influence. Souvent

---

25 Paul VI, Exhort. apost. *Paterna cum benevolentis,* 8 décembre 1974: *AAS* 67 (1975) 5–23. Voir aussi Congrégation pour la Doctrine de la Foi, Déclar. *Mysterium Ecclesiae: AAS* 65 (1973) 396–408.

26 Déclar. *Dignitatis humanae,* n. 10.

falls seinen Einfluß aus. Oft drohen die von den Massenmedien verbreiteten sozialen Modelle zu einem normgebenden Wert zu werden, und es verbreitet sich die Meinung, die Kirche dürfe sich nur zu Problemen äußern, die die öffentliche Meinung für wichtig hält, und dann in einer Weise, die dieser gefällt. Das Lehramt könne sich z. B. mit wirtschaftlichen und sozialen Fragen befassen, solle aber alles, was Ehe- und Familienmoral betrifft, dem Urteil des einzelnen überlassen.

Schließlich kann die Vielfalt der Kulturen und Sprachen, die an sich einen Reichtum bedeutet, indirekt zu Mißverständnissen führen und die Ursache fortschreitender Unstimmigkeiten bilden.

In diesem Zusammenhang sind vom Theologen ein kritisches und umsichtiges Unterscheidungsvermögen sowie eine wirkliche Beherrschung der Problematik gefordert, wenn er seine kirchliche Sendung erfüllen will. Er darf sich nicht dieser Welt angleichen (vgl. Röm 12,2; Eph 4,23) und die Unabhängigkeit des Urteils, wie sie Jüngern Christi zukommt, verlieren.

33. Der Dissens kann verschiedene Formen annehmen. In seiner radikalsten Ausprägung möchte er die Kirche umwandeln und dabei einem Modell des Protestes folgen, wie es in der politischen Gesellschaft verwendet wird. Häufiger wird die Meinung vertreten, der Theologe sei nur dem unfehlbaren Lehramt zu folgen gehalten, während nach Art eines gewissen theologischen Positivismus die ohne Inanspruchnahme des Charismas der Unfehlbarkeit vorgelegten Lehren keinerlei verpflichtenden Charakter hätten, wobei dem einzelnen volle Freiheit gelassen würde, ihnen anzuhängen oder nicht. So sei der Theologe völlig frei, nicht unfehlbare Lehren des Magisteriums, zumal bei Einzelnormen der Moral in Zweifel zu ziehen oder abzulehnen, und durch eine derartige kritische Opposition könne er sogar zum Fortschritt der Lehre beitragen.

les modèles sociaux répandus par les mass-media tendent à devenir une valeur normative, et l'opinion se répand en particulier que l'Église ne devrait se prononcer que sur des problèmes que l'opinion publique tient pour importants et dans le sens qui plaît à celle-ci. Par exemple, le Magistère pourrait intervenir dans les questions économiques et sociales, mais devrait laisser au jugement individuel celles qui regardent la morale conjugale et familiale.

Enfin la pluralité des cultures et des langues, qui est en soi une richesse, peut indirectement conduire à des malentendus ouvrant la voie à des désaccords.

Dans ce contexte, un discernement critique et avisé et une réelle maîtrise des problèmes sont requis du théologien, s'il veut remplir sa mission ecclésiale et ne pas perdre, en se modelant sur le monde présent (cf. Ro 12,2; Ep 4,23), l'indépendance de jugement qui doit être celle des disciples du Christ.

33. Le dissentiment peut revêtir divers aspects. Sous sa forme la plus radicale, il vise à changer l'Église suivant un modèle de contestation inspiré par ce qui se fait dans la société politique. Plus fréquemment, on estime que le théologien ne serait tenu d'adhérer qu'à l'enseignement infaillible du Magistère, tandis que, dans la perspective d'une sorte de positivisme théologique, les doctrines proposées sans qu'intervienne le charisme d'infaillibilité n'auraient nullement un caractère obligatoire, de sorte que l'esprit serait libre d'y adhérer ou non. Ainsi le théologien aurait toute liberté pour mettre en doute ou refuser l'enseignement non-infaillible du Magistère, notamment en matière de normes morales particulières, et par cette opposition critique, il pourrait même contribuer au progrès de la doctrine.

34. Zur Rechtfertigung des Dissenses greift man gewöhnlich auf verschiedene Argumente zurück, von denen zwei grundlegendere Bedeutung haben. Das erste ist hermeneutischer Art: Die Dokumente des Lehramtes, so sagt man, seien nichts anderes als der Reflex einer Theologie, über die man diskutieren könne. Das zweite beruft sich auf den theologischen Pluralismus, der zuweilen bis zum Relativismus, der die Integrität des Glaubens bedroht, vorangetrieben wird: Die Äußerungen des Lehramtes entstammten einer Theologie unter mehreren anderen, und keine einzelne Theologie kann den Anspruch universaler Gültigkeit erheben. Im Gegensatz zum authentischen Lehramt und in Konkurrenz zu ihm entsteht damit eine Art »paralleles Lehramt« der Theologen.[27]

Gewiß ist es eine der Aufgaben des Theologen, die Texte des Lehramtes korrekt zu interpretieren, und es stehen ihm dafür hermeneutische Regeln zur Verfügung. Dabei gilt der Grundsatz, daß die Unterweisung des Lehramtes – dank des göttlichen Beistands – auch abgesehen von der Argumentation gilt, die zuweilen von einer besonderen Theologie übernommen ist, deren sie sich bedient. Der theologische Pluralismus ist nur in dem Maße berechtigt, wie er die Einheit des Glaubens in seiner objektiven Bedeutung wahrt.[28] Tatsächlich bestehen wesentliche gegenseitige Bande zwischen den

---

27 Der Gedanke eines »parallelen Lehramtes« der Theologen in Gegensatz und Konkurrenz zum Lehramt der Hirten bedient sich zuweilen gewisser Texte, wo der heilige Thomas von Aquin zwischen »magisterium cathedrae pastoralis« und »magisterium cathedrae magisterialis« unterscheidet (*Contra impugnantes,* c. 2; *Quodl.* III, q. 4, a. 1 (9); *In IV Sent.* 19.2.2, q. 3 sol. 2 ad 4). In Wirklichkeit bieten diese Texte keinerlei Fundament für diese Position, weil der heilige Thomas absolut darin sicher ist, daß das Entscheidungsrecht in Sachen der Lehre einzig dem »officium praelationis« zukommt.

28 Vgl. PAUL VI. Apost. Schreiben *Paterna cum benevolentia* 4: *AAS* 67 (1975) 14–15.

34. La justification du dissentiment s'appuie généralement sur différents arguments, dont deux ont un caractère plus fondamental. Le premier est d'ordre herméneutique: les documents de Magistère ne seraient rien d'autre que le reflet d'une théologie discutable. Le second invoque le pluralisme théologique, poussé parfois jusqu'à un relativisme qui met en cause l'intégrité de la foi: les interventions magistérielles émaneraient d'une théologie parmi d'autres, alors qu'aucune théologie particulière ne peut prétendre s'imposer universellement. En opposition au magistère authentique et en concurrence avec lui prend ainsi naissance une sorte de »magistère parallèle« des théologiens.[27]

C'est assurément une des tâches du théologien que d'interpréter correctement les textes du Magistère, et il dispose pour cela de règles herméneutiques, où figure le principe selon lequel, grâce à l'assistance divine, l'enseignement du Magistère vaut par-delà l'argumentation, parfois empruntée à une théologie particulière, qu'il utilise. Quant au pluralisme théologique, il n'est légitime que dans la mesure où est sauvegardée l'unité de la foi dans sa signification objective.[28] Des liens essentiels relient en effet entre eux les niveaux distincts que sont l'unité de la foi, l'unité-pluralité des ex-

27 L'idée d'un »magistère parallèle« des théologiens en opposition et en concurrence avec le magistère des Pasteurs se prévaut parfois de certains textes où saint Thomas d'Aquin distingue entre »magisterium cathedrae pastoralis« et »magisterium cathedrae magisterialis« (*Contra impugnantes,* c. 2; *Quodlib. II,* q. 4, a. 1 (9); *In IV Sent.* 19,2.2, q. 3 sol. 2 ad 4). En réalité, ces textes n'offrent aucun fondement à cette position, parce que saint Thomas est absolument certain que le droit de juger en matière de doctrine revient seulement à l'»officium praelationis«.

28 Cf. Paul VI, Exhort. apost. *Paterna cum benevolentia,* n. 4: *AAS* 67 (1975) 14–15.

verschiedenen Ebenen der Einheit des Glaubens, der Einheit und Pluralität der Ausdrucksformen des Glaubens und der Pluralität der Theologien. Dabei besteht der letzte Grund für die Pluralität im unergründlichen Geheimnis Christi, das jede objektive Systematisierung übersteigt. Das kann aber nicht bedeuten, es seien ihm entgegengesetzte Schlußfolgerungen annehmbar, und es mindert in keiner Weise die Wahrheit von Aussagen, in denen das Lehramt sich ausgesprochen hat.[29] Das »parallele Lehramt« kann großen geistlichen Schaden stiften, wenn es sich dem Lehramt der Hirten widersetzt. Gelingt es dem Dissens nämlich, seinen Einfluß bis in die öffentliche Meinung hinein auszudehnen, um zur Regel für das Handeln zu werden, kann das dem Volk Gottes nur schweren Schaden zufügen und zur Mißachtung der wirklichen Autorität führen.[30]

35. Der Dissens zieht ferner zuweilen eine soziologische Argumentation heran, nach der die Meinung einer großen Zahl von Christen direkter und angemessener Ausdruck des »übernatürlichen Glaubenssinns« wäre.

Tatsächlich können die Meinungen der Gläubigen nicht schlicht und einfach mit dem »sensus fidei« gleichgesetzt werden.[31] Dieser ist nämlich eine Eigenart des theologalen

---

29 Vgl. PAUL VI. *Ansprache an die Mitglieder der Internationalen Theologenkommission,* 11. Oktober 1973: *AAS* 65 (1973) 555–559.

30 Vgl. JOHANNES PAUL II., Enzykl. *Redemptor hominis* 19: *AAS* 71 (1979) 308; *Ansprache an die Gläubigen in Managua,* 4. März 1983, 7: *AAS* 75 (1983) 723; *Ansprache an die Ordensleute in Guatemala,* 8. März 1983, 3: *AAS* 75 (1983) 746; *Ansprache an die Bischöfe in Lima,* 2. Februar 1985, 5: *AAS* 77 (1985) 874; *Ansprache an die Konferenz der belgischen Bischöfe in Mecheln,* 18. Mai 1985, 5: *Insegnamenti di Giovanni Paolo II,* VIII, 1 (1985) 1481; *Ansprache an einige amerikanische Bischöfe bei ihrem Besuch ad-limina,* 15. Oktober 1988, 6: *L'Osservatore Romano,* 16. Oktober 1988, S. 4.

31 Vgl. JOHANNES PAUL II. Apost. Schreiben *Familiaris consortio* 5: *AAS* 74 (1982) 85–86.

pressions de la foi, et la pluralité des théologies. La raison d'être de la pluralité est l'insondable mystère du Christ qui transcende toute systématisation objective. Cela ne peut signifier que soient acceptables des conclusions qui lui sont contraires, et cela ne met nullement en cause la vérité d'assertions par lesquelles le Magistère s'est prononcé.[29] Quant au »magistère parallèle«, il peut causer de grands maux spirituels en s'opposant à celui des Pasteurs. Lorsque'en effet le dissentiment réussit à étendre son influence jusqua'à inspirer une opinion commune, il tend à devenir règle d'action, ce qui ne peut que troubler gravement le Peuple de Dieu et conduire au mépris de l'autorité véritable.[30]

35. Le dissentiment fait parfois appel aussi à une argumentation sociologique, selon laquelle l'opinion d'un grand nombre de chrétiens serait une expression directe et adéquate du »sens surnaturel de la foi«.

En réalité, les opinions des fidèles ne peuvent pas être purement et simplement identifiées au »sensus fidei«.[31] Celui-ci est une propriété de la foi théologale qui, parce qu'elle

29 Cf. Paul VI, *Allocution aux membres de la Commission théologique internationale,* 11 octobre 1973: *AAS* 65 (1973) 555–559.

30 Cf. Jean-Paul II, Encycl. *Redemptor hominis,* n. 19: *AAS* 71 (1979) 308; *Allocution aux fidèles à Managua,* 4 mars 1983, n. 7: *AAS* 75 (1983) 723; *Allocution aux religieux à Guatemala,* 8 mars 1983, n. 3: AAS 75 (1983) 746; *Allocution aux évêques à Lima,* 2 février 1985, n. 5: AAS 77 (1985) 874; *Allocution à la Conférence des évêques belges à Malines,* 18 mai 1985, n. 5: *Insegnamenti di Giovanni Paolo II,* VIII, 1 (1985) 1481; *Allocution à des évêques américains en visite ad limina,* 15 octobre 1988, n. 6: *L' Osservatore Romano,* 16 octobre 1988, p. 4.

31 Cf. Jean-Paul II, Exhort. Apost. *Familiaris consortio,* n. 5: *AAS* 74 (1982) 85–86.

Glaubens, der als Gabe Gottes, die das persönliche Ja zur Wahrheit schenkt, nicht irren kann. Dieser persönliche Glaube ist zugleich Glaube der Kirche, denn Gott hat der Kirche die Hut des Wortes anvertraut, und was deswegen der Gläubige glaubt, ist das, was die Kirche glaubt. Daher schließt der »sensus fidei« seiner Natur nach die tiefe Übereinstimmung von Geist und Herz mit der Kirche, das »sentire cum Ecclesia«, ein.

Wenn sich daher der theologale Glaube als solcher nicht irren kann, so kann doch der Gläubige irrige Meinungen haben, weil nicht alle seine Gedanken vom Glauben herkommen.[32] Die im Volk Gottes umlaufenden Ideen stimmen nicht alle mit dem Glauben überein, zumal sie leicht von einer öffentlichen Meinung beeinflußt werden können, die durch die modernen Kommunikationsmedien gesteuert wird. Nicht ohne Grund betont das II. Vatikanische Konzil die unauflösliche Beziehung zwischen dem »sensus fidei« und der Anleitung des Volkes Gottes durch das Lehramt der Hirten: Beide Wirklichkeiten lassen sich nicht voneinander trennen.[33] Die Äußerungen des Lehramtes wollen die Einheit der Kirche in der Wahrheit des Herrn sicherstellen. Sie helfen zum »Bleiben in der Wahrheit« angesichts des Willkürcharakters von wandelbaren Meinungen und sind Ausdruck des Gehorsams gegenüber dem Wort Gottes.[34] Auch wenn es den Anschein haben kann, daß sie die Freiheit der Theologen beeinträchtigen, so richten sie durch die Treue zum überlieferten Glauben eine tiefer reichende Freiheit

32 Vgl. die Formel des Konzils von Trient, VI. Sitzung, Kap. 9: fides »cui non potest subesse falsum«: DS 1534; vgl. Hl. Thomas von Aquin, *Summa Theologiae,* II–II, q. 1, a. 3: »Possibile est enim hominem fidelem ex coniectura humana falsum aliquid aestimare. Sed quod ex fide falsum aestimet, hoc est impossibile«.

33 Dogm. Konst. *Lumen gentium* 12.

34 Dogm. Konst. *Dei Verbum* 10.

est un don de Dieu faisant adhèrer personnellement à la Vérité, ne peut se tromper. Cette foi personnelle est aussi foi de l'Église, puisque Dieu a confié à l'Église la garde de la Parole et qu'en conséquence, ce que le fidèle croit, c'est ce que croit l'Église. C'est pourquoi le »sensus fidei« implique, de par sa nature, l'accord profond de l'esprit et du cœur avec l'Église, le »sentire cum Ecclesia«,

Si donc la foi théologale en tant que telle ne peut se tromper, le croyant peut par contre avoir des opinions erronées, car toutes ses pensées ne procèdent pas de la foi.[32] Les idées qui circulent dans le Peuple de Dieu ne sont pas toutes en cohérence avec la foi, d'autant qu'elles peuvent facilement subir l'influence d'une opinion publique véhiculée par des moyens modernes de communication. Ce n'est pas sans raison que le Concile Vatican II souligne le rapport indissoluble entre »sensus fidei« et conduite du Peuple de Dieu par le magistère des Pasteurs: les deux réalités ne peuvent être séparées l'une de l'autre.[33] Les interventions du Magistère servent à garantir l'unité de l'Église dans la vérité du Seigneur. Elles aident à »demeurer dans la vérité« face au caractère arbitraire des opinions changeantes, et sont l'expression de l'obéissance à la Parole de Dieu.[34] Même lorsqu'il peut sembler qu'elles entravent la liberté des théologiens, elles instaurent, par la fidélité à la foi transmise, une liber-

---

32 Cf. la formule du Concile de Trente, sess. VI, chap. 9: fides »cui non potest subesse falsum«: DS 1534; cf. SAINT THOMAS D'AQUIN, *Summa theologiae* II–II, q. 1, a. 3, ad 3: »Possibile est enim hominem fidelem ex coniectura humana falsum aliquid aestimare. Sed quod ex fide falsum aestimet, hoc est impossibile«.

33 Cf. Const. dogm. *Lumen gentium,* n. 12.

34 Cf. Const. dogm. *Dei Verbum,* n. 10.

auf, die nur von der Einheit in der Wahrheit herkommen kann.

36. Die Freiheit des Glaubensaktes kann das Recht auf Dissens ebensowenig rechtfertigen. Tatsächlich meint sie ja keineswegs die Freiheit gegenüber der Wahrheit, vielmehr die freie Selbstbestimmung der Person im Sinn ihrer moralischen Verpflichtung zur Annahme der Wahrheit. Der Glaubensakt ist ein Akt des Willens, denn der durch Christus den Erlöser losgekaufte und zur Annahme an Kindesstatt berufene Mensch (vgl. Röm 8,15; Gal 4,5; Eph 1,5; Joh 1,12) kann Gott nur zustimmen, wenn er, gewiß »vom Vater gezogen« (Joh 6,44), Gott das vernunftgemäße Geschenk seines Glaubens macht (vgl. Röm 12,1). Wie die Erklärung *Dignitatis humanae*[35] in Erinnerung gerufen hat, besitzt keine menschliche Autorität das Recht, hier durch Zwang oder Druck einzugreifen, denn diese Entscheidung überschreitet die Grenzen ihrer Zuständigkeit, und die Achtung vor dem Recht auf Religionsfreiheit bildet die Grundlage für die Achtung sämtlicher Menschenrechte.

Man kann sich darum nicht auf diese Rechte des Menschen berufen, um sich den Äußerungen des Lehramtes zu widersetzen. Ein solches Verhalten verkennt Natur und Sendung der Kirche, die von ihrem Herrn den Auftrag erhalten hat, allen Menschen die Heilswahrheit zu verkünden, und sie tut das, indem sie in den Fußstapfen Christi wandelt und weiß, daß »die Wahrheit nicht anders Anspruch erhebt als kraft der Wahrheit selbst, die sanft und zugleich stark den Geist durchdringt«.[36]

37. Kraft des göttlichen Auftrags, der ihm in der Kirche gegeben ist, besteht die Sendung des Lehramtes in der Unterweisung des Evangeliums, im Wachen über seine Integri-

35 Vgl. Erkl. *Dignitatis Humanae* 9–10.
36 *Ebd.* 1.

té plus profonde qui ne peut venir que de l'unité dans la vérité.

36. La liberté de l'acte de foi ne saurait justifier le droit au dissentiment. En effet, elle ne signifie nullement la liberté à l'égard de la vérité, mais la libre détermination de la personne conformément à son obligation morale d'accueillir la vérité. L'acte de foi est un acte volontaire, puisque l'homme, racheté par le Christ Rédempteur et appelé par lui à l'adoption filiale (cf. Ro 8,15; Ga 4,5; Ep 1,5; Jn 1,12), ne peut adhérer à Dieu que si, »attiré par le Père« (Jn 6,44), il lui fait l'hommage raisonnable de sa foi (cf. Rm 12,1). Comme l'a rappelé la Déclaration *Dignitatis humanae,*[35] aucune autorité humaine n'a le droit d'intervenir, par contrainte ou pression, dans ce choix qui dépasse les limites de ses compétences. Le respect du droit à la liberté religieuse est le fondement du respect de l'ensemble des droits de l'homme.

On ne peut pourtant faire appel à ces droits de l'homme pour s'opposer aux interventions du Magistère. Un tel comportement méconnaît la nature et la mission de l'Église, qui a reçu de son Seigneur le mandat d'annoncer à tous les hommes la vérité du salut, et le réalise en marchant sur les traces du Christ, sachant que »la vérité ne s'impose que par la force de la vérité elle-même, qui pénètre l'esprit avec autant de douceur que de puissance«.[36]

37. En vertu du mandat divin qui lui a été donné dans l'Église, le Magistère a pour mission de proposer l'enseignement de l'Èvangile, de veiller à son intégrité et par là de

35 Cf. Déclar. *Dignitatis humanae,* nn. 9–10.
36 *Ibid.*, n. 1.

tät und dadurch im Schutz des Glaubens des Volkes Gottes. Es kann sich zuweilen veranlaßt sehen, dies durch Ergreifen beschwerlicher Maßnahmen zu tun, wenn es z. B. einem Theologen, der sich von der Lehre des Glaubens entfernt, die ihm anvertraute »missio canonica« oder den Lehrauftrag entzieht, oder auch von Schriften erklärt, sie stünden mit dieser Lehre nicht in Übereinstimmung. Wenn es so vorgeht, handelt es in Treue zu seiner Sendung, denn es schützt die Rechte des Volkes Gottes auf den Empfang der Botschaft der Kirche in ihrer Reinheit und Unverkürztheit, damit es also nicht von einer gefährlichen Sondermeinung verwirrt wird.

Das unter diesen Umständen vom Lehramt am Ende einer gründlichen, durch bestimmte Vorgehensweisen festgelegten Prüfung, bei der der Betreffende vorher die möglichen Mißverständnisse seines Denkens hat zerstreuen können, gefällte Urteil begrifft nicht die Person des Theologen, sondern nur seine öffentlich geäußerten intellektuellen Ansichten. Daß diese Vorgehensweisen verbessert werden können, bedeutet nicht, sie stünden in Gegensatz zu Recht und Gerechtigkeit. Hier von der Verletzung von Menschenrechten zu reden, ist fehl am Platz, denn man verkennt dabei die genaue Hierarchie dieser Rechte und ebenso die Natur der Gemeinschaft der Kirche sowie ihr Gemeinwohl. Überdies begibt sich der Theologe, der mit dem »sentire cum Ecclesia« nicht übereinstimmt, in einen Widerspruch zu seiner freiwillig und bewußt übernommenen Aufgabe, im Namen der Kirche zu lehren.[37]

38. Endlich kann auch der Hinweis, man müsse seinem Gewissen folgen, den Dissens nicht rechtfertigen, denn diese Pflicht wird ausgeübt, wenn das Gewissen das praktische

---

37 Vgl. Apost. Konst. *Sapientia Christiana,* 15. April 1979, 27, 1: *AAS* 71 (1978) 483; CIC can. 812.

protéger la foi du Peuple de Dieu. Ce faisant, il peut être parfois amené à prendre des mesures onéreuses, comme par exemple lorsqu'il retire à un théologien qui se'écarte de la doctrine de la foi la mission canonique ou le mandat d'enseigner qu'il lui avait confié, ou encore déclare des écrits non-conformes à cette doctrine. En agissant ainsi, il entend être fidèle à sa mission, car il défend les droits du Peuple de Dieu à recevoir le message de l'Église dans sa pureté et son intégralité, et donc à n'être pas troublé par une opinion particulière dangereuse.

Le jugement porté en de telles circonstances par le Magistère, au terme d'un examen approfondi fixé par des procédures déterminées et après que l'intéressé ait pu dissiper les possibles malentendus sur sa pensée, ne porte pas sur la personne du théologien, mais sur ses positions intellectuelles publiquement exposées. Que ces procédures puissent être perfectionnées ne signifie pas qu'elles soient contraires à la justice et au droit. Parler en l'occurrence d'atteinte aux droits de l'homme est hors de propos, car on méconnaît alors l'exacte hiérarchie de ces droits tout autant que la nature de la communauté ecclésiale et de son bien commun. Du reste, le théologien qui n'est pas en accord avec le »sentire cum Ecclesia« se met en contradiction avec l'engagement qu'il a pris librement et consciemment d'enseigner au nom de l'Église.[37]

38. Enfin le recours au devoir de suivre la conscience ne peut légitimer le dissentiment. Tout d'abord parce que ce devoir s'exerce lorsque la conscience éclaire le jugement pra-

---

37 Cf. JEAN-PAUL II, Const. apost. *Sapientia christiana,* 15 avril 1979, n. 27,1: *AAS* 71 (1979) 483; C.I.C. can. 812.

Urteil im Hinblick auf eine zu treffende Entscheidung klärt, während es sich hier um die Wahrheit einer Lehraussage handelt. Wenn ferner der Theologe wie jeder Gläubige seinem Gewissen folgen muß, so ist er auch gehalten, es zu bilden. Das Gewissen ist keine unabhängige und unfehlbare Instanz, sondern vielmehr ein Akt des moralischen Urteils über eine verantwortliche Entscheidung. Das richtige Gewissen aber ist ein Gewissen, das durch den Glauben und das objektive Moralgesetz erhellt ist und damit auch den aufrichtigen Willen zum Erstreben des wahrhaft Guten voraussetzt.

Daher setzt das richtige Gewissen des katholischen Theologen den Glauben an das Wort Gottes voraus, dessen Reichtümer er ja ergründen soll, aber auch die Liebe zur Kirche, von der er seine Sendung erhält, und die Achtung vor dem mit göttlichem Beistand ausgezeichneten Lehramt. Dem Lehramt der Kirche ein oberstes Lehramt des Gewissens entgegenstellen heißt, den Grundsatz der freien Prüfung vertreten, was aber mit der Entfaltung der Offenbarung und ihrer Weitergabe in der Kirche sowie auch mit einer korrekten Auffassung der Theologie und der Funktion des Theologen unvereinbar ist. Die Glaubensaussagen sind nämlich nicht das Ergebnis einer rein individuellen Forschung und freien Kritik des Wortes Gottes, sie bilden vielmehr ein kirchliches Erbe. Wenn man sich von den Hirten trennt, die die apostolische Überlieferung lebendig halten, setzt man die Verbindung mit Christus unwiderruflich aufs Spiel.[38]

39. Da sie ihren Ursprung in der Einheit des Vaters, des Sohnes und des Heiligen Geistes hat,[39] ist die Kirche ein Geheimnis der Gemeinschaft. Als solche ist sie nach dem Willen ihres Stifters mit einer Hierarchie ausgestattet, die

38 Vgl. PAUL VI. Apost. Schreiben *Paterna cum benevolentia* 4: *AAS* 67 (1975) 15.

39 Vgl. Dogm. Konst. *Lumen gentium* 4.

tique en vue d'une décision à prendre, alors qu'il s'agit ici de la vérité d'un éconcé doctrinal. Ensuite parce que si le théologien doit, comme chaque croyant, suivre sa conscience, il est aussi tenu de la former. La conscience n'est pas une faculté indépendante et infaillible, elle est un acte de jugement moral porté sur un choix responsable. La conscience droite est une conscience dûment éclairée par la foi et la loi morale objective, et suppose aussi la rectitude de la volonté dans la poursuite du vrai bien.

C'est pourquoi la conscience droite du théologien catholique suppose la foi dans la Parole de Dieu dont il doit pénétrer les richesses, mais aussi l'amour de l'Église dont il tient sa mission et le respect du Magistère divinement assisté. Opposer au magistère de l'Église un magistère suprême de la conscience, c'est admettre le principe du libre examen, incompatible avec l'économie de la Révélation et de sa transmission dans l'Église, comme avec une conception correcte de la théologie et de la fonction du théologien. Car les énoncés de la foi ne résultent pas d'une recherche purement individuelle et d'une libre critique de la Parole de Dieu, mais constituent un héritage ecclésial. Si on se sépare des Pasteurs qui veillent à maintenir vivante la tradition apostolique, c'est le lien avec le Christ qui se trouve irréparablement compromis.[38]

39. Tirant son origine de l'unité du Père, du Fils et de l'Esprit Saint,[39] l'Église est un mystère de communion organisée, selon la volonté de son Fondateur, autour d'une hiérarchie établie pour le service de l'Évangile et du Peuple de

---

38 Cf. Paul VI, Exhort. apost. *Paterna cum benevolentia,* n. 4: *AAS* 67 (1975) 15.

39 Cf. Const. dogm. *Lumen gentium,* n. 4.

zum Dienst am Evangelium und an dem daraus lebenden Volk Gottes bestellt ist. Nach dem Vorbild der Mitglieder der ersten Gemeinschaft müssen alle Getauften mit den ihnen eigenen Charismen aus aufrichtigem Herzen nach harmonischer Einheit in Lehre, Leben und Gottesdienst streben (vgl. Apg 2,42). Hier liegt eine Regel vor, die sich aus dem eigentlichen Sein der Kirche ergibt. Deswegen darf man auf sie auch nicht schlicht und einfach Verhaltensmaßstäbe anwenden, die ihren Seinsgrund in der Natur der bürgerlichen Gesellschaft oder in den Regeln haben, nach denen eine Demokratie funktioniert. Noch weniger darf man die Beziehungen im Inneren der Kirche nach der Mentalität der Welt, die sie umgibt, beurteilen (vgl. Röm 12,2). Von der mehrheitlichen Meinung das, was man zu denken und zu tun hat, ableiten wollen, gegen das Lehramt den Druck der öffentlichen Meinung einsetzen, den »Konsens« der Theologen zum Hauptmaßstab machen oder den Anspruch erheben, der Theologe sei der prophetische Wortführer einer »Basis« oder autonomen Gemeinschaft, die damit die einzige Quelle der Wahrheit wäre, all das zeigt einen schwerwiegenden Verlust des Sinns für die Wahrheit und des Sinns für die Kirche.

40. Die Kirche ist »gleichsam das Sakrament, das heißt Zeichen und Werkzeug für die innigste Vereinigung mit Gott wie für die Einheit der ganzen Menschheit«.[40] Nach Eintracht und Gemeinschaft streben bedeutet daher, die Kraft ihres Zeugnisses und ihre Glaubwürdigkeit vermehren; umgekehrt der Versuchung zum Dissens verfallen, bedeutet zulassen, daß sich »Triebkräfte der Untreue gegen den Heiligen Geist« entfalten.[41]

---

40 *Ebd.* 1.

41 Vgl. Paul VI. Apost. Schreiben *Paterna cum benevolentia* 2–3: *AAS* 67 (1975) 10–11.

Dieu qui en vit. A l'image des membres de la première communauté, tous le baptisés, avec les charismes qui leur sont propres, doivent tendre d'un cœur sincère vers l'unité harmonieuse de doctrine, de vie et de culte (cf. Ac 2,42). C'est là une règle qui découle de l'être même de l'Église. C'est pourquoi on ne saurait appliquer à celle-ci purement et simplement des critères de conduite qui ont leur raison d'être dans la société civile ou dans les règles de fonctionnement d'une démocratie. Encore moins peut-on, dans les rapport à l'intérieur de l'Église, s'inspirer de la mentalité du monde ambiant (cf. Ro 12,2). Demander à l'opinion majoritaire ce qu'il convient de penser et de faire, recourir contre le Magistère à des pressions exercées par l'opinion publique, se prévaloir d'un »consensus« des théologiens, prétendre que le théologien est le porte-parole prophétique d'une »base« ou communauté autonome qui serait ainsi l'unique source de la vérité, tout cela denote une grave perte du sens de la vérité et du sens de l'Église.

40. L'Église est »comme le sacrement ou le signe et l'instrument de l'intime union avec Dieu et de l'unité de tout le genre humain«.[40] En conséquence, rechercher la concorde et la communion, c'est augmenter la force de son témoignage et sa crédibilité; céder au contraire à la tentation du dissentiment, c'est laisser se développer des »ferments d'infidélité à l'Esprit Saint«.[41]

---

40 Cf. *ibid.*, n. 1.

41 Cf. Paul IV, Exhort. apost. *Paterna cum benevolentia*, n. 2–3: *AAS* 67 (1975) 10–11.

Wenn Theologie und Lehramt auch verschiedener Art sind und unterschiedliche Aufgaben haben, die man nicht verwechseln darf, so geht es dennoch um zwei in der Kirche lebenswichtige Aufgaben, die sich gegenseitig durchdringen und für den Dienst am Volk Gottes einander bereichern müssen.

Kraft einer Autorität, die sie von Christus selbst bekommen haben, kommt es den Hirten zu, über diese Einheit zu wachen und zu verhindern, daß die mit dem Leben gegebenen Spannungen nicht zu Spaltungen ausarten. Indem sie die Einzelpositionen oder die Gegensätze übersteigt, muß ihre Autorität sie alle in der Integrität des Evangeliums vereinen, das das »Wort der Versöhnung« ist (2 Kor 5,18–20).

Den Theologen aber kommt es kraft ihres eigenen Charismas zu, auch ihrerseits an der Erbauung des Leibes Christi in Einheit und Wahrheit mitzuwirken, und ihr Beitrag ist für eine Evangelisierung der Welt, die die Kräfte des ganzen Gottesvolkes erfordert, mehr denn je notwendig.[42] Stoßen sie auf Schwierigkeiten, die aus dem Charakter ihrer Forschung entstehen können, dann müssen sie die Lösung in einem vertrauensvollen Dialog mit den Hirten suchen, im Geist der Wahrheit und Liebe, wie er die Gemeinschaft der Kirche kennzeichnet.

41. Alle sollen sich daran erinnern, daß Christus das endgültige Wort des Vaters ist (vgl. Hebr 1,2), in dem, wie der heilige Johannes vom Kreuz bemerkt, »Gott uns alles zusammen und ein für allemal gesagt hat«.[43] Christus ist als solcher die Wahrheit, die frei macht (vgl. Joh 8,36; 14,6). Akte der Anhänglichkeit und Zustimmung zum Wort, das der Kirche

42 Vgl. Johannes Paul II. Apost. Schreiben *Christifideles laici* 32–35: *AAS* 81 (1989) 451–459.

43 Hl. Johannes vom Kreuz, *Der Aufstieg zum Berge Karmel,* II 22, 3.

Si la théologie et le magistère sont de nature différente et ont des missions diverses qui ne peuvent être confondues, il s'agit pourtant de deux fonctions vitales dans l'Église, qui doivent se compénétrer et s'enrichir mutuellement pour le service du Peuple de Dieu.

En vertu d'une autorité qu'ils tiennent du Christ luimême, il revient aux Pasteurs de veiller à cette unité et d'empêcher que les tensions liées à la vie ne dégénèrent en divisions. Transcendant les positions particulières ou les oppositions, leur autorité doit les unifier toutes dans l'intégrité de l'Évangile, qui est »la parole de la réconciliation« (cf. 2 Co 5,18–20).

Quant aux théologiens, en vertu de leur charisme propre, il leur revient de participer eux aussi à l'édification du Corps du Christ dans l'unité et la vérité, et leur contribution est plus que jemais requise par une évangélisation à l'échelle du monde, qui appelle les efforts du Peuple de Dieu tout entier.[42] S'il leur arrive de se heurter à des difficultés en raison du caractère de leur recherche, ils doivent en chercher la solution grâce au dialogue confiant avec les Pasteurs, dans l'esprit de vérité et de charité qui est celui de la communion de l'Église.

41. Tous se souviendront que le Christ est la Parole définitive du Père (cf. He 1,2) en qui, comme le note saint Jean de la Croix, »Dieu nous a tout dit ensemble et en une seule fois«,[43] et que, comme tel, il est la Vérité qui libère (cf. Jn 8,36; 14,6). Les actes d'adhésion et d'assentiment à la Parole confiée à l'Église sous la garde du Magistère remontent en

---

42 Cf. Jean-Paul II, Exhort. apost. post-synodale *Christifideles laici,* n. 32–35: *AAS* 81 (1989) 451–459).

43 Saint Jean de la Croix, *La montée au Carmel,* II, 22, 3.

unter der Leitung des Lehramtes anvertraut ist, gelten Ihm und führen in den Raum wahrer Freiheit ein.

## Abschluß

42. Die Jungfrau Maria wurde als Mutter und vollkommenes Urbild der Kirche seit Beginn des Neuen Testamentes seliggepriesen, weil sie unmittelbar und ohne Fehl dem Wort Gottes zustimmte (vgl. Lk 1,38.45), und sie hört nicht auf, es zu bewahren und in ihrem Herzen zu betrachten (vgl. Lk 2,19.51). Sie ist so für das ganze ihrer mütterlichen Sorge anvertraute Volk Gottes Vorbild und Stütze geworden. Sie zeigt ihm den Weg, wie man das Wort aufnehmen und ihm dienen muß, wobei zugleich das letzte Ziel nie aus dem Blick gerät: allen Menschen das Heil zu verkünden, das der Welt durch ihren Sohn Jesus Christus gebracht und verwirklicht wurde.

Zum Schluß dieser Instruktion lädt die Kongregation für die Glaubenslehre die Bischöfe inständig ein, vertrauensvolle Beziehungen mit den Theologen zu halten und zu entfalten, gemeinsam den Geist der Annahme des Wortes und des Dienstes an ihm zu pflegen und eine Gemeinschaft der Liebe, wo gewisse mit dem Menschsein hier auf Erden verbundene Hindernisse leichter überwunden werden können. So werden alle immer mehr zu Dienern des Wortes und zu Dienern des Volkes Gottes, damit dieses in der von Anfang an vernommenen Lehre der Wahrheit und Freiheit verharrt und damit es auch im Sohn und im Vater verbleibt und das ewige Leben als Fülle der Verheißung gewinnt (vgl. 1 Joh 2,24–25).

*Papst Johannes Paul II. hat in der dem unterzeichneten Kardinalpräfekten gewährten Audienz die vorliegende In-*

définitive vers Lui et introduisent dans l'espace de la vraie liberté.

## Conclusion

42. Mère et parfaite Icône de l'Église, la Vierge Marie a été dès le seuil du Nouveau Testament proclamée bienhereuse, à cause de son adhésion de foi immédiate et sans défaillance à la Parole de Dieu (cf. Lc 1,38.45), qu'elle conservait et méditait continuellement dans son cœur (cf. Lc 2,19.51). Aussi est-elle devenue pour tout le Peuple de Dieu confié à sa solicitude maternelle un modèle et un soutien. Elle lui indique la voie de l'accueil et du service de la Parole, en même temps que le but ultime à ne jamais perdre de vue: l'annonce à tous le hommes et la réalisation du salut apporté au monde par son Fils Jésus-Christ.

En concluant cette Instruction, la Congrégation pour la Doctrine de la Foi invite instamment les Évêques à maintenir et développer des liens confiants avec les théologiens, dans le partage d'un esprit d'accueil et de service de la Parole, et dans une communion de charité où seront plus facilement surmontés certains obstacles inhérents à la condition humaine ici-bas. Ainsi tous seront toujours davantage serviteurs de la Parole et serviteurs du Peuple de Dieu, pour que celui-ci, demeurant dans la doctrine de vérité et de liberté entendue dès le début, demeure aussi dans le Fils et dans le Père, et obtienne la vie éternelle, réalisation de la Promesse (cf. 1 Jn 2,24–25).

*Au cours d'une audience accordée au Préfet soussigné, Sa Sainteté le Pape Jean-Paul II a approuvé la présente Instruc-*

*struktion, die in der Vollversammlung dieser Kongregation beschlossen worden war, gutgeheißen und zu veröffentlichen angeordnet.*

Rom, am Sitz der Kongregation für die Glaubenslehre, den 24. Mai 1990, am Hochfest Christi Himmelfahrt.

JOSEPH KARDINAL RATZINGER
*Präfekt*

✠ ALBERTO BOVONE
*Tit.-Erzbischof von Cäsarea in Numidien*
*Sekretär*

*tion élaborée en réunion plénière de la Congrégation, et en a ordonné la publication.*

A Rome, au siège de la Congrégation pour la Doctrine de la Foi, le 24 mai 1990, en la solennité de l'Ascension du Seigneur.

JOSEPH CARD. RATZINGER
*Préfet*

✠ ALBERTO BOVONE
*Archevêque tit. de Césarée de Numidie*
*Secrétaire*

Bernard Sesboüé

## Die Theologie braucht die Diskussion

Ein Interview

Frage: *Wie haben sie diesen Text von Kardinal Ratzinger gelesen?*

Sesboüé: Sie bringen mich in eine schwierige Situation. Diese Instruktion thematisiert die immer schon delikate Beziehung zwischen dem Lehramt und den Theologen. Ich gerate also in Gefahr, zugleich Richter und Anwalt zu sein.

*Ist jede theologische Stellungnahme damit verwehrt?*

S.: Nein. Das Lehramt ist legitim: Es regelt die unaufhörliche Bewegung der Glaubenstradition. Ich finde es deshalb ganz selbstverständlich, daß ein solches Dokument die Aufgabe des Theologen und seine Beziehungen zum Lehramt zu klären versucht.

*Was scheint ihnen besonders bedeutsam?*

S.: Die Reflexion geht vom Volk Gottes aus »von den Bischöfen bis zum letzten gläubigen Laien« (vgl. *Lumen gentium* 12), die zusammen in ihrer Übereinstimmung im Glauben nicht irren können. Die Berufung des Theologen wird also in eine Vielfalt von Charismen eingebettet, und die Theologie wird als »eine gegenwärtige Dynamik im Glauben selbst« dargestellt. Es scheint mit gelungen, so von der Theologie als Berufung des Christen zu sprechen.

Es ist ferner selbstverständlich, daß diese Berufung »in der Mitte der Kirche« ausgeübt wird, in Achtung der Glaubensregelung, die durch das Lehramt geschieht. Die Geschichte des theologischen Berufes zeigt seine beiden Brennpunkte: die Taufe und das Bischofsamt. Der Brennpunkt der Taufe ist um so bedeutsamer, als das Dokument in der Folge vor allem auf der institutionellen Abhängigkeit gegenüber dem Lehramt insistiert.

*Was ist das Profil der theologischen Arbeit?*

S.: Ich finde gut, was über die Beziehung dieser Arbeit zur Liebe gesagt ist, die »danach begehrt, den, den sie liebt, immer besser zu erkennen«. Der Text anerkennt auch die wissenschaftlichen Anforderungen an die Theologie, ihre Verknüpfung mit den Humanwissenschaften und der Kultur, ebenso ihre Forschungsfreiheit im Rahmen des Glaubens. Der Theologe wird eingeladen, auch Mutiges zu wagen, zum Dialog und zur intellektuellen Offenheit wird er ermuntert. Diese Beschreibung seiner Aufgabe ist nicht vollständig, aber offen und positiv.

## Verschiedene Stufen der Autorität

*Wie spricht das Dokument vom Lehramt?*

S.: Es greift die großen Aussagen vom Ersten bis zum Zweiten Vatikanum auf: Es gibt unterschiedliche Grade der Autorität der Dokumente und unterschiedliche Formen der zu erwartenden Zustimmung. Dennoch gibt es hier auch eine Novität, die in den Aussagen über das Lehramt überrascht. Sie stammt eigentlich schon aus dem Jahr 1989 und kehrt hier zweimal wieder, in traditionelle Aussagen eingebettet. Nach dieser Behauptung kann das Lehramt »auf definitive Weise« (d. h. infallibel und irreformabel) Sätze feststellen, »die, auch wenn sie nicht in den Glaubenswahrheiten enthalten sind, mit diesen doch eng verbunden sind«! In dieser Hinsicht hatten die beiden Konzilien eine Tür offengelassen, ohne sich festzulegen. Das Zweite Vatikanum erinnerte daran, daß die Unfehlbarkeit der Kirche »sich soweit erstreckt wie das ›Depositum‹ der göttlichen Offenbarung«

(*Lumen gentium* 25). Das neue Kirchenrecht von 1983 spricht sich nicht darüber aus.

*Worum geht es eigentlich?*

S.: Es geht darum, ob die Unfehlbarkeit auch Sätze einschließt, die nicht zur Offenbarung gehören. Im letzten Jahr erschien diese Sache, bisher frei diskutiert, in einem neuen Text für das Bekenntnis des Glaubens. Die Theologen wünschten eine ernsthafte Diskussion, bevor ein so bedeutsamer Schritt in der Kirchenlehre vollzogen würde. Es wäre sinnvoll – wie es das Trienter Konzil schon getan hat – zwischen Lehren zu unterscheiden, die zwar untrüglich (die Kirche verfehlt ihren Heilsauftrag nicht), aber nicht aus sich heraus irreformabel sind, und Lehren, die unfehlbar und deshalb irreformabel sind.

Nehmen wir den Bereich der Ethik. Dort ist zwar die Kompetenz des Lehramtes, bestätigt durch die Konzilien, offensichtlich nicht in Zweifel. In welcher Hinsicht aber kann sie eine Unfehlbarkeit beanspruchen? Diese Frage ist schwierig genug. Nehmen Sie die Geschichte des Zinsverbotes: Zinsen zu nehmen, war lange verboten, dann erlaubt.

## Nichtübereinstimmung und Abweichung

*Worin können die Schwierigkeiten zwischen Lehramt und Theologen bestehen?*

S.: Das Dokument unterscheidet den Fall der Nichtübereinstimmung, die mit Sorgfalt zu behandeln sei, und den Fall des Dissenses, der negativ beurteilt wird. Um Mängel der Übereinstimmung handelt es sich, wenn der Theologe ernsthafte Probleme mit einer reformablen Lehre hat: dann ist er zum Dialog eingeladen, zur Diskretion und zur Loyalität, notfalls bis zu schweigendem Leiden und Beten.

*Das wird kaum jemand begreifen!*

S.: Das »respektvolle Schweigen« (Msgr. Deschamps) macht in der Tat dem modernen Bewußtsein Probleme. Geht man in der Furcht vor Debatten in der Kirche nicht zu weit? Die Einheit im Glaubenssinn ist keine statische Sache oder etwas, was sich leicht einstellt, sondern eine fortgesetzte schmerzliche Anstrengung, angesichts von unabgeschlossenen und komplexen Problemen.

*Und der Dissens?*

S.: Dissens ist definiert als »eine Haltung in öffentlicher Opposition zum Lehramt«, man reklamiere Demokratie und Relativismus. Kurz, es fehle am »sentire cum ecclesia«. Man spürt die Erinnerung an den Fall Hans Küng. Dieser Teil, der ein Viertel des Dokumentes einnimmt, verwandelt die Theologen immer noch nicht in Automaten. Aber das Dokument spricht keinerlei Anerkennung für das seriöse »aggiornamento« aus, das so viele Theologen seit dem Zweiten Vatikanum in vollem Respekt vor der Glaubenslehre bewirkt haben.

*Handelt das Dokument schließlich nicht doch vor allem vom Lehramt?*

S.: Es erinnert lang und breit an seine Autorität und an seine Sendung. Es gesteht den Stellungnahmen des Lehramtes zu, daß es Vorläufiges und Überholbares gibt, daß mit kluger Abwägung unter Einbeziehung von Fehlermöglichkeiten vorgegangen wird. Dieses kleine Eingeständnis ist interessant. Indem man in der Folge den Wandel der Zeiten in Rechnung stellt, um zwischen »wahren Aussagen und solchen, die nicht gewiß waren,« zu unterscheiden, erkennt man die Aufgabe einer kritischen Rezepion an. Das ist bedeutsam.

Dennoch möchte man in dieser Darlegung, in welcher der Sprecher zuerst von sich selbst spricht, um sich zu bestätigen, mehr Sinn für die menschliche Gebrochenheit spüren. Das

Lehramt ist nämlich nicht mit der Tradition identisch, die es regelt. Es hat einen großen und wichtigen Dienst, ebenso bedeutsam für diejenigen, die ihn ausüben, wie für die Adressaten, deren Sensibilität er sich anpassen muß. Ich sage dies ebenso aus spiritueller wie aus theologischer Überzeugung.

Otto B. Roegele

# Glaube, Lehramt, Theologie

## Neue Regeln für ein schwieriges Dreiecksverhältnis

»Aha, das ist nun die römische Antwort auf die Kölner Erklärung vom letzten Jahr!« So klangen manche Reaktionen auf die gerade veröffentliche »Instruktion über die kirchliche Berufung des Theologen«. Sie mögen einer hierzulande verbreiteten Stimmung Ausdruck geben, zeugen aber auch von einer recht provinziellen Selbstüberschätzung der deutschen Szene. Die Entwicklungen und Probleme, die dem neuen Dokument der römischen Glaubenskongregation zu Grunde liegen, sind erheblich älter. Sie reichen in die Zeit vor dem II. Vaticanum zurück und beschränken sich nicht auf den deutschen Sprachraum oder auf die Universitäts-Theologie.

Es gibt Länder, in denen es zur festen Tradition gehört, daß die Bischöfe und die (wissenschaftlich arbeitenden) Theologen zwei ganz verschiedenen »Ständen« angehören, die sorgfältig auf Distanz und Unverwechselbarkeit achten und möglichst nicht gemeinsam öffentlich auftreten. Das mag dazu dienen, Konflikte zu vermeiden, hat aber in erster Linie den Sinn, die Verschiedenheit der Aufgaben von Lehramt und Theologie zu dokumentieren. Als Jean Daniélou und Henri de Lubac Kardinäle wurden, übernahmen sie kein Bischofsamt, und Urs von Balthasar folgte ihnen darin. Sie wollten bleiben, was sie gewesen waren: Forscher, Denker, Lehrer der Theologie und als solche Gesprächspartner, Berater für Bischöfe, Hirten und Inhaber des authentischen Lehramts.

Daß die Position und die Aktivitäten der Theologen in

letzter Zeit das Interesse einer breiteren Öffentlichkeit erregt haben, daß ihre Namen und ihre Ideen international bekannt geworden sind, hängt auch mit den historischen Besonderheiten des Zweiten Vatikan-Konzils zusammen. Die zweitausend Bischöfe, die da aus aller Welt nach Rom gekommen waren, so vollzählig und zahlreich wie noch nie in der Geschichte der Kirche, waren ohne Erfahrung in Vorbereitung und Ablauf einer solchen Kirchenversammlung. Jeder war geprägt von der Eigenart seiner Nation und Kulturwelt, seiner Ausbildung und Amtsaufgaben und sah sich nun nicht nur den von der Kurie vorbereiteten Entwurfstexten, sondern auch einer »neuen Theologie« gegenüber, die er während seines eigenen Studiums nicht hatte kennenlernen können. Sie wurde vor allem durch die »Periti«, die Fachtheologen aus Rom und die Berater, die von den Bischöfen mitgebracht worden waren, vertreten.

Der Theologieprofessor Joseph Ratzinger war einer von ihnen; er spricht aus eigenem Erleben, wenn er heute – zur Erläuterung der Instruktion – sagt: »Die Bischöfe selbst waren von dem Reichtum einer ihnen zum Teil noch wenig vertrauten Theologie überrascht und ließen sich willig von den Theologen als ihren Lehrmeistern in bisher von ihnen unbetretenes Land führen, auch wenn die letzten Entscheide, was Aussage des Konzils und somit der Kirche selbst werden durfte, den Vätern überlassen blieben.«

Der journalistische Beobachter, der die Entwicklung an Ort und Stelle verfolgte, hat noch hinzuzufügen, daß die beratenden Theologen von den ersten Konzilstagen an auch eine besondere Bedeutung bei der begierig erwarteten Information der Öffentlichkeit erlangten. Das Weltereignis Konzil ließ sich nicht mit den überkommenen Methoden vatikanischer Pressepolitik bewältigen. Selbst wenn diese Methoden flexibler und mit größerem Einsatz an personellen und materiellen Mitteln gehandhabt worden wären, hätten sie dem ungeheuren Sog weltweiter Neugier nicht genügen können – einer Neugier, die keineswegs nur auf Spektakuläres, auf Konflikte und Kräche aus war, sondern auf Information über Themen des Glaubens, der Moral und der Sorge um die Zukunft der Menschheit.

Die Konzilsväter selbst waren durch das rigorose Schweigegebot daran gehindert, die erbetenen Interwiews zu geben, auf direkte Fragen zu antworten oder gar von sich aus Stellung zu beziehen. Manche waren zu Hintergrundgesprächen bereit, wenn sie bei ihrem Partner die Wahrung der Spielregeln voraussetzen konnten, andere zogen sich auf ihre Schweigepflicht umso lieber zurück, weil sie den Umgang mit Presse und Rundfunk nicht gewohnt waren und die Medien in solcher Massierung eher fürchteten. Die theologischen Berater standen nicht unter gleich strenger Verpflichtung, wiewohl das Konzilsgeheimnis auch für sie galt. Sie wurden zu ständigen Informanten und Partnern der Journalisten.

Und nach dem Konzil? Auch hierüber äußert sich Kardinal Ratzinger sehr offen: »Nach dem Konzil ging die Dynamik der Entwicklung weiter, die Theologen fühlten sich mehr und mehr als die eigentlichen Lehrer der Kirche und als die Lehrer auch der Bischöfe. Seit dem Konzil waren sie überdies von den Massenmedien entdeckt und für sie interessant geworden. Das Lehramt des Heiligen Stuhls erschien nun zusehends als ein letzter Rest verfehlter Autorität: Der Eindruck war, daß da mit dem Pochen auf Autorität von einer außerwissenschaftlichen Instanz das Denken gegängelt werden sollte, während doch der Weg der Erkenntnis nicht durch Autorität vorgeschrieben werden könne, sondern einzig von der Kraft des Arguments abhänge.«

Die während des Konzils angeknüpften Verbindungen zwischen Theologen und Journalisten blieben erhalten und wirksam. Den Bischöfen, die nach langer Abwesenheit in ihre Diözesen zurückkehrten und dort die Aufgaben der ordentlichen Kirchenverwaltung wieder in die Hand nahmen, wurde zunächst gar nicht recht bewußt, was es bedeutete, daß sie einen großen Teil der Unterrichtung von Klerus, Kirchenvolk und Öffentlichkeit über den Gang und die Weisungen des Konzils den Massenmedien und den dort favorisierten Theologen überließen – mit der Folge, daß sich die Rede vom »Geist des Konzils« mit einem ganz bestimmten Inhalt füllte, der sich oft in den verabschiedeten Texten gar nicht nachweisen ließ. Manches davon geht auf Interpretation zurück, mehr noch auf den – bewußten oder unbewußten – Versuch, eigene Intentionen und Vorschläge, die sich in der Konzilsmehrheit nicht hatten durchsetzen können, unbeirrt weiterzuverfolgen, als wären sie beschlossene Sache.

Mit Entschiedenheit weist die Instruktion den Vorwurf zurück, die Kirche betrachte die Theologie »einfach und ausschließlich als eine Hilfsfunktion des Lehramtes; sie ist nicht darauf beschränkt, Argumente für das vom Lehramt Vorgegebene zu sammeln. Dann würden Lehramt und Theologie in die Nähe der Ideologie rücken, bei der es nur um Erwerb und Erhalt der Macht geht. Theologie hat ihren eigenen Ursprung; das Dokument nennt im Anschluß an den heiligen Bonaventura zwei Wurzeln der Theologie in der Kirche: zum einen die Dynamik auf Wahrheit und Verstehen hin, die im Glauben ist, zum anderen auch die Dynamik der Liebe, die den näher kennen will, den sie liebt. Dem entsprechen zwei Richtungen der Theologie, die sich aber gegenseitig durchdringen: eine mehr nach außen hin gehende, die sich um den Dialog mit allem vernünftigen Suchen nach Wahrheit in der Welt müht, und eine mehr nach innen gehende Richtung, die die innere Logik und Tiefe des Glaubens ergründen will« (Kardinal Ratzinger).

Wie ein roter Faden durchzieht den Text der Instruktion der Gedanke, daß es nicht um ein Problem geht, das sich in einer Zweierbeziehung von Lehramt und Theologie, von Amtsautorität und Wissenschaft erschöpft. Im Mittelpunkt der Sorge der Glaubenskongregation steht das Volk der Gläubigen, das einen von Gott verbürgten Anspruch darauf hat, den Glauben in seiner Wahrheit und in seiner heiligenden Kraft rein und unverkürzt zu erfahren: »Das lebendige Lehramt der Kirche und die Theologie haben zwar unterschiedliche Gaben und Aufgaben, aber am Ende das gleiche Ziel: das Volk Gottes in der Wahrheit, die frei macht, zu bewahren und es damit zum ›Licht der Völker‹ zu machen.« Weil es sich hier um Fragen einer »komplexen und unterschiedlichen Wirklichkeit« handelt, versucht die Instruktion in ihrem letzten Abschnitt Regeln für den Fall des »Dissenses« zu formulieren.

Das Lehramt ist nicht einfach eine Kontrollbehörde, die Menschen und Meinungen mit einmal für immer geeichten Maßen zu messen hat; es ist vielmehr selbst einbezogen in den Prozeß der Aneignung des Glaubens. Aber auch »Theologie ist nie einfach die Privatidee eines Theologen ... Die Kirche als lebendiges und in den Wandlungen der Geschichte beständiges Subjekt ist vielmehr der Lebensraum des Theologen; in ihr sind die Erfahrungen des Glaubens mit Gott verwahrt ... Der Glaube geht der Theologie voraus; sie ist Suche nach dem Verstehen des nicht von uns erdachten Wortes, das unser Denken herausfordert, aber nie in ihm versinkt.« Der »Einheit der Wahrheit« sind alle zu dienen verpflichtet: Papst und Bischöfe, Theologen und Seelsorger, Lehramt und Wissenschaft.

»Die Überordnung des Glaubens, die dem Lehramt Autorität und ein letztes Entscheidungsrecht gibt, löscht die Eigenständigkeit theologischen Forschens nicht aus, sondern gibt ihr erst ihren festen Grund. Das Dokument verschweigt nicht, daß es auch im günstigsten Fall Spannungen geben kann, die aber fruchtbar sind, wenn sie von beiden Seiten in der Anerkennung der inneren Zuordnung ihrer Funktionen bestanden werden. Der Text stellt auch die verschiedenen Bindungsformen dar, die aus den Stufen des Lehramtes folgen. Er sagt – wohl erstmalig in dieser Offenheit –, daß es Entscheidungen des Lehramtes gibt, die nicht ein letztes Wort in der Sache als solcher sein können, sondern bei aller grundsätzlichen Verankerung in der Sache zunächst ein Signal pastoraler Klugheit, eine Art einstweiliger Verfügung sind. Ihr Kern bleibt gültig, aber die von den Umständen geprägten Einzelheiten können korrekturbedürftig sein. Man wird dabei sowohl an die Äußerungen der Päpste des vorigen Jahrhunderts über die Religionsfreiheit wie an die antimodernistischen Entscheidungen vom Beginn dieses Jahrhunderts, besonders an die Entscheidungen der damaligen Bibelkommission denken« (J. Ratzinger).

Die Analogie zur »einstweiligen Verfügung«, die der Präfekt der Glaubenskongregation hier ausspricht, ist von einer kaum zu überschätzenden Bedeutung. Sie rechtfertigt die Chance, daß der Diskurs über eine strittige Frage auch nach einer Stellungnahme des obersten Lehramtes fortgesetzt wird, freilich im Rahmen der für ihn geltenden Spielregeln. Damit wird ein historisches Element eingeführt, das nicht nur die Revidierbarkeit früherer Entscheidungen begründet, sondern auch die Revokabilität künftiger Äußerungen des Lehramtes postuliert. Die Hauptverhandlung über Wahrheiten der Glaubenslehre findet also vor dem offenen Horizont der Geschichte statt.

Elmar Klinger

# Schwere Mängel

Erklärungen des Lehramts geben den Standpunkt von Amtspersonen der Kirche zu Fragen des Lebens und der Theologie wieder. Sie wollen Orientierung bieten und geben Aufschluß über Urteil, maßgebliche Betrachtungsweisen, Kriterien, aber auch die Interessen und den Kenntnisstand ihrer Verfasser. Sie behandeln ihr Thema nicht erschöpfend und sind in ihrer übergroßen Mehrzahl revidierbar. Irrtümer kommen vor. Mit ergänzenden Stellungnahmen, weiterführenden Gesichtspunkten, aber auch mit kritischer Auseinandersetzung kann und muß gerechnet werden.

Die jüngste Erklärung der Kongregation für die Glaubenslehre »über die kirchliche Berufung des Theologen« ist ein Dokument von dieser Art. Es möchte beitragen zur »Erhellung« des Themas. Es spricht aus der eigenen Sicht, also der des Lehramtes, über die Theologen. Es berücksichtigt jedoch nirgendwo die Sicht der Theologen selber. Es macht Aussagen über die Berufung, ohne diejenigen, die berufen sind, zu hören, ja ohne sich an sie überhaupt zu wenden. Es geht den »Amtsweg«. Diese Art der Betrachtung und des Vorgehens ist ein Musterfall des Gegenteils von dem, was die Aufgabe des Lehrers ist. Denn kein Lehrer kann Lehrer sein, der nicht auch zugleich der Schüler seiner Schüler ist.

Mit der Kritik an dieser deduktiven, von Prinzipien ausgehenden Sichtweise möchte ich dem Lehramt mitnichten das Recht auf die eigene Sichtweise bestreiten. Es hat das Recht auf seinen eigenen Standpunkt. Es kann immer das sagen, was es für richtig hält. Es kann seine eigenen Schwerpunkte setzen. Es kann sogar auch dann Respekt vor seiner Lehrmeinung verlangen, wenn sie Falsches enthält. Denn Menschen begehen Irrtümer und haben ein Recht, sie zu begehen, wenn sie deren Falschheit nicht durchschauen. Sie können auch in diesem Fall Respekt vor sich und ihrer Meinung verlangen; dies gilt auch von Amtspersonen.

Aber Irrtümer bleiben Irrtümer. Reformable Sätze sind reformabel, weil sie Irrtümer enthalten. Niemand aber hat das Recht, von seinem Irrtum zu behaupten, daß er die Wahrheit sei. Gott kann auf krummen Zeilen gerade schreiben. Aber die krummen Zeilen, auf denen er gerade schreibt, sind krumme Zeilen. Sie sind und bleiben Irrtum.

Niemand wird stolz auf seinen Irrtum sein. Wer um ihn weiß und ihn nicht korrigiert, handelt unehrlich, verliert seine Glaubwürdigkeit und zerstört die eigene Autorität. Die Mühe, sich die Meinung von Theologen anzuhören, gehört daher zu den Aufgaben des Lehramts selber. Es gibt im Lehrverständnis der lateinischen Tradition viele Orte der Theologie. Das Lehramt ist nicht der einzige Ort unfehlbarer Theologie. Diese ist nie auf einen einzigen Ort, und sei er noch so hoch gestellt, zu reduzieren. Die Vielfalt der Meinungen schützt vor der Einseitigkeit der Meinungsmache und Ideologie. Daher sagt Papst Paul VI.: Unfehlbarkeit verpflichtet, sich zu informieren.

Die Instruktion achtet diesen Pluralismus gering und stellt sich über ihn. Sie will ihn umgehen und sich nicht selber auf ihn beziehen und in ihm begründen. Dafür zahlt sie jedoch einen hohen Preis. Sie nimmt Abschied vom Anspruch, selbst zu argumentieren. Sie ist ein Lehramt, das nicht weiß, daß zu jeder Lehre Argumentation gehört und den Unterschied von Lehrstandpunkt und Propaganda nicht erklärt.

Die Instruktion enthält viele theoretische Mängel. Sie verkürzt unzulässig die kirchliche Berufung des Theologen. Folgende schwere Mängel sind unübersehbar:

(1) Es gibt keinen einzigen, nicht einmal den bescheidensten Hinweis auf die Pastoralkonstitution des Zweiten Vatikanischen Konzils. Diese Auslassung ist unbegreiflich; denn erstens ist die Pastoralkonstitution eine Kirchenkonstitution – sie bestimmt das Verhältnis der Kirche zur heutigen Welt –, zweitens hat sie lehramtlichen Charakter – sie ist ein dogmatisches Dokument; und drittens macht sie in der Nr. 62 die entscheidende Aussage über die Theologen und deren Berufung in der Kirche. Sie erklärt, daß es deren Aufgabe ist, den Unterschied zwischen Form und Inhalt des Glaubens, zwischen seiner Wahrheit und der Form, in der sie ausgesagt wird, herauszuarbeiten, den Menschen in der heutigen Welt ein umfassendes Glaubensverständnis zu ermöglichen und einer hinreichend großen Zahl von Laien eine hinreichende Bildung in Theologie zu vermitteln.

Die Instruktion ist von dieser Aufgabenstellung meilenweit entfernt. Sie identifiziert Inhalt und Form des Glaubens und verwechselt die Offenbarungslehre mit der Offenbarung selbst. Sie verkürzt das Ziel, den Menschen in der heutigen Welt ein umfassendes Glaubensverständnis zu ermöglichen, auf eine Apologetik, die Einwürfe gegen den Glauben widerlegt und jenen Menschen behilflich ist, die mit bloßer Verstandeserkenntnis den Glauben suchen. Aus den Laien schließlich, die sich bilden sollen, wird ein Volk, das zwar einen Sinn für die Wahrheit, aber von ihr keine eigene Meinung hat und sich zu ihr keinen Standpunkt bilden kann.

Das Lehramt der Glaubenskongregation verkürzt die kirchliche Berufung der Theologen auf eine bloß innerkirchliche Berufung, weil es selber keinen pastoralen Begriff der Kirche hat; weil es bis heute unfähig ist, dogmatische Aussagen der Pastoralkonstitution dogmatisch zu erfassen und es sich gar nicht vorstellen kann, daß Theologen kirchliche Personen in der Welt von heute sind und daher die Glaubenswahrheit geistlich *und* weltlich vertreten.

Dieser Mißstand ist beklagenswert. Er kann auf die Dauer nicht hingenommen werden. Denn er macht die Glaubenskongregation zu einer Argumentationsquelle für den *Fundamentalismus*.

(2) Die Instruktion enthält manchen richtigen und bedenkenswerten Satz. Sie spricht von der Wahrheit, die frei macht, von der Unwissenheit, die Menschen knechtet und ihrer Natur widerspricht, von einer Freiheit der Theologie innerhalb des Glaubens und von ihrer Unverzichtbarkeit für die Kirche. Diese Aussagen sind beachtlich. Aber sie sind eigenartigerweise für die Instruktion kein Grund der Erweiterung, sondern der Verengung ihrer Sicht der Theologie. Nach ihr hat Theologie die Aufgabe, Wahrheit bloß zu verstehen, aber nicht von ihr zu wissen und schon gar nicht, sie selber zu vertreten.

Daher ist hier festzustellen: Die Instruktion arbeitet mit einem verengten Begriff der Theologie. Theologie aber ist »sacra scientia«, heilige Wissenschaft. Sie hat die Aufgabe, die Glaubenswahrheit zu kennen, über sie zu informieren, sie einzuklagen und selber zu vertreten, nicht nur, sie gehorsam in Empfang zu nehmen. Denn sonst wäre sie nicht heilig.

Die Instruktion steht in einer Reihe mit den vorangegangenen. Sie weicht von einer großen Tradition des hl. Thomas von Aquin ab. Sie ist darüber hinaus eine Abweichung von der verpflichtenden Lehre des Zweiten Vatikanums, nach der Lehre und Leben, Dogma und Pastoral in der Existenz von Gott, Mensch und Kirche verbunden sind. Sie ist eine Universalhermeneutik fundamentalistischer Argumente.

Sie übernimmt in Umgehung des Konzils auch fundamentalistische Verwechslungen: Sie verwechselt Subjektivität mit Subjektivismus, das Lehramt der Theologie mit einem parallelen Lehramt, deren Person mit einer bloßen Privatperson, ihren Einsatz für die Pastoral mit einem Verlust des Sinns für die Wahrheit und für die Kirche.

Diese Verwechslungen sind nicht statthaft. Sie können auch nicht auf Dauer hingenommen werden. Sie sind der Grund aller falschen Aussagen über die Theologie.

(3) Das Thema der Instruktion ist die kirchliche Berufung des Theologen. Sie spricht im Singular und männlich von ihm. Der Grund für diese Einengung des Personenkreises liegt wohl in der idealtypischen Betrachtungs- und Vorgehensweise dieses Dokuments. Daher ist darauf hinzuweisen, daß es diesen Idealtypus nirgends gibt. Es gibt den einzelnen Theologen in seiner Konkretheit und individuellen Person. Es gibt die Theologen in der Pluralität ihrer Standpunkte und Richtungen. Es gibt aber auch die Theologinnen. Sie sind eine neue, eigene Richtung der Theologie, die lehramtlich beachtet werden muß und kann. Aber wie soll dies ohne Kontakt zu ihr geschehen, ohne Beachtung ihres Denkens, Wollens und Handelns?

Kenntnisse sind das Fundament einer jeden lehramtlichen Theologie . . .

Peter Hebblethwaite

# Ängstliches Schweigen – ein seltsamer Weg, den Glauben zu verteidigen

Die »Instruktion über die kirchliche Berufung des Theologen«, am 26. Juni veröffentlicht, richtet sich in erster Linie an Bischöfe und über sie an Theologen. Zum Schluß lädt sie die Bischöfe »inständig ein, vertrauensvolle Beziehungen mit den Theologen zu halten und zu entfalten«.

Es ist unwahrscheinlich, daß das Ziel, Vertrauen zu fördern, erreicht werden wird. Kaum vorstellbar, daß einem Dokument weniger vertraut werden kann. Denn die gesamte Instruktion hindurch erscheint »der Theologe« als Unruhestifter, der das Lehramt in Frage stellt, weil er die Kirche nicht liebt und sie der Weltlichkeit preisgegeben hat.

Würden protestantische Theologen die Instruktion lesen, würden sie sich die Augen vor Erstaunen reiben, einem theologischen System zu begegnen, in dem es offensichtlich nur eine einzige Quelle der Wahrheit gibt – das Lehramt[1].

Sie werden an die konziliare Debatte über die Zweiquellentheorie der Wahrheit erinnern, wo die zwei Quellen Schrift und Tradition meinten. Sie werden an die deutliche Aussage von *Dei Verbum* denken, daß das Lehramt (das Magisterium) nicht über dem Wort Gottes steht, sondern ihm dient.

Trotz dieser klaren Aussage erhält das Lehramt in der Instruktion eine unabhängige Existenz. Sie erklärt, daß sich

1 Es folgt, im deutschen Text nicht signifikant, der Satz: »Die Instruktion schreibt durchgängig das Wort ›Magisterium‹ groß.« (Anm. d. Übersetzerin)

»alle« Äußerungen des Lehramts »aus der gleichen Quelle herleiten, nämlich von Christus, der will, daß sein Volk in der ganzen Wahrheit wandelt«. Alle? Ja, alle. Dieser Konzeption zufolge hat das Lehramt einen unmittelbaren heißen Draht zu Christus.

Das macht es in der Tat zu einer sehr mächtigen Institution. Grenzen der Reichweite dieser Macht scheint es nicht zu geben. Die Qualität der Unfehlbarkeit, wenngleich nicht ausdrücklich beschworen, dehnt sich auf Disziplinierungsfragen aus: Es »fehlt auch den lehramtlichen Entscheidungen in Sachen der Disziplin nicht der göttliche Beistand, selbst wenn sie nicht durch das Charisma der Unfehlbarkeit garantiert sind, und sie beanspruchen daher die Zustimmung der Gläubigen«.

Man weiß nicht recht, was dies bedeutet, da keine Beispiele gegeben werden. Vielleicht müßten wir schließen, daß die Verfolgung von Theologen wie Yves Congar und Henri de Lubac in den fünfziger Jahren nicht ohne »göttlichen Beistand« erfolgte. Aber wenn alles, was man tut, diese Garantie immer schon hat, dann wird auch der Wert des göttlichen Beistands herabgesetzt. Eine weitere Eigenschaft des Lehramts besteht darin, daß es nicht überzeugen muß. »Dank des göttlichen Beistands« gilt der Grundsatz, daß die Unterweisung des Lehramtes »auch abgesehen von der Argumentation gilt, die zuweilen von einer besonderen Theologie übernommen ist, deren sie sich bedient«.

Wer davon ausging, das Lehramt wäre auf wesentliche Glaubensfragen der Lehre oder der Moral beschränkt, hat sich geirrt: Diese bilden sicherlich ihr größtes Anliegen, aber, so sagt das Dokument, es kann die Gläubigen auch »vor gefährlichen Auffassungen, die zum Irrtum führen können«, warnen.

Deshalb kann das Lehramt »bei diskutierten Fragen eingreifen, bei denen neben den sicheren Prinzipien auch Vermutungen und zufällige Dinge im Spiele sind«. Ich habe beim besten Willen keine Vorstellung, was das nun bedeuten soll. Es könnte zum Beispiel die Diskussion über Frauenordination zum Tabu erklären. Nichts ist von einem solchen »Eingreifen« ausgenommen.

Aber ist die Instruktion denn selbst ein Anwendungsfall des Lehramts? Obwohl sie von der Kongregation für die Glaubenslehre ausgeht und von deren Präfekt, Kardinal Joseph Ratzinger, unterzeichnet ist, ist sie doch auch mit der päpstlichen Billigung versehen: »Die Dokumente, die von dieser Kongregation mit ausdrücklicher Zustimmung des Papstes veröffentlicht werden, partizipieren am ordentlichen Lehramt in der Nachfolge Petri.« Diese Instruktion wurde vom Papst ausdrücklich am 24. Mai 1990, am Hochfest Christi Himmelfahrt, gebilligt.

Deshalb bemüht sich das Dokument darum, seine Autorität zu unterstreichen. Dabei ist es jedoch in gewisser Hinsicht zirkulär. Noch bemerkenswerter ist es, daß es das Verhalten der Glaubenskongregation, welches zu dem Dokument führte, für in besonderer Weise gerecht erklärt.

Belastete Theologen wie Hans Küng oder Charles Curran sollten wissen, daß die Verurteilungen nicht ihre Person betreffen. Alles geschieht auf der Ebene »intellektueller Ansichten«. Sie mögen darüber ihr Amt verlieren, aber das ist doch nur eine Kleinigkeit.

Sie sollten sich keine Sorgen machen, es ist ein »unter diesen Umständen vom Lehramt am Ende einer gründlichen, durch bestimmte Vorgehensweisen festgelegten Prüfung, bei der der Betreffende vorher die möglichen Mißverständnisse seines Denkens hat zerstreuen können, gefällte(s) Urteil«.

Die Klage über die mangelnde Achtung der Menschenrechte in der Kirche, so erklärt die Instruktion, »ist fehl am Platz, denn man verkennt dabei die genaue Hierarchie dieser

Rechte und ebenso die Natur der Gemeinschaft der Kirche sowie ihr Gemeinwohl«.

Das heißt: Menschenrechte können auf einen solchen Fall nicht angewandt werden. Das illustriert die Methode der Instruktion ganz gut: Sie behauptet mehr, als daß sie argumentiert. Die Äußerungen haben immer die Form: »Bei Kopf gewinne ich, bei Zahl verlierst du.«

Der Theologe sollte sich damit trösten, daß »diese Vorgehensweisen verbessert werden können«, was aber nicht bedeutet, »sie stünden in Gegensatz zu Recht und Gerechtigkeit«.

Ist aber die Glaubenskongregation die beste Richterin über die Fairneß ihres eigenen Verhaltens? Im Namen des Lehramts agiert sie als Richter, Geschworene, Zeuge und Beurteiler solcher Prozesse.

Nach Meinung der Glaubenskongregation hatte das Lehramt nie, aber auch niemals unrecht. Daß dies allerdings ein Problem in sich birgt, ist sie bereit zu gestehen: »In diesem Bereich von Äußerungen der Klugheit ist es vorgekommen, daß Lehrdokumente nicht frei von Mängeln waren.«[2]

Nun gut: »Die Hirten haben nicht immer alle Aspekte oder die ganze Kompliziertheit einer Frage erfaßt.« Das ist wahr: Im 19. Jahrhundert leugneten sie die Freiheit der Religion und sprachen dem Irrtum jegliches Recht ab.

Nicht, daß die Instruktion dieses oder irgendein anderes Beispiel geben würde. Sie achtet peinlich darauf, keinen falschen Eindruck aufkommen zu lassen:

»Man würde in Gegensatz zur Wahrheit geraten, wollte man aus einigen bestimmten Fällen schließen, das Lehramt der Kirche könne sich bei seinen Klugheitsurteilen gewöhn-

---

2 (Im englischen Zitat ist der Satz im Konjunktiv gehalten, worauf sich die folgenden Sätze Peter Hebblethwaites beziehen, die aus Gründen der Verständlichkeit nur hier wiedergegeben werden, Anm. d. Übersetzerin:) »Es könnte geschehen. Aber ist es auch geschehen?«

lich täuschen, oder es würde sich nicht des göttlichen Beistands erfreuen, der der unverkürzten Ausübung seiner Sendung verheißen ist.«

Ein anderer Aspekt, wie mit dem Lehramt umgegangen wird, verdient erwähnt zu werden. Obwohl Hirten (womit Bischöfe gemeint sind) von Zeit zu Zeit erwähnt werden, spricht die Instruktion keineswegs vom episkopalen Lehramt. Ihr ausschließliches Anliegen gilt dem päpstlichen Lehramt.

Es gibt nur einen einzigen Satz über Bischofskonferenzen: »Die Bischofskonferenzen tragen ihrerseits zur konkreten Verwirklichung des kollegialen Geistes (*affectus*) bei.« Wenn Bischofskonferenzen überhaupt irgendwie mit der Lehre betraut sind, so sagt die Instruktion doch wieder nicht, wie sie dies zu realisieren hätten.

Auf diese Weise wird der normale Weg, wie Theologen den Fortgang des Lehramts unterstützen – nämlich indem ihre Bischöfe bei ihnen Rat suchen – eliminiert. Nur die Theologen, die von der Glaubenskongregation als Berater ausgewählt werden, haben die Chance, etwas beizutragen.

Es wäre besser gewesen, die Instruktion wäre »Über die kirchliche Berufung des Lehramts« betitelt worden. Denn es ist das Lehramt, das die gesamte Szenerie ausfüllt, das Hintergrund wie Vordergrund besetzt hält.

Theologen bahnen sich mühsam ihren Weg in den Text hinein, aber nicht kraft eigenen Rechts, sondern nur als Objekte des lehramtlichen Anliegens. Sie dürfen existieren, ja, aber nur in untergeordneter Rolle. So kann das natürliche Wechselspiel zwischen Lehramt und Theologen nicht stattfinden.

Es stimmt, an einem Punkt wird dies Wechselspiel kurz anvisiert. Die Instruktion räumt ein, daß es in der bestorganisierten Kirche Spannungen (vatikanisch für Konflikte) geben kann. Es folgt: »Entstehen die Spannungen nicht aus einer Haltung der Feindschaft und des Widerspruchs, können sie als ein dynamisches Element und als Anregung gelten, die Lehramt und Theologen zur Wahrnehmung ihrer jeweiligen Aufgaben in gegenseitigem Dialog bestimmen.«

Aber eben dieser Dialog findet nicht statt. Niemals scheint es den Autoren der Instruktion einzufallen, daß sie es sind, die von einer »Haltung der Feindschaft und des Widerspruches« angetrieben werden und deshalb selbst für das Zusammenbrechen des Dialogs verantwortlich sind. Ein klarer Fall von Projektion.

Es herrscht viel Zorn in dieser Instruktion. Man kann es aus der giftigen Art ersehen, mit der theologische Positionen karikiert werden, oder besser: denunziert werden. Hier sieht man die Unfairneß, ja Absurdität, die in der Rede von »dem« Theologen oder auch »den« Theologen liegt, so als ob es eine maßgebliche Meinung in der ganzen theologischen Zunft gäbe.

Da ist zum Beispiel vom »parallelen Lehramt« die Rede. Gemeint ist die Entstehung eines alternativen Lehramts, das angeblich mit dem allein »authentischen« Lehramt der Bischöfe konkurriert und es verdrängt.

Die Vorstellung eines alternativen Lehramts ist ein Phantasieprodukt. Das zweifache Lehramt – der Bischöfe und der Theologen – ist viel diskutiert worden, aber zur Debatte stand dabei immer die verantwortliche Beziehung, nicht die Ersetzung des einen durch den anderen. Die Debatte ging um eine fruchtbare Zusammenarbeit. Die Hirtenbriefe der US-Bischöfe wurden zu Recht als Marksteine einer solchen Zusammenarbeit angesehen. Kein Theologe, der bei Verstand ist, möchte die Bischöfe ab- oder ersetzen.

Es ist offensichtlich, daß die Instruktion eine Antwort auf die Kölner Erklärung vom 6. Januar 1989 sucht, die sie nicht beim Namen nennt. Es entstehen »schwere Schäden« »für die Gemeinschaft der Kirche aus jenen Haltungen systematischer Opposition . . ., die sogar zur Bildung von organisierten Gruppen führen«. Das »sogar« geht davon aus, daß der Adressat die Ansicht des Schreibenden teilt. Diese Aufwiegler haben sogar Petitionen zustande bekommen. Was werden sie als nächstes tun?

Aber – und das wird durch die folgenden Aussagen gestützt – die Kölner Erklärung war kein Vorfall »systematischer Opposition« gegen die Kirchenlehren. Die Kölner Erklärung warnte besonders vor zwei Dingen: der wachsenden Zentralisation bei Ernennungen von Bischöfen und Theologen, die dem Konkordat in der Bundesrepublik Deutschland nicht entsprechen, und der Gefahr für die Gläubigen, wenn die Lehre von *Humanae Vitae* auf die gleiche Ebene gestellt wird wie fundamentale Wahrheiten, zum Beispiel der Erlösung in Jesus Christus.

Das ist, bei aller Strapazierbarkeit der Einbildungskraft, keine »systematische Opposition« gegen die Kirchenlehren. Im Gegenteil, die deutschsprachigen Theologen waren in ihren Klagen präzise und zutiefst um das Wohl und die Effektivität des Lehramts bemüht, welche aus ihrer Sicht durch Zurückweisung von Wahrheiten seitens der Hierarchie gefährdet würde.

Darauf hinzuweisen, ist ein Dienst am Lehramt, der für den Beitrag typisch ist, den Theologen leisten können. Immer und immer wieder treibt es die Instruktion auf die Spitze, karikiert sie ihre imaginären Opponenten.

So werden diejenigen, die die Aufmerksamkeit auf das Gewissen als letzte Instanz in moralischen Entscheidungen lenken, als versteckte Protestanten präsentiert, die das private Urteil favorisieren. »Dem Lehramt der Kirche ein oberstes Lehramt des Gewissens entgegenstellen heißt, den Grundsatz der freien Prüfung vertreten, was aber mit der Entfaltung der Offenbarung . . . unvereinbar ist.«

Der Übergang von der moralischen zur dogmatischen

Sphäre ist illegitim und ungerechtfertigt. Aber er ist symptomatisch für die Tendenz, mit der das Lehramt verherrlicht wird, wie jegliche an es gerichtete Fragen, jeglicher Zweifel an seiner Weisheit oder, schlimmer noch, Bedenken gegenüber seinen Vorgehensweisen als mörderische Drohung mit der Vernichtung aufgefaßt werden.

Theologen werden permanent der Anklage ausgesetzt, sie würden politische Modelle in die Kirche einführen. »Deswegen darf man auf sie auch nicht schlicht und einfach Verhaltensmaßstäbe anwenden, die ihren Seinsgrund in der Natur der bürgerlichen Gesellschaft oder in den Regeln haben, nach denen eine Demokratie funktioniert.«

Die Subtilität ist bewundernswert: Zugegeben, solche Maßstäbe können nicht »schlicht und einfach« angewendet werden. Die Frage ist aber: Können sie überhaupt angewendet werden?

Die tragische Ironie liegt darin, daß die »Welt« und die abgrundtief verachteten »Massenmedien« mit Sicherheit folgern werden, daß eben darin in der Instruktion ein, wenn auch nicht eingestandenes, politisches Modell zum Tragen kommt.

Unglücklicherweise ist dies das Modell des totalitären Staates, der jede Art des Dissenses unterdrückt und von seinen ihm zu Dank verpflichteten Opfern verlangt, die Rute zu küssen, die sie schlägt.

Katholische Theologen sind über die Instruktion tief beunruhigt. Nicht so sehr, weil sie ihre Freiheit beschneidet, sind sie bekümmert, sondern weil dies Dokument einem Kirchenbild entspricht, das autoritär und totalitär ist.

Theologen sind damit beschäftigt, für den Glauben zu werben und seine Vernünftigkeit zu erweisen. Die vatikanische Instruktion erschwert diese Aufgabe um ein Vielfaches, insofern sie das Klischee der tyrannischen Kirche bestätigt, das so völlig im Gegensatz zur Gemeinschaft des Glaubens, der Hoffnung und der Liebe steht, in deren Dienst sie sich stellen wollen.

In derselben Woche wie die Instruktion erschien zum einhundertsten Todestag Kardinal John Henry Newmans ein ihm gewidmetes päpstliches Schreiben.

In seiner *Apologia Pro Vita Sua* sagt Newman, ein zum Katholizismus konvertierter Anglikaner, der Theologe sei dann nicht frei, »wenn er wüßte, daß eine höchste und letzte Autorität peinlich auf jedes von ihm gesagte Wort achte und zu jedem Satz ihr Zeichen der Zustimmung oder Ablehnung geben würde«.

Das aber ist genau das, was die Instruktion im Auge hat. Theologen werden eingeschüchtert, Denunziatoren ermutigt und mit den neuesten elektronischen Erfindungen ausgestattet. Der Große Bruder beobachtet dich unablässig.

In einer solchen Situation, so Newman, »würde der Theologe in der Tat kämpfen wie die persischen Soldaten unter der Rute, und man könnte im wahrsten Sinn des Wortes sagen, daß die Freiheit aus ihm herausgeschlagen würde«.

Wahrscheinlich wird die Instruktion im Endeffekt als selffulfilling prophecy (sich durch sich selbst erfüllende Vorhersage) wirken, die Theologen in eine überflüssige Position treibt. Die einzige Alternative dazu scheint ängstliches Schweigen zu sein. Ein seltsamer Weg, den Glauben zu verteidigen.

Walter H. Principe

# Ein Theologe antwortet auf die Instruktion

Wenngleich die Presse die Aufmerksamkeit auf die Zurückweisung des theologischen Dissenses in dem Dokument gelenkt hat, umfaßt die Instruktion viel mehr. Sie enthält viele positive Elemente, die Theologen anerkennen werden und die dazu beitragen sollten, die Abwertung zu überwinden, mit der Katholiken oft über Theologie und Theologen sprechen. »Theologie«, so heißt es, ist »wichtig, damit die Kirche auf den Plan Gottes antworten kann . . . Doch in Zeiten großer geistiger kultureller Umbrüche wird sie noch wichtiger« (1). Theologie hat zu der Vorbereitung und Durchführung des II. Vatikanischen Konzils beigetragen (2). Das Dokument verweist auf Gottes Geschenk der Wahrheit an das gesamte Volk Gottes (3), das eine prophetische Funktion in der Welt hat; viele empfangen den Heiligen Geist der Wahrheit, um dem öffentlichen Wohl zu dienen (5).

Im langen zweiten Teil der Instruktion über die Berufung des Theologen (6–12) wird beschrieben, wie wichtig es für den Theologen ist, sein Glaubensleben zu vertiefen (7–8). Dieser Teil entwirft die Entwicklungsgeschichte der Theologie hin zu einer Wissenschaft, die die Instrumente der argumentativen Philosophie, der historischen Disziplinen und der Humanwissenschaften benutzt. Diese Instrumente, die die Theologie verständig im Licht der Offenbarung verwendet, entstammen der je eigenen Kultur (9–10). Die Instruktion spricht sich für die »der theologischen Forschung eigene Freiheit . . . innerhalb des Glaubens der Kirche« aus, die der Auferbauung der Kirche dient, wenn ihre Resultate, nachdem »vieles . . . im brüderlichen Gespräch korrigiert und erweitert« worden ist, der Kirche vorgelegt werden (11, vgl. 12). Hier läßt zumindest die Sprache der Übersetzung die Anerkennung der Tatsache vermissen, daß es viele kompetente Theologinnen gibt.

Ein dritter Teil über das »Lehramt der Hirten« (13–20) macht eindeutig klar, daß diese Aufgabe im Dienst am Wort Gottes besteht und »nicht etwas der christlichen Wahrheit Äußerliches« ist (14); es wird zur Zusammenarbeit der Theologen mit der Sendung des Lehramts aufgerufen (20).

## Wechselseitige Beziehung

Diese Zusammenarbeit bildet das Thema des langen ersten Abschnitts (21–31) des vierten Teils über »Lehramt und Theologie«. In bezug auf die Wahrheit, die frei macht und die das Volk Gottes zum ›Licht der Völker‹ macht, haben Lehramt und Theologie unterschiedliche Gaben und Aufgaben, dienen aber beide der kirchlichen Gemeinschaft in einer wechselseitigen Beziehung. Darin profitiert das Lehramt von der Arbeit der Theologen, um Einwürfe gegen den Glauben und dessen Verfälschungen zurückweisen zu können, ferner um neue Vertiefungen, Verdeutlichungen und Anwendungen der geoffenbarten Lehre zu gewinnen (21).

Theologen werden es besonders begrüßen, daß die Instruktion sieht, daß Theologen Fragen stellen können, die »je nach dem Fall die Angebrachtheit, die Form oder auch den Inhalt einer Äußerung betreffen«. Sie spricht von der Rolle der Theologen im Einvernehmen mit der Autorität des Lehramts, indem sie die Verlautbarung prüfen, »wie sie sich aus ihrem Charakter, aus dem Nachdruck, mit der sie als Lehre vorgetragen wird, und aus der Ausdrucksweise selber ergibt« (24). Das Dokument gesteht freimütig, daß »einige

Lehrdokumente nicht frei von Mängeln waren«, da die Hirten »nicht immer gleich alle Aspekte oder die ganze Kompliziertheit einer Frage erfaßt« haben (24). Sogar die Spannungen, die unter Umständen zwischen Theologen und Lehramt auftreten, können, sofern sie »nicht aus einer Haltung der Feindschaft und des Widerspruchs [entstehen] ..., als ein dynamisches Element und als Anregung gelten, die Lehramt und Theologen zur Wahrnehmung ihrer jeweiligen Aufgaben in gegenseitigem Dialog bestimmen« (25).

## Dissens?

Der zweite Abschnitt des vierten Teils ist »Das Problem des Dissenses« überschrieben (32–42). Dieser Abschnitt hat die meiste Aufmerksamkeit der Medien auf sich gezogen. Die fast ausschließliche Konzentration auf diesen Teil ist selbst aber symptomatisch für die Schwierigkeiten, die sich dadurch ergeben, daß die Medien allgemein dazu neigen, »gute Nachrichten« zu ignorieren und die Felder der Uneinigkeit und Konflikte aufzusuchen.

Die lange Analyse, die gegen den Dissens argumentiert, zu diskutieren, erfordert viel Zeit und Raum. Viele Argumente richten sich gegen Positionen, die nur von sehr wenigen Theologen vertreten werden; andere dagegen könnten Fragen aufwerfen und Diskussionen entfachen. Ein Wort sollte über den Begriff des Dissenses gesagt werden. Wenngleich die Übersetzung den Begriff »Dissens« (»dissent«) benutzt, beschwört die englische Verwendung das Bild jener »Dissidenten« (»dissenters«) herauf, die sich von der Kirche abgewandt und als Sekten abgespalten haben. Es ist deshalb ungenau, den Begriff »Dissens« zu verwenden, wenn allein die abweichenden Meinungen derjenigen gemeint sind, die der Kirche gegenüber loyal eingestellt sind und die trotz der

Unterschiede auf die offizielle Lehre achten und sie respektieren. Indem sie das tun, bestehen sie darauf, gegenüber der offiziellen Lehre dasjenige religiöse *obsequium* zu leisten, das vom Zweiten Vatikanischen Konzil gefordert wurde.

Theologen werden die Hinweise des Dokuments begrüßen (27–31), daß sie trotz aller Treue und allem Respekt legitimerweise Probleme mit der offiziellen Lehre haben können, sie ablehnen und ihre Zustimmung verweigern können.

Die genaue Frage ist deshalb in diesen Fällen nicht die Ablehnung oder der Meinungsunterschied, sondern ob sie öffentlich ausgetragen werden sollen.

## Nordamerikanische Antworten

Hier lohnt es sich, das Dokument »Doctrinal Responsibilities: Approaches to promoting Cooperation and Resolving Misunderstandings between Bischops and Theologians«, das mit überwältigender Mehrheit von den katholischen US-Bischöfen angenommen wurde, in Erinnerung zu rufen. Die Richtlinien dieses Dokuments sollen »eine verstärkte Kommunikation und Zusammenarbeit von Bischöfen und Theologen fördern, Streitgesprächen zuvorkommen und, wenn Streitgespräche entstehen, ihre Lösung zum Wohl der Gläubigen vorantreiben«. Ein Ausschuß der »Canadian Conference of Catholic Bishops' Doctrinal Commission« arbeitet an einem ähnlichen Dokument. An einer Stelle sagt das Dokument der US-Bischöfe, daß Lehrkompetenz »dann gezeigt werden kann, wenn Theologen in ihrer Suche nach einer Beurteilung und Vermittlung der bleibenden Wahrheit Christi ernsthafte Forschungsfragen stellen. Die konstruktive kritische Qualität theologischer Wissenschaft kompromittiert nicht ihre Treue zur Kirche und ihrem Lehramt, sondern weist auf eine disziplinierte Reflexion hin, die für eine genuin wissenschaftliche Untersuchung charakteristisch ist.«

Bei der letzten Zusammenkunft auf dem Arbeitstreffen der Catholic Theological Society of America (6.–9. Juni 1990) verabschiedeten die anwesenden Mitglieder mit überwältigender Mehrheit einen 133seitigen wissenschaftlichen Bericht zum neuen Glaubensbekenntnis und Treueid, der kürzlich von der Heiligen Kongregation für die Glaubenslehre promulgiert wurde. Der Bericht der Gesellschaft stellt die Zweideutigkeiten, die konkreten Auslegungen und die unsachgemäße Ausweitung der Sichtweisen des Zweiten Vatikanischen Konzils, wie sie sich in diesem Bekenntnis und im Treueid finden, heraus und hinterfragt sie. Unglücklicherweise zitiert nun die neue Instruktion, die breite Kritik, auf die das Bekenntnis und der Eid stießen, gänzlich ignorierend, das Dokument der Kongregation als neue Autorität (16, 22–23), was die vorliegende Instruktion der gleichen Kritik und den gleichen Ablehnungen aussetzt, die auch schon den Lehren über das Glaubensbekenntnis und den Treueid gegenüber laut wurden.

Das von der Catholic Theological Society gebilligte Dokument zitiert auch einen Ausspruch Papst Pauls VI. an die Mitglieder der Internationalen Theologischen Kommission, in dem er den Wunsch äußert, »die Gesetze und Erfordernisse, denen Ihre angemessenen Studien unterliegen, vollständig anzuerkennen, was heißt, die Freiheit des Ausdrucks, die zur theologischen Wissenschaft gehört, und die Möglichkeit, die Forschung durchzuführen, die für den Fortschritt in dieser Wissenschaft notwendig ist, anzuerkennen... In dieser Hinsicht möchten wir jegliche Angst aus Ihrem Geist verbannen, der Dienst, der von Ihnen verlangt wird, könne so begrenzt und die Reichweite Ihrer Studien so eingeschränkt werden, daß die legitime Untersuchung oder angemessene Formulierungen der Lehre verhindert würden« (S. 91).

Die Mitglieder billigten darüber hinaus eine Aussage aus dem Bericht, der vom »Recht der Theologen auf Freiheit der Forschung« spricht, »ihrem Recht, Fragen zu stellen, ihrem Recht, die Bedeutung von Dogmen neu zu untersuchen und darüber hinaus die Wichtigkeit autoritativer Aussagen der Vergangenheit für das Lehramt zu klären, und schließlich dem Recht, innerhalb einer treuen, unvoreingenommenen Darstellung der offiziellen Lehre sich unter bestimmten Umständen öffentlich gegen diese aussprechen zu können« (S. 89). Resolutionen, die auf den Treffen von 1988 und 1989 verabschiedet wurden, brachten ähnliche Sichtweisen über die Freiheit der Forschung und über offene Diskussionen autoritativer, aber nicht unfehlbarer Lehren und über das, was einen Theologen zu einem »katholischen Theologen« macht, zum Ausdruck.

## Verteidigung des Geistes des II. Vatikanums

Es ist deshalb mehr als unwahrscheinlich, daß diese neue Instruktion von einer großen Zahl der 1400 Mitglieder der Catholic Theological Society of America positiv angenommen wird, Mitglieder, die aus den Vereinigten Staaten und Kanada stammen und die aus spanischen, afro-amerikanischen und französischsprechenden Gemeinden kommen. In ihrer Nichtanerkennung werden die Motive dieser Theologen nicht in Respektlosigkeit oder Untreue zu finden sein, sondern in dem Anliegen, den Geist und die Lehre des Zweiten Vatikanischen Konzils zu bewahren.

Das Konzil lehrte, woran doch gerade diese Instruktion erinnert, daß alle Katholiken Teil des Volkes Gottes sind, daß alle die prophetische Funktion Christi teilen, daß die

Kirchenlehre vom ganzen Volk Gottes durch die gemeinsame Zustimmung der Gläubigen »empfangen« werden muß. Es kann von den Gläubigen nicht erwartet werden, daß sie ihre prophetische Funktion ausüben oder daß sie einen aufgeklärten Konsens in bezug auf die kirchliche Lehre annehmen und erreichen, wenn sie nicht tatsächlich auch über den Status der offiziellen Dokumente und über die ganze Bandbreite möglicher katholischer Meinungen informiert werden, die die in den Dokumenten behandelten Punkte betreffen. Der neue Codex Iuris Canonici sagt von den Gläubigen Christi: »Entsprechend ihrem Wissen, ihrer Zuständigkeit und ihrer hervorragenden Stellung haben sie das Recht und bisweilen sogar die Pflicht, ihre Meinung in dem, was das Wohl der Kirche angeht, den geistlichen Hirten mitzuteilen« (Can. 212, § 3). Deshalb müssen sie durch eine sorgfältig und verantwortungsvoll geführte Diskussion von kompetenten Theologen informiert werden, die eine legitimierte Funktion in der Kirche ausüben, die von der offiziellen Lehrautorität unterschieden ist, aber dennoch reziprok zu ihr ist. Diese besondere und wichtige Rolle der Zunft der Theologen wurde erst kürzlich von Kardinal Willebrands in einer Ansprache an die Universität des St. Michael's College in Toronto betont.

## Die römischen Methoden richten Schaden an

Die vatikanischen Amtsinhaber und das vorliegende Dokument weisen häufig auf den Schaden hin, der den Gläubigen durch öffentliche Ablehnung ihrer Lehren, die aus den Reihen der Theologen kommen, zugefügt wird. Daß ihre eigenen Vorgehensweisen, Dokumente ohne vorherige Konsultation der Bischöfe und anderer verantwortlicher Personen herauszugeben, ihre Verhinderung berechtigter Diskussionen durch vorschnelle Entscheidungen in komplizierten Fragen, ihre Verwerfung von Theologen und ihr Versuch, sie zum Schweigen zu bringen, die Darstellung reformabler Lehren als Quasi-Glaubenssache, daß all dies einer großen Zahl gläubiger Katholiken nicht allein große Schwierigkeiten bereitet, sondern auch der ökumenischen Verständigung und den ökumenischen Beziehungen schadet, merken sie dabei nicht oder vergessen es jedenfalls sehr schnell. Eine auffällig große Zahl von Katholiken verläßt mit Entsetzen über diese Vorfälle die Kirche, andere, die bleiben, sind in ihrer Haltung und Hingabe zur Kirche entmutigt.

Vor allem machen die offiziellen kirchlichen Dokumente – und der beabsichtigte Weltkatechismus ist ein Beispiel dafür – nie deutlich, daß ihre Lehren, wie die in dem vorliegenden Dokument, gewöhnlich nicht solche »des Glaubens« (*de fide*) sind, sondern daß diese Lehren immer schon Gegenstand von Modifizierungen und Verbesserungen gewesen sind und es nach wie vor sein können; sie sagen nicht, daß sie in einigen Fällen nur eine spezielle theologische Meinung vertreten. Wenn dann, wie es auf dem II. Vatikanischen Konzil geschah, Veränderungen in der offiziellen Lehre vorgenommen werden, sind die Gläubigen dadurch verwirrt, weil es den offiziellen Lehren nicht gelungen ist, ihren Status zu klären. Die Folge davon ist, daß die Gläubigen denken, in der orthodoxen Lehre würden Veränderungen vorgenommen.

## Geheimhaltung ist kontraproduktiv

Im Hinblick auf öffentliche Diskussionen und Meinungsverschiedenheiten in Fragen der offiziellen Lehre des Vatikans würden Theologen, die dem Wohl der Gläubigen dienen, dem Dokument in dem Anliegen zustimmen, daß Theologen die Medien nicht verantwortungslos »gebrauchen« sollen. Gleichzeitig aber ist die Eindringlichkeit des Dokuments, mit der es darauf insistiert, sorgfältig erarbeitete wissenschaftliche Meinungsverschiedenheiten sollten vor der Öffentlichkeit geheimgehalten werden, in der heutigen Welt der schnellen Kommunikation und nachforschenden Berichte unrealistisch. Das Dokument ruft zu gegenseitigem Dialog und Kritik unter Theologen auf, und diese können kaum privat bleiben, wenn sie Fragen behandeln, die für die allgemeine Öffentlichkeit von lebhaftem Interesse sind. Es ist in der Tat unselig, aber nun einmal eine Tatsache der modernen Gesellschaft, daß Journalisten, die über Religion berichten, den Konflikt und die Uneinigkeit betonen. Der Versuch aber, Unterschiede in den Lehrmeinungen geheimzuhalten, wäre gleichermaßen kontraproduktiv gegenüber informierten Laien wie auch in bezug auf das öffentliche Bild der Kirche.

In einer wichtigen Rede an sein Volk rief Präsident Václav Havel die traurige Tatsache in Erinnerung, daß der Ausschluß der freien Meinungsäußerung durch kommunistische Herrscher in der Tschechoslowakei eine ganze Gesellschaft hervorbrachte, in der Täuschung und Lüge das öffentliche Netz der Wahrhaftigkeit und des gegenseitigen Vertrauens zerstört hatten. Ebenso traurig wäre es, wenn die Autoritäten in der katholischen Kirche ihre Theologen und Pfarrer zwingen würden, öffentlich darüber hinwegzutäuschen und zu verbergen, was ihre aufrichtigen wissenschaftlichen Untersuchungen und ihre pastorale Erfahrung sie als wahr erkennen und anerkennen ließen.

Karl-Heinz Weger

# Wie weit reicht der Schutz des Heiligen Geistes?

## Einige Fragen zur Unfehlbarkeit in der katholischen Kirche

Sollte ein katholischer Laie der Meinung sein, das Dokument behandle ein Problem, das ihn nicht berühre, und beide Parteien sollten ihren Streit unter sich austragen, so unterliegt er einem unter Umständen verhängnisvollen Irrtum. Denn sollten wirklich, wie es eindeutige Tendenz der Instruktion ist, nicht unfehlbare Lehrentscheidungen als definitiv gültige, vom Theologen nicht mehr auf ihre Argumentationskraft auch zweifelnd hinterfragbare und somit nur im Glaubensgehorsam anzunehmende Wahrheiten gelten, hätte dies auch für den Glauben und die Glaubenspraxis der Gläubigen unübersehbare – und vermutlich auch voraussehbare – Folgen.

Die Tendenz, den Bereich der Unfehlbarkeit auszudehnen, läßt sich schon der Verpflichtung zum »Diensteid« aus dem Jahr 1989 entnehmen. Das Problem findet sich schon in der »Dogmatischen Konstitution über die Kirche ›Lumen gentium‹« erwähnt: ». . . Dieser religiöse Gehorsam des Willens und Verstandes ist in besonderer Weise dem authentischen Lehramt des Bischofs von Rom, auch wenn er nicht kraft höchster Lehrautorität spricht, zu leisten . . .« (Nr. 25). Warum einer möglicherweise irrtümlichen und revidierbaren Lehramtsaussage religiöser Gehorsam des Willens und Verstandes zu leisten sein soll, bleibt auf dem Konzil ungeklärt.

Das Dokument selbst enthält korrekte Zitate, Differenzierungen und teils auch einleuchtende Argumente. Leider bleibt die Instruktion immer noch in der typisch vatikanischen Sprache stecken und ist keineswegs frei von wiederum vatikanüblichen Halbwahrheiten. Damit ist gemeint: Was geschrieben steht, ist zwar der Sache nach korrekt, und dennoch fühlt sich der kritische Leser wiederholt zu einem »Ja, aber« gezwungen. Doch nicht dies ist die eigentliche Schwierigkeit der vorliegenden Instruktion der Glaubenskongregation.

Immer wieder verweist die Instruktion nämlich auf den Beistand des Heiligen Geistes, der dem kirchlichen Lehramt in der Ausübung seines Amtes verheißen und gegeben ist – was von katholischen Theologen auch nicht in Zweifel gezogen wird. Dieser Beistand des Heiligen Geistes ist dann außer Zweifel, sobald unfehlbare Lehraussagen definiert wurden oder werden und Glaubenszustimmung verlangen. Wie aber steht es mit den Lehraussagen, die von sich aus weder unfehlbar sind noch sein wollen, sondern eben grundsätzlich irrtümlich und damit falsch sein können?

Die Berufung auf den Beistand des Heiligen Geistes für fehlbare Aussagen des kirchlichen Lehramts ist demnach das eigentliche Problem der vom Papst approbierten Instruktion der Glaubenskongregation. Kein ernst zu nehmender Theologe käme auf die Idee, eine durch den Beistand des Heiligen Geistes zustande gekommene lehramtliche Aussage in Zweifel zu ziehen oder korrigieren zu wollen. Der Zweifel bezieht sich zwangsläufig auf die insinuierte Voraussetzung, daß auch fehlbare Lehraussagen unter dem besonderen Beistand des Heiligen Geistes zustande kommen und eigentlich von jedem Gläubigen, also natürlich auch dem Theologen, widerspruchslos angenommen, verkündigt und verteidigt werden sollten, in erster Linie wohl zur Aufrechterhaltung der Einheitlichkeit des Glaubens.

Theologischer Pluralismus gilt als »unerwünscht«, da

durch einen solchen theologischen Pluralismus schließlich eine Art »paralleles Lehramt« entstehen könnte, vor allem dann, wenn sich die Vertreter theologischer Meinungen über die Massenmedien an die Öffentlichkeit wenden.

Ein Beistand des Heiligen Geistes für die Kirche in ihrer Gesamtheit ist im Dokument über die Kirche des II. Vaticanums deutlich ausgesagt (Nr. 12). Die Kirche bleibt in der Wahrheit – auch wenn fehlbare Lehrentscheidungen des Lehramts als solche erkennbar gemacht würden. Weitaus realistischer als die neue römische Instruktion urteilt unter dieser Hinsicht die Deutsche Bischofskonferenz in ihrem »Schreiben der Deutschen Bischöfe an alle, die mit der kirchlichen Glaubensverkündung beauftragt sind« von 1967: ». . . Auch die Kirche kann in ihrer Lehre und Praxis sich nicht immer und in jedem Fall vor das Dilemma stellen lassen, entweder eine letztverbindliche Lehrentscheidung zu fällen oder einfach zu schweigen und alles der beliebigen Meinung des einzelnen zu überlassen« (Nr. 18). Hier bleiben die Grenzen von fehlbarer und unfehlbarer Entscheidung unvermischt.

Der einleuchtendste Beweis für den fehlenden Beistand des Heiligen Geistes in nicht unfehlbaren Lehraussagen, der über den seiner Kirche allgemein verheißenen hinausreicht, ist die unbestreitbare Tatsache, daß dem Lehramt bei der Ausübung seines Amtes Irrtümer unterlaufen sind, die sicher auch die Glaubenskongregation nicht dem Wirken des Heiligen Geistes zuordnen mag. Bevor jedoch darauf eingegangen wird, sei ein Beispiel für eine der oben erwähnten Halbwahrheiten der Instruktion genannt, das auch als Kurzzitat das Gemeinte verdeutlichen kann. Unter Nr. 24 des Dokuments steht: »In diesem Bereich von Äußerungen der Klugheit ist es vorgekommen, daß Lehrdokumente nicht frei von Mängeln waren. Die Hirten haben nicht immer gleich alle Aspekte oder die ganze Kompliziertheit einer Frage erfaßt. Aber man würde in Gegensatz zur Wahrheit geraten, wollte man aus einigen bestimmten Fällen schließen, das Lehramt der Kirche könne sich bei seinen Klugheitsurteilen gewöhnlich täuschen, oder es würde sich nicht des göttlichen Beistands erfreuen, der der unverkürzten Ausübung seiner Sendung verheißen ist.« Diese Aussage ist zwar nicht falsch, verweigert jedoch das klare Eingeständnis ausdrücklicher Irrtümer, über die es inzwischen Sammlungen gibt; Irrtümer, die es gab und folglich auch heute geben wird. Warum eigentlich sollen Irrtümer »Klugheitsurteile« sein? Wie können sich Irrtümer des göttlichen Beistands erfreuen? Irrtümer sind Irrtümer, auch wenn sie durch geschichtliche Bedingtheit zur Zeit ihrer Verkündigung nicht als solche erkannt wurden.

## An die Irrtumsfähigkeit des Lehramts erinnert die »Königsteiner Erklärung«

Über die Irrtumsfähigkeit des Lehramts gibt es zahlreiche Aussagen renommierter Theologen, von denen hier nur eine eingeholt werden soll. Josef Fuchs, Professor für Moraltheologie an der Päpstlichen Universität »Gregoriana« in Rom, urteilt in den »Stimmen der Zeit« vom Juli 1990: »Kann im Licht des bislang Gesagten die Kirche und ihr Lehramt in nicht geoffenbarten Moralfragen zu einer Erkenntnis und Verkündigung sittlicher Normen kommen, die in gleicher Weise der Bibel, der geschichtlichen Tradition und der gegenwärtigen geschichtlichen Wirklichkeit entsprechen? Das Lehramt muß sich immer dessen bewußt bleiben, daß der ihm verheißene Beistand des Gottesgeistes »nicht die Verheißung einschließt, daß ihr letztes heutiges Wort in jedem Fall das letzte und absolut endgültige ist« (S. 457). Was hier von einem Moraltheologen auf sittliche Probleme bezogen ist, gilt in gleicher Weise auch für Lehraussagen.

Am deutlichsten ist die Irrtumsfähigkeit des Lehramts bei fehlbaren Äußerungen, die die Instruktion der Glaubenskongregation verschweigt, in der »Königsteiner Erklärung« formuliert: »An diesem Punkt«, so dort, »ist ein schwieriges Problem nüchtern zu besprechen, das bei vielen Katholiken von heute mehr als früher entweder ihren Glauben oder ihr unbefangen vertrauensvolles Verhältnis zur kirchlichen Lehrautorität bedroht. Wir meinen die Tatsache, daß der kirchlichen Lehrautorität bei der Ausübung ihres Amtes Irrtümer unterlaufen können und unterlaufen sind. Daß so etwas möglich ist, hat die Kirche immer gewußt, in ihrer Theologie auch gesagt und Verhaltensregeln für eine solche Situation entwickelt« (Nr. 17).

Es war noch nie theologische Meinung, daß sich fehlbare Lehraussagen des päpstlichen Lehramts einer theologischen Kritik entziehen. Es ist nicht einzusehen, warum eine grundsätzlich dem Irrtum ausgesetzte lehramtliche Aussage im Glaubensgehorsam, den schließlich nur die Offenbarung Gottes selbst beanspruchen darf und der in den unfehlbaren Aussagen des kirchlichen Lehramts in Glaube und Sitte definitiv interpretiert und gelehrt wird, angenommen werden muß, mag auch die Praesumptio zunächst für die Wahrheit lehramtlicher Aussagen sprechen.

Wie der Heilige Geist der Kirche als ganzer und dem Lehramt im besonderen beisteht, soll hier nur im Hinblick auf fehlbare Aussagen des kirchlichen Lehramts kurz bedacht werden. Man muß den Eindruck gewinnen, besonders in vatikanischen Kreisen rechne man mit einer Art Eingebung oder Erleuchtung des Papstes, geschehe dies nun in der Stille der Meditation, des Gebets oder auch bei einem Spaziergang. Solche Inspirationen lassen sich nie ausschließen – der Geist weht, wo er will –, beweisen lassen sie sich allerdings genausowenig. Die Berufung auf eine persönliche Eingebung des Heiligen Geistes läßt sich folglich mit gleichem Recht behaupten wie bestreiten.

## Die Frage nach dem Gesamtkonsens der Kirche

Wahrscheinlicher als eine persönliche Eingebung durch den Heiligen Geist (die ja wiederum Irrtümer ausschließen müßte) ist der »gewöhnliche« Weg der Wahrheitsfindung. An einem Beispiel illustriert: Papst Paul VI. hatte vor der Veröffentlichung der Enzyklika »Humanae vitae«, also der »Pillenenzyklika«, in verdienstvoller Weise eine Expertenkommission einberufen. Gegen die Mehrheit der Kommission entschied sich Paul VI. für das Verbot »künstlicher« Empfängnisverhütung. Warum? Glaubte er, gegen die Mehrheit der Kommission die richtige Entscheidung zu wissen? Hatte er, im Gebet vielleicht, eine (vermeintliche?) Erleuchtung, die nur die von ihm getroffene Entscheidung zuließ? Welcher Wert käme einer solchen Erleuchtung zu? Wäre es nicht glaubhafter, den Beistand des Heiligen Geistes im Mehrheitsvotum zu sehen?

In dem schon erwähnten Artikel von J. Fuchs wird es ähnlich gesehen. »Wie kommt die christliche Gemeinde und wie kommt – dies vor allem – das kirchliche Lehramt zu genügend sicherer Erkenntnis dessen, wozu Christen in kleinsten wie in wichtigsten Lebensfragen sich zu entscheiden haben? Der Geist Gottes ist ihnen gegeben und gegenwärtig, jedoch nicht als Offenbarer von sittlichen Wahrheiten, sondern als Licht und Beistand beim eigenen menschlichen Versuch, die menschlichen Wirklichkeiten unter Benutzung aller zuhandenen Hilfen und Instanzen als die hier und jetzt, so und nicht anders gegebenen Wirklichkeiten und Verstehensmöglichkeiten zu interpretieren, zu bewerten und in sittlicher

Hinsicht zu beurteilen. Unter dieser Rücksicht bilden Bischöfe und Papst keine Ausnahme; eine Berufung auf den die Wahrheit garantierenden Geist bei ihrer Verkündigung sittlicher Normen ist von christlicher Lehre her nicht berechtigt. Weder gehören zum Beispiel die authentische Interpretation der menschlich möglichen und sinnvollen Verwirklichungen der Sexualität (darüber hat es geschichtlich immer neue Erkenntnisse gegeben, teilweise auch innerhalb der Kirche) und der menschlich sinnvollen Anwendung von Gewalt (die Meinungen darüber haben sich – auch in der Kirche – geschichtlich gewandelt) zum Bereich kirchlicher und lehramtlicher Sachkompetenz. Noch ist dazu irgendwo eindeutig Autorität verliehen worden« (S. 457–458).

An dieser Stelle läßt sich ein Gedanke einfügen, der zwar nicht unmittelbar die »Instruktion über die kirchliche Berufung des Theologen« betrifft, dennoch aber höchste Aktualität erreichen könnte. Sollte es zutreffen, wie es Tübinger Theologen im »Plädoyer für die Freiheit in der Kirche« behaupten, Kardinal Ratzinger habe in »La Croix« vom 28. Juni 1990 eine Dogmatisierung des Verbots künstlicher Empfängnisverhütung angekündigt, dann würde eine Protestwelle wohl noch ungeahnten Ausmaßes Christen wie Nichtchristen erfassen. Dennoch scheint diesbezüglich ein gewisser Optimismus nicht unangebracht. Einmal sollten Dogmatisierungen, und dies wissen sowohl der Papst als auch Kardinal Ratzinger, immer auch unter der Rücksicht der Opportunität getroffen werden. Die vorhersehbaren, katastrophalen Folgen einer Definition der inhaltlichen Aussagen von »Humanae vitae« müßten vom Gedanken an eine solche Definition Abstand nehmen lassen.

Noch gewichtiger ist die Frage nach dem Gesamtkonsens der Kirche, besonders der Bischöfe, bezüglich der Gültigkeit einer unfehlbaren Definition. Zwar definiert das I. Vatikanische Konzil, daß die endgültigen Entscheidungen des römischen Bischofs aus sich und nicht aufgrund der Zustimmung der Kirche unabänderlich sind. Man braucht diesen Satz nicht zu bestreiten, wenn man trotzdem feststellt, daß kein Papst willkürlich eine beliebige »Glaubensaussage« für unfehlbar erklären kann. Der Akt, durch den ein Glaubensartikel unfehlbar wird, ist zu unterscheiden von jenen der Unfehlbarkeitserklärung vorausgehenden Prüfungen, die die Glaubensüberzeugung der Gesamtkirche, und wiederum insbesondere die der Bischöfe, in Betracht ziehen müssen. Nun stimmen aber weder die Glaubensüberzeugung der Gesamtkirche noch die eines beachtlichen Teils der Bischöfe mit den Aussagen von »Humanae vitae« überein. Das bedeutet: Eine Definition der »Pillenenzyklika« würde zu einem erbitterten und vermutlich lang anhaltenden Streit über die Gültigkeit dieser Definition führen. Solche Überlegungen lassen eine Definition gegen die »künstliche« Empfängnisverhütung eher unwahrscheinlich erscheinen. Im Herbst wird aber ein päpstliches Lehrschreiben zu Fragen der Moral erwartet. Darin wird der Papst gewiß auch auf die Empfängnisverhütung zu sprechen kommen.

Der größere Teil der »Instruktion über die kirchliche Berufung des Theologen« befaßt sich unter dem Thema »Lehramt und Theologie« mit der Zusammenarbeit beider, gibt jedoch auch detaillierte Anweisungen für den Fall eines möglichen Dissenses. Grundsätzlich sieht die Instruktion die Aufgabe des Theologen darin, »diese« (lehramtliche) »Lehre nach ihrem Inhalt, ihren Gründen und Motiven zu verstehen, und er wird darauf seine tiefere und geduldigere Reflexion richten, in der Bereitschaft, seine Ansichten zu überdenken und die Einwände zu prüfen, die ihm etwa von seinen Kollegen vorgetragen werden« (Nr. 29). Die Instruktion erweckt den Eindruck, daß der Theologe, wenn er nur mit gutem Willen, weiterhin der Vorausannahme, das (fehlbare) Lehramt habe wohl recht, und zusätzlich durch gründliches Studium die lehramtlichen Aussagen angeht, auch deren Verfechter sein müßte. Wirkliche und auch unüberwindliche Gegengründe gegen Äußerungen des Lehramts werden zwar zunächst subjektiv zugestanden, aber es gilt dennoch: »Für eine loyale Einstellung, hinter der die Liebe zur Kirche steht, kann eine solche Situation gewiß eine schwere Prüfung bedeuten. Sie kann ein Aufruf zu schweigendem und betendem Leiden in der Gewißheit sein, daß, wenn es wirklich um die Wahrheit geht, diese sich notwendig am Ende durchsetzt« (Nr. 31).

Abgesehen von der hier eingeräumten Möglichkeit, auch der Theologe könne einmal gegen das Lehramt recht haben, wird das »schweigende und betende Leiden«, das, falls es an die Öffentlichkeit geht, zu Lehrentzug führen kann (Nr. 37), erschreckend verharmlost. Sollte dem Präfekten der Glaubenskongregation wirklich nicht bewußt sein, wieviel Leid, Seelennot, Frustration und bittere Enttäuschung jenen Theologen angetan wurde und wird, denen Lehr- oder Schreibverbot auferlegt wurde, selbst wenn manchen »Irrlehrern« im hohen Alter die Kardinalswürde verliehen wurde?

## Glaubenshilfe wäre besser als Mahnungen und Gebote

Was unter dem Thema »Das Problem des Dissenses« dargelegt ist, gehört weithin zum Kapitel »Halbwahrheiten«. Die Aussagen über das Gewissen sind zum Beispiel in dieser Darstellung einfach nicht richtig; was näherhin über den Umgang mit »Massenmedien« geschrieben steht, ist reichlich utopisch. Denn welche Antwort kann der Theologe erwarten, wenn er nicht auf Massenmedien zurückgreift, »sondern vielmehr die verantwortliche Autorität«, das heißt seinen

Bischof oder gar die Glaubenskongregation, »anspricht« (Nr. 30)?

Es ist bedauerlich, daß die Glaubenskongregation praktisch ausschließlich Schreiben verfaßt, in denen gemahnt, geboten, verboten wird, und weiterhin Prozesse und Aktenvermerke gegen mißliebige Theologen geführt werden. Wäre es nicht – neben mehr Geduld und einer Konzentration auf die kirchliche Einheit, die weit weniger Einspruch verlangt als kirchliche Einheitlichkeit – Aufgabe einer Glaubenskongregation, Gläubigen und Theologen hilfreiche, zeitgemäße und verständliche Glaubenshilfe anzubieten? Die Glaubenskongregation sollte von einer defensiv-ängstlichen, immer nur abwehren wollenden, die Tradition um der Tradition willen aufrechterhaltenden und neuen Weisen christlicher Lebens- und Glaubensvollzüge von vornherein mißtrauisch begegnenden Haltung wegkommen, um der heutigen Glaubensnot vieler Menschen zu begegnen. Auch die Theologen wären für etwas mehr Vertrauensvorschuß dankbar, um der Wahrheit die oft nötige Zeit ihrer Durchsetzung, auch zum Wohl der Gläubigen, zu gewährleisten. Die Freiheit theologischer Forschung muß bewahrt bleiben, selbst wenn sie fehlbaren Lehramtsaussagen entgegenspricht.

Dietmar Mieth

## Ein Dokument voller Widersprüche

Ein Dokument mit fast unerklärlichen Widersprüchen ist die am 26. Juni veröffentlichte Instruktion der römischen Kongregation für die Glaubenslehre *»Über die kirchliche Berufung des Theologen«*. Auf der einen Seite wird, ähnlich wie in der Ansprache des Papstes in Altötting während seines Deutschlandbesuches, das theologisch-wissenschaftliche Bemühen als »Dienst am Glauben« gelobt, und die Bischöfe, an welche sich die Instruktion richtet, werden zu vertrauensvoller Zusammenarbeit ermuntert. Auf der anderen Seite wird mit außerordentlicher Schärfe die Autorität des Lehramts hervorgehoben und abweichendes Denken der Theologen eingegrenzt. Manchmal hat man daher den Eindruck, hier seien *zwei* Texte ineinandergeschoben worden: ein eher offener theologischer Text auf der Linie des Konzils und ein eher engstirniger Text einer schmalspurigen Theologie auf der Linie der Disziplinierung. Letzterer Text steht dem sogenannten »Treueid« nahe, wie er für kirchliche Berufe von Rom seit über einem Jahr reklamiert wird. In Zusätzen zum Glaubensbekenntnis wird dabei die Lehrautorität in der Kirche verschärft. Die Verschärfung liegt vor allem darin, daß die Lehrautorität stets selbst definiert, welche Stufe der Glaubensverbindlichkeit sie ihren Doktrinen zuweist. Vermutlich hat auch die Auseinandersetzung um die »Kölner Erklärung«, dem kritischen Protest von über 200 deutschsprachigen Theologen im vorigen Jahr, und daß er in anderen europäischen Ländern viel Unterstützung fand, zu den überaus harten und mir in vielen Punkten unverständlichen

Urteilen geführt. Einem der Unterzeichner der Kölner Erklärung, *Siegfried Wiedenhofer,* hat inzwischen die Unterschrift bekanntlich die Berufung auf einen neuen Lehrstuhl gekostet. Man darf offen fragen, ob dieses römische Vorgehen etwas mit dem reklamierten »vertrauensvollen Dialog« zu tun hat. 205 Theologieprofessoren haben gegen dieses Vorgehen bei den deutschen, österreichischen und Schweizer Bischöfen schriftlich Einwände vorgetragen.[1]

Zum ersten Mal wird in einem solchen Dokument von der »unfehlbaren« Lehre moralischer Normen in der Offenbarung, die der Vernunft wegen der Sünde schwer zugänglich seien (Nr. 16), gesprochen. Dazu wird ein Dokument des Vatikanischen Konzils zitiert, in welchem weder von Moral noch von Unfehlbarkeit die Rede ist (vgl. Anm. 17). Obwohl Entscheidungen des Lehramts, soweit sie zeitgebundene Kenntnisse einschließen, durchaus als »reformabel« gelten, wird auch für sie der Glaubensgehorsam eingefordert, und die verlangte Loyalität schließt die *öffentliche* Diskussion aus. In einem Klima, in dem Kritik von vornherein unter dem Verdacht der Zerstörung steht, werden eine sogenannte »systematische Opposition« und die Bildung von »organisierten Gruppen« (Nr. 32) angeprangert. Diese Sprache stammt aus dem Wörterbuch des Totalitarismus. Der Theologe darf zwar persönliche Schwierigkeiten haben, aber keinen »Dissens«, also keine abweichende Position, zum Aus-

1 Gemäß Presseerklärung vom 25. 6. 1990 doziert der Betroffene an der Universität Frankfurt katholische Dogmatik und besitzt für diese Professur auf Lebenszeit nach wie vor die kirchliche Lehrerlaubnis (»nihil obstat«). Verweigert wurde sie ihm aber für Graz, wohin er mit Empfehlung des dort zuständigen Bischofs berufen werden sollte. Prof. Wiedenhofer ist Schüler von Joseph Ratzinger und hat öfter Aufträge der Deutschen Bischofskonferenz übernommen. Laut Erklärung des Wiener Nuntius wurde das »nihil obstat« wegen seiner Unterschrift unter die Kölner Erklärung verweigert.

druck bringen. Über den sogenannten »Dissens« ergießt sich eine Fülle von Verdächtigungen, welche die gemeinten Theologen wohl kaum so pauschal akzeptieren werden: der Verdacht des Liberalismus, des Konformismus und des Pluralismus.

Gänzlich wird vergessen, daß es öffentlichen Protest in der Kirche nur gibt, wenn interne Anfragen und Einwände über einen längeren Zeitraum hinweg so gut wie nicht zur Kenntnis genommen worden sind. Dem »Dissens« wird vorgeworfen, er handle nach einem Protestmodell der politischen Gesellschaft und im Sinne eines »parallelen« Lehramts; er beziehe sich auf die Meinungen der Gläubigen – die im Gegensatz zum Anfang des Dokumentes dann plötzlich nichts mehr gelten! –, statt auf die Anleitung durch das Lehramt; er berufe sich fälschlich auf Menschenrechte und auf das Gewissen und gefährde die »harmonische Einheit mit der Hierarchie, die das Wesen der Gemeinschaft« ausmache. Im einzelnen wäre hier viel zur Differenzierung der Pauschalurteile dieses Dokumentes zu sagen, das eine Analyse oft durch Etikettenkleber zu ersetzen versucht. Im Grunde ist der Text, bei aller Ermahnung zur Zusammenarbeit und zum vertrauensvollen Dialog, eine Warnung vor den Gefahren des Aggiornamento, das Johannes XXIII. der Kirche zugemutet hatte und eine Drohbotschaft für die Moraltheologie. Dabei werden wesentliche Fragen der kirchlichen Theologie, z. B. die Frage nach dem Glaubenssinn des Gottesvolkes, nach den Christenrechten und dem Gewissen immer wieder in eine Enge geführt, die als Würgegriff erscheinen kann. Von besonderer Bedeutung erscheint mir dabei, daß der theologische Tiefgang des ersten Teiles, der große Achtung vor der Theologie und dem Glaubenssinn zeigt, in der zweiten Hälfte vergessen wird. Dabei wird das hierarchische Lehramt als Christusautorität der Fußvolk-Kirche gegenübergestellt, statt in sie integriert. Umgekehrt aber wird immer wieder »Kirche« allein für die Hierarchie reklamiert, und dabei wird eine Sprache der Selbstabschließung und der Absicherung eingeführt, vor der ich als Theologe erschrecke, auch wenn ich mich nicht fürchte. Denn Furcht ist weder mit der Liebe zur Wahrheit noch mit der wahren Liebe zur Kirche vereinbar (vgl. 1 Joh!). Dies sei auch den Bischöfen gesagt, an welche sich die Instruktion richtet. Haben sie noch Mut zu ihrem eigenen Glaubenssinn? Sind sie bereit, ihr integrierendes Amt als Ausdruck der gelebten Kirchlichkeit *aller,* auch der Laien, der Frauen, zu verstehen, so wie der Papst durch seinen Dienst an der Einheit gehalten ist, auf den Blutkreislauf des kirchlichen Körpers (»Leib Christi«) zu achten und nicht nur auf die Hirnströme des Kopfes?

Wieviel in der Kirchenauffassung dieses Dokumentes jeweils willkürlich der Strategie des »Behauptens« (im doppelten Sinne) angepaßt wird, zeigt z. B. der widerspruchsvolle Umgang mit Kirche und Öffentlichkeit: Das gleiche Dokument, das den öffentlichen Dialog der Theologen über abweichende Meinungen verbietet, spricht mit diesen Theologen über die Zeitungen. Denn bevor die angesprochenen Bischöfe das Dokument den Theologen (mit entsprechender Akkomodation) weiterreichen konnten, war es in der Hand der Journalisten und wurde durch Interviews des Kardinals Ratzinger verbreitet (z. B. in »La Croix« vom 28. 6. 90). Die Beanspruchung des Medienmonopols und die Bevorzugung der Kommunikation durch die Medien seitens der Glaubenskongregation sind ihrerseits schwere Verletzungen des »vertrauensvollen Dialoges«. Dazu kommt die schlechte Angewohnheit, Antworten nur dann zu geben, wenn sie über öffentliche Debatten erzwungen werden. Die kirchliche Bewertung der Massenmedien ist tendenziös: sind sie kritisch, folgen sie dem Zeitgeist, sind sie hofgemäß, werden sie bevorzugt bedient.

In manchen Fällen werden die spirituellen Bereiche (Liebe zur Kirche, religiöser Gehorsam) mit dem Bereich juridischer Verpflichtung (missio canonica) in unzulässiger Weise vermischt. So erscheint der Hinweis, das Leiden an der Irreformabilität an sich reformierbarer Lehraussagen »schweigend und leidend« zu ertragen, unpassend für den jurisdiktionellen Ton des Dokumentes. Als spirituelles Ansinnen seitens derer, die das Leiden ändern könnten, erscheint eine solche Aussage als »objektiver« Zynismus. (Ich unterstelle keine subjektive Absicht.)

Ein besonderes Beispiel, wie in der Instruktion argumentiert wird, ist die Berufung auf den neuen Treueid, der in ihr, statt begründet zu werden, als Autoritätsargument dient.

Angesichts einer Beweisführung, die sich so im Kreise dreht (die Glaubens*wissenschaft* ist frei, aber im Auftrag einer Glaubenslehre, die *über* der Kirche steht, statt *mit* ihr und *in* ihr, ist sie unfrei), wird man immer wieder an Strategien der kommunistischen Parteidisziplin erinnert. Vielleicht sollten die Glaubenshüter darauf achten, daß sie nicht vor lauter Abwehr von Demokratie und Mitbestimmung in der Position derer landen, deren Abtreten sie so begrüßen und sich (auch) als Verdienst anrechnen.

Offensichtlich ist es auch in Rom zu Auseinandersetzungen darüber gekommen, wie man den Dialog um Glaube und Moral in der Kirche zu führen habe: Das Verhältnis zwischen allgemeinem Glaubenssinn, Lehrverkündigung und theologischer Deutung wird unterschiedlich interpretiert.

Was diesen Dialog betrifft, hatte die US-amerikanische Bischofskonferenz nach gründlicher Vorarbeit und nach Absprache mit Kardinal Ratzinger und Erzbischof Bovone von der römischen Glaubenskongregation im Juni 1989 »Richtlinien« *(guidelines)* unter dem Titel: »Doctrinal Responsibilities: Approaches to Promoting Cooperation and Resolving

Misunderstandings between Bishops and Theologians«[2] vorgelegt. Dieser Text – im Vergleich zum Stil des Mißtrauens in der römischen Instruktion ist er geradezu erstaunlich – dient vor allem dem *mutual encouragement* von Bischöfen und Theologen. »Ermutigung« oder »Ermunterung« – das ist in der Tat ein Zeichen zur rechten Zeit, wie es Papst Johannes XXIII. zu geben verstand, wenn er in seiner Eröffnungsansprache zum Konzil vom »Sprung nach vorwärts« und von der Korrektur der Irrtümer durch die Erfahrung gesprochen hatte.[3] Die Richtlinien der US-Bischöfe enthalten im übrigen neben Vorschlägen für eine Intensivierung des »informellen Dialogs« auch eine Verfahrensordnung für den »formellen Dialog« zur Klärung von Mißverständnissen bzw. Meinungsunterschieden, die als vorbildlich gelten kann und sich gegenüber dem römischen Dokument wie eine »Charta der Freiheit« zu einem Instrument der Disziplinierung verhält. Die amerikanischen Theologen können von der Voraussetzung ausgehen, daß ihnen das mit römischer Zustimmung verpaßte »Hemd« näher und angenehmer auf dem Leib sitzt als der starre römische »Rock«. Es wäre höchste Zeit, wenn die Bischöfe in Europa ein ähnliches Doku-

2 »Responsibilities...«: Verantwortung/Verantwortlichkeiten in Lehrfragen, »Approaches...«: Schritte zur Förderung der Zusammenarbeit und zur Lösung von Meinungsunterschieden zwischen Bischöfen und Theologen. Das Dokument ist abgedruckt in: *Origins. CNS documentary service,* vol. 19, no. 7, Washington, 29. Juni 1989, S. 97–110.

3 Die Ansprache ist lateinisch, italienisch und in deutscher Übersetzung zugänglich in: L. Kaufmann/N. Klein, *Johannes XXIII. Prophetie im Vermächtnis,* Fribourg/Brig 1990, S. 116–150. Zum Sprung nach vorwärts siehe Nr. 15, Zeile 225, S. 136. In Nr. 16, S. 137–139, ist sodann davon die Rede, daß »Irrtümer, kaum entstanden, wie der Morgennebel vor der Sonne vergehen«, und als Beispiel ist am Ende von Nr. 16 von der »Erfahrung« die Rede, daß Gewalt als politische Problemlösung ungeeignet ist. In Nr. 8, S. 125 f., wird die Geschichte als »Lehrmeisterin des Lebens« gegen die »Unglückspropheten« in Anspruch genommen, die »nur Mißstände und Fehlentwicklungen zur Kenntnis« nehmen.

ment erarbeiten ließen oder das amerikanische Dokument akkommodierten. Bisher ist es merkwürdigerweise in Europa unbekannt geblieben. Die römische Instruktion zitiert es – ebenso merkwürdigerweise – an keiner Stelle.

Im Klima der Spannung und Ratlosigkeit, wie ich es in der römischen Kurie vermute, sind die Grundfragen, um die es geht, nicht geklärt worden. Ein solches Ergebnis verrät Druck und Eile. Die römische Instruktion ist wie eine enge Rüstung zugeschnitten, um welche die Toga der Freiheit des Gottesvolkes gehüllt ist, die jedoch den harten Stahl kaum verdecken kann. Während ich daher empfehle, von der römischen Instruktion nur die Toga zu übernehmen und darunter das amerikanische Hemd zu tragen, möchte ich im folgenden einige klirrende Widersprüche und besonders stoßende Ungereimtheiten des Dokuments etwas eingehender in den Blick nehmen.[4] Ich beginne mit den systematisch-theologischen Schwächen der Instruktion. Sie sind erkennbar an

- der ständigen Verschiebung zentraler Begriffe,
- der unrichtigen Zitation kirchlicher Texte,
- der zirkulären Beweisführung.

## »Vertrauen« bei fehlender Argumentation?

Ein erstes Beispiel für die *Verschiebung zentraler Begriffe* ist der eingangs in Nr. 4 im ganzheitlichen Sinn verstandene *Glaubenssinn der Gläubigen,* der nach der Konzilskonstitution *Lumen gentium* Nr. 12 »eine allgemeine Übereinstimmung« von den Bischöfen bis zu den Laien umfaßt; später, in

4 Zu den Schwächen des Dokuments vergleiche auch: E. KLINGER, *Schwere Mängel,* s. S. 85 in diesem Buch, P. HÜNERMANN, *Das Lehramt und die endliche Gestalt der Glaubenswahrheit,* s. S. 138 in diesem Buch.

Nr. 35, wird er verstanden, als gehöre eine Auffassung von Christen nur dann zum Glaubenssinn, wenn sie mit der – in vielen Fällen von diesem Dokument ja selbst als reformabel angesehenen – Kirchenlehre übereinstimme. Abgesehen davon, daß hier »Kirche« wieder einmal eine bestimmte Funktion der Kirche, nämlich diejenige des hierarchischen Lehramtes, meint, läßt sich »die unlösliche Beziehung zwischen dem ›sensus fidei‹ und der Anleitung des Volkes Gottes durch das Lehramt der Hirten« ja auch im Sinne von Nr. 25 verstehen, wonach selbst »Zusammenarbeit unter den besten Bedingungen« gewisse »Spannungen« (hier zwischen dem Theologen und dem Lehramt) nicht ausschließt. Im Zusammenhang mit der Erörterung des »dissenses« werden dann Spannungen im »sensus fidei« auf den Unterschied von bloßen »Meinungen« von Gläubigen zur »Hut des Wortes« durch die Kirche gebracht. Im Französischen nennt man so etwas: »glissement d'argumentation« – eine gleitende Form der Argumentation, indem durch »unmerkliche« Verschiebung der Begriffe die Aussage erreicht wird, die man aus strategischen Gründen erreichen will. Was sollen davon wissenschaftliche Theologen halten, die mit einer solchen theologischen Argumentation ja doch wohl überzeugt werden sollen? Wo finden sie hier einen argumentativen Ansatz für das »Vertrauen« zu ihren »Hirten«, das in der Instruktion so oft beschworen wird?

Nun hat sich der Text gegen argumentativen Widerspruch dadurch geschützt, daß er in Nr. 34 folgendes formuliert: »Gewiß ist es eine der Aufgaben des Theologen, die Texte des Lehramtes korrekt zu interpretieren, und es stehen ihm dafür hermeneutische Regeln zur Verfügung. Dabei gilt der Grundsatz, daß die Unterweisung des Lehramtes – dank des göttlichen Beistandes – auch abgesehen von der Argumentation gilt, die zuweilen von einer besonderen Theologie übernommen ist, deren sie sich bedient.« Mit anderen Worten:

Wenn man die fehlende Stichhaltigkeit der Argumentation jener »besonderen Theologie« als Theologe nachweist, gilt das Ergebnis dieser Argumentation dennoch. Wozu braucht es dann noch Theologie? Wie soll ich als akademischer Lehrer der Theologie, im Bewußtsein, mich im Bereich des Charismas vernünftiger Glaubensauslegung zu bewegen, Studierende an solchen Texten ausbilden können?

Die Verschiebung zentraler Begriffe betrifft auch den Kirchenbegriff, der einmal ganzheitlich, dann wieder nur für das »Fußvolk« – dem die von Christus abgeleitete Autorität gegenübersteht (vgl. Nr. 17 in der Gegenüberstellung Christus – Volk in Analogie zu Lehramt – Kirche, ähnlich Nr. 20) – verstanden ist. Ganzheitlich ist das Verständnis, wenn das Lehramt in Nr. 14 als »eine positiv von Christus als konstitutives Element der Kirche gewollte Institution« bezeichnet wird. Nun könnte man einwenden, das authentische Lehramt der Hirten sei eben zugleich *mit* und *für* die Kirche. Aber dann darf man dieses »Für« nicht rein »instruktiv«, d. h. als Einbahnstraße der Lehre von oben nach unten, auslegen, sondern muß zu einem kommunikativ-dialogischen Offenbarungsverständnis vorstoßen. Daß der Kirchenbegriff dann auch wieder hierarchisch eingeengt werden kann, darauf wurde schon hingewiesen.

## Vom Umgang mit Zitaten

Bei der Art, wie die Zusätze zum Glaubensbekenntnis im sogenannten »Treueid« – der weder überall rezipiert noch überall akkommodiert ist – zitiert werden, erweckt den Eindruck, hier sei Anfang 1989 eine Kuh auf die Weide gestellt worden, damit man sie nachher melken könne. Möglicherweise wird das nächste kirchliche Dokument auf die gleiche Weise mit der hier verhandelten Instruktion verfahren.

Wenn aber die Instruktion theologisch ausführen und begründen sollte, was der »Treueid« meint, dann sollte sie sich nicht auf seine Autorität berufen, sondern diese durch Berufung auf andere Texte verdeutlichen.

Ich möchte hier aber auf zwei andere Beispiele der Zitation zu sprechen kommen. Es handelt sich um die Anmerkungen 17 und 18. Die Anmerkung 17 steht hinter der Feststellung des Textes, »daß diese (gemeint sind die in der Offenbarung enthaltenen) moralischen Normen vom Lehramt unfehlbar gelehrt werden können«, der Verweis auf »Dei Filius« (Vaticanum I, DS 3005). Dort steht aber weder etwas von moralischen Normen noch von Unfehlbarkeit, sondern nur etwas von der Wirkung der Offenbarung auf die natürliche Vernunfterkenntnis. Die Aussage selbst erklärt im übrigen nicht, was mit moralischen »Normen« oder »Lehren« hier genau gemeint ist. Aus dem Kontext heraus würde man an sehr allgemeine und evidente Aussagen denken, in denen Offenbarung und sittliche Vernunft ohnehin übereinstimmen.

Die nächste Anmerkung bezieht sich auf die in Nr. 18 eingeschärfte Autorität der Glaubenskongregation, die am ordentlichen Lehramt des Papstes teilhabe, wenn dieser ein Dokument ausdrücklich approbiere. Diese Teilhabe wird ja niemand bestreiten (eher ist zu fragen, was sie im einzelnen bedeutet), aber die dazu als Beleg zitierten can. 360 und 361 des Kirchenrechtes sagen etwas über den juridischen Status von Kongregationen, nichts aber über die Differenzierung der Teilhabe an Lehraussagen. Es scheint mir derzeit ein Problem solcher Dokumente zu sein, daß sie juridische Aussagen für theologische Erklärungen einstehen lassen. Hier mag zwar stets ein Zusammenhang bestehen, aber dieser müßte eigens aufgezeigt werden.

## Zirkuläre Beweisführung

Der Anspruch an eine richtige Argumentation ist, daß sie schrittweise, für jedermann einsichtig und nicht zuletzt zirkelfrei sein soll. Diesen Anspruch wird man einem solchen Text gegenüber angemessen zu handhaben versuchen.

In der Instruktion über die kirchliche Berufung des Theologen geht es um die theologische Arbeit als Charisma und als juridisch gebundene Tätigkeit (vgl. Nr. 6f. mit Nr. 22). Zugleich geht es um die Begründung und Durchsetzung autoritativer Kompetenz. Das zirkuläre Problem, von dem ich spreche, meint nun, daß die juridische Bindung den charismatischen Vollzug und die Durchsetzung der Autorität ihre Begründung in der jeweiligen theologischen Sache (und nicht nur in der Zuständigkeit) ständig unterläuft.

Man fordert das umsichtige Argument und baut vor mit dem Beistand des Geistes, falls es nicht ankommt. Man fordert die informierte Einsicht und baut vor mit dem Gehorsam, falls hier Schwierigkeiten entstehen, die über das spirituelle Verhältnis von Oberen und Unteren (nach dem Modell des Vater-Kind-Verhältnisses) hinausgehen. So ist man immer gesichert. Das Theologische begründet das Juridische, auf das es sich zur Begründung beruft. Bei diesem Hin und Her besteht die alleinige Definitionsmacht über die Zuordnung von Aussagen bei der Autorität. Mit diesem Instrumentarium kann man, so behaupte ich nun, beliebig begründen, indem man z. B. – etwa in Fragen der Bestimmung des Sittlich-Richtigen – sagt, etwas sei in der Offenbarung enthalten und deshalb vernünftig, oder, etwas sei vernünftig, und deshalb sei es implizit in der Offenbarung enthalten. Oder man kann sagen, daß die Kirche als Ganzes die Erkenntnis der Wahrheit – »Gottes Geschenk für sein Volk« (Titel von Teil I) – vorantreibt, daß sie aber der »einzigen authentischen Instanz«, dem Lehramt (vgl. Nr. 13), überantwortet ist. Was bewegt sich denn dann noch in der Erkenntnis der Wahrheit zwischen allen Gläubigen, wenn das spezielle Amt und Charisma der Lehre die anderen Lehr-Ämter und Charismen im Grunde zur Findung und Begründung der Wahrheit gar nicht mehr braucht, sondern nur noch zur Auslegung?

In einem Interview in »La Croix« (28. 6. 1990) hat Kardinal Ratzinger gesagt, es gehe ihm um die »Deontologie« (Pflichtenlehre) des Glaubens, d. h. um die Pflicht, den Glauben auch dem Glauben der Kirche gemäß zu sagen, wenn man ihm schon anzuhängen behaupte. Nehmen wir ihn beim Wort, dann ist die entscheidende Frage, ob die Definition dieser Pflicht – etwa in der Frage der Dogmatik oder der Moral – nur *extern,* seitens der kirchlichen Jurisdiktion, oder auch *intern,* seitens des in der Kirche allgemein zugänglichen Glaubenssinnes in jedem Subjekt des Glaubens, vollzogen werden kann. Nun heißt es in der Instruktion: »Dem Lehramt der Kirche ein oberstes Lehramt des Gewissens entgegenstellen heißt, den Grundsatz der freien Prüfung vertreten, was aber ... mit einer korrekten Auffassung der Theologie ... unvereinbar ist.« (Nr. 38) Abgesehen von der polemischen Verzerrung in dieser Aussage (»entgegenstellen«), heißt das eben nicht, den Grundsatz der »freien Prüfung« zu vertreten. Es gibt vielmehr einen inneren Legitimationsgrund des Glaubenssinnes oder – ethisch gesehen – des Gewissens, der, ähnlich dem kategorischen Imperativ Kants, das Individuum auf (kirchliche) Universalisierung verpflichtet. Aber diese Universalisierung wird eben in innerer Klärung aus sich selbst heraus erreicht. Daher gilt nicht die äußere Alternative von Unterwerfung oder Rebellion. Manchmal hat man den Eindruck, unsere Glaubenshüter sähen die Prüfung des Richtigen nur externalistisch an – das aber wäre das Ende des kommunikativ-dialogischen Wahrheitsverständnisses des letzten Konzils (vgl. die Konstitution *Dei Verbum*).

## Das Problem des Dissenses

Die Art, wie das Problem des »Dissenses« definiert wird – »öffentliche Oppositionshaltung gegen das Lehramt der Kirche« (Nr. 32) –, zeigt übrigens auch diese zirkuläre Beweisführung, indem in die Definition schon hineingelegt wird, was später angeprangert werden soll: Instrumentalisierung der Öffentlichkeit, dauerhafte Voreingenommenheit, alternative Gegenposition. Ich möchte sehen, wer sich mit diesem Bild identifiziert. Aber, wenn es gar niemanden gibt – ist dann das Problem des Dissenses erledigt? Ganz bestimmt nicht! Der »Dissens« ist freilich anders zu definieren: als eine genau umgrenzte Abweichung von einer Lehrposition bzw. von ihrer theologisch-argumentativen Begründung, die ihre Bedeutung erst durch die Mängel an Rezeption dieser Lehrposition in der Kirche erhält und die der dadurch für sie entstehenden »Zwischenposition« nicht ausweichen kann. Insofern sich Theologie nicht der Kirche im ganzen entziehen kann, kann sie sich auch nicht der Öffentlichkeit ihrer Spannungen entziehen.

Die Ausführungen der Instruktion über das Problem des Dissenses setzen neben der fragwürdigen Definition des Dissenses eine Sozio-Analyse voraus, die für das Phänomen der in der Kirche vorhandenen größeren Gruppierungen mit abweichenden Überzeugungen in moralischen Einzelfragen nicht zutreffend ist. So wird eine denunzierende Sprache bevorzugt. Der »philosophische Liberalismus« (eigentlich doch eine Bekämpfung der Willkür im Namen der Pflicht!) wird ausschließlich unter dem Gesichtspunkt des Relativismus gesehen (vgl. Nr. 32).

Ein ebenso denunzierendes Wort ist der »Konformismus« oder die normierende Kraft der Massenmedien. In diesem Kontext wird als »verbreitete Meinung« angeprangert, das Lehramt könne sich »z. B. mit wirtschaftlichen und sozialen Fragen befassen, solle aber alles, was Ehe und Familienmoral betrifft, dem Urteil des einzelnen überlassen« (Nr. 32). Ich fühle mich da persönlich mitverunglimpft, weil ich öfter vorgeschlagen habe, weniger die Sexual- als die Sozialethik zu präzisieren. Das ist aber etwas anderes als die für solche Vorschläge vorgesehene Karikatur. Pluralismus, Relativismus, »paralleles Lehramt – das alles sind keine Worte, die abweichende Auffassungen treffen. Menschen in der Kirche, kirchliche Mitarbeiter/innen und Theologen/-innen, die z. B. in der Frage der Geburtenregelungsnorm von der Doktrin abweichen, sehen manche andere Frage wesentlich weniger relativistisch als Kirchendokumente, z. B. ob eine Diktatur von rechts oder von links kommt.

Ich schlage den Theologen der Glaubenskongregation vor, die Auffassung vom »Willkürcharakter von wandelbaren Meinungen« (Nr. 35) einmal konsequent auf die analytischen Positionen ihres Chefs und ihre Entwicklung anzuwenden. Zwischen der Diagnose der Moderne, die Ratzingers Konzilskommentaren zugrunde liegt, und der Diagnose, die er seit einigen Jahren bevorzugt, liegen Welten, ohne daß sich die Welt inzwischen so entscheidend verändert hätte – sieht man einmal vom Sieg des »Liberalismus« über den totalitären Kommunismus ab.

»Paralleles« Lehramt oder »oberstes Lehramt des Gewissens« (Nr. 38) sind Denunziationen der Auffassung, die Theologie habe einen Auftrag der Kirche im ganzen, welcher von der Instruktion selbst eingangs recht gegeben wird, und der Auffassung, das Gewissen sei in sittlichen Entscheidungen die letzte, der Sache und der Person nächstliegende Instanz (regula ultima proxima), eine Lehre, die in der Instruktion ebenfalls indirekt akzeptiert wird. Was also soll die Denunziation von Auffassungen, die mit »systematischer Opposition« nicht das geringste zu tun haben, wohl aber mit zentralen Auffassungen der kirchlichen Lehre selbst?

Das Ausgrenzungsvokabular muß seine Funktion haben. Der Verdacht ist nicht von der Hand zu weisen, daß es der Augenwischerei für schlecht oder nur halb Informierte dienen soll, leicht zu deklamieren, deshalb mediengerecht. Aber die Medien »durch das Ausüben von Druck auf die öffentliche Meinung« zu benützen, »kann ... nicht zur Klärung von lehrhaften Problemen beitragen und der Wahrheit dienen«. Das steht in der gleichen Instruktion (vgl. Nr. 30), aber gegen den einzelnen Theologen gerichtet. Man kann solche Widersprüche nicht ohne einen Anflug von bitterem Humor zur Kenntnis nehmen. Es ist der gleiche bittere Humor, mit dem *Karl Rahner* den Satz formuliert hat: »Rechtlich und machtmäßig ist einer unten in der Kirche eigentlich hilflos.« (Publik-Forum vom 16. 11. 1979, S. 1) Die Ausführungen über das »Problem des Dissenses« sind weitgehend Schießübungen auf Pappkameraden. Hätten sie die differenzierte Diskussion zwischen US-amerikanischen Bischöfen und Theologen über das »Recht auf Dissens« zur Kenntnis genommen, dann hätten sie die konstruktiven Ausführungen über die Zusammenarbeit zwischen Lehramt und Kirche (vgl. besonders Nr. 24 bis 30) nicht für den zugestandenen Fall von Spannungen immer nur auf den *einzelnen* Theologen übertragen. Die Vereinzelung des Theologen (eine Theologin gibt es ja nicht!) ist eine der üblichen Strategien, um ihn einer spirituellen Einzelbehandlung zu unterziehen. Dabei zeigen die bisherigen Ereignisse, die »durch Ergreifen beschwerlicher Maßnahmen« (Nr. 37) seitens der Behörde gekennzeichnet sind, daß durch die Bestrafung des einen die Angst des andern gefördert werden soll (und oft auch gefördert wird).

Die »Vorgehensweisen« sind »verbesserungs«fähig. Das klingt hoffnungsvoll (vgl. Nr. 37). Aber ungerecht sind sie deshalb nicht (vgl. ebd.). Schon gar nicht haben die Geschichten, die *Bernhard Häring* und *Leonardo Boff* erzählen, etwas mit »der Verletzung von Menschenrechten« (ebd.) zu tun? Nicht doch manchmal ein ganz klein bißchen? Oder wird die Ausstattung mit Menschenrechten, von denen man doch wohl sagen kann, daß sie »in sich selber mit den Forderungen des Glaubens übereinstimmen und seine Anwendung im Leben fördern« (diese formale Kategorie findet sich im Text Nr. 16!), an der Kirchentür abgegeben?

## Glaube und Moral: um neue Foren des Dialogs

Die Ausführungen, die sich direkt auf die Fragen von Glauben und Moral (vgl. Nr. 16 und 17) sowie auf das Maß der Autorität bzw. der von ihr geforderten Zustimmung (vgl. Nr. 23 und 24) beziehen, vernachlässigen die Regeln des Dialogs, die später (vgl. Nr. 25 ff.) aufgestellt werden: »Dort, wo die Gemeinschaft im Glauben auf dem Spiele steht, gilt der Grundsatz der ›unitas veritatis‹ (Einheit der Wahrheit); wo Gegensätze bleiben, die diese Gemeinschaft nicht in Frage stellen, wird man die ›unitas caritatis‹ (Einheit der Liebe) wahren müssen.« (Nr. 26) Wenn dies so ist, dann ist es in der Tat höchste Zeit für eine »Zivilisation der Liebe« in der Kirche in einigen Moralfragen, für die bisher nie gezeigt werden konnte, inwiefern mit ihnen »die Gemeinschaft im Glauben auf dem Spiele steht«. Der Duktus der dogmatischen Ausführungen – unfehlbare Lehre in Sachen der Moral, ohne präzise Angabe, worauf sich dies bezieht; »inneres Schlechtsein« von »Akten«, obwohl diese als »Akte« nur auf der Metaebene doktrinärer Beschreibung vorkommen; undifferenzierte Zuständigkeit »für das ganze Moralgesetz«,

d. h. auch für die natürliche Sittlichkeit – läßt nicht erkennen, daß ein »Dialog der Liebe« mit gewichtigen Auffassungen der gegenwärtigen systematischen Theologie geführt wurde, obwohl diese in der »unitas veritatis« stehen. Um dies zu verdeutlichen, erlaube ich mir, *Peter Knauers* Analyse der Bekenntnisformel des Treueides zu zitieren, der einerseits darauf verweist, daß »noch nie eine Sittennorm zum Dogma erklärt worden« sei, und der sich andererseits dagegen verwahrt, daß auch »der Bereich des ›Natürlichen Sittengesetzes‹ Gegenstand endgültiger Definition werden« kann. Die Relevanz der Glaubenslehre in Sittensachen führt er (mit der thomanischen Tradition) darauf zurück, daß der sittliche Akt erst in der Gnade heilsbedeutsam werde.[5]

Es geht nicht darum, die kirchliche Bindung theologischer Aussagen und die lehramtliche Zuständigkeit in Fragen der Glaubensverkündigung bzw., davon abgeleitet, der Morallehre in irgendeiner Weise in Frage zu stellen. Wohl aber muß man sich auf die Möglichkeit der Reform bestimmter lehramtlicher Aussagen berufen, die in der Instruktion hervorgehoben worden ist. Es gibt »gemischte« Aussagen, die nicht allein aus theologischer Kompetenz und aus kirchlicher Zuständigkeit abzuleiten sind. Solche Aussagen sollten auch als reformierbare Aussagen erkennbar bleiben.

Der Streit um die Geburtenregelungsnorm hat in mancherlei Hinsicht Ähnlichkeiten mit dem Ablaßstreit im 16. Jahrhundert, dessen Folgen für die Kirche schlimm waren. Auch im Ablaßstreit ging es nicht um zentrale Aussagen des Glaubens, sondern um eher periphere und zeitbezogene Übertreibungen des kirchlichen Anspruchs auf die Verwaltung der Gnadenmittel. Ähnlich geht es im Streit um die lehramtliche Weisung zur Geburtenregelung darum, daß die

---

5 P. Knauer, *Der neue kirchliche Amtseid,* in: Stimmen der Zeit 208 (1990) 93–101, Zitate S. 95 und 99.

Kirche die primäre Verantwortung der Eheleute ohne Not überspringt.[6]

Über die Frage der Geburtenregelung gibt es seit 1968 zwischen den moraltheologischen Schulen keinen hinreichenden Austausch; vielmehr deklamiert man aneinander vorbei. Manche mögen denken, strittige Fragen immer wieder durch die zuständige Autorität klären zu lassen. Angesichts der mangelnden Reife der wissenschaftlichen Debatte ist dies aber nicht möglich. Aussagen werden um so strittiger sein, je definitorischer sie sind. Folgende Fragen sind wichtig:

– die Grade der Verbindlichkeit lehramtlicher Aussagen in Fragen der Moral, insbesondere in Fragen »gemischter« Urteile, die auch den derzeitigen Stand wissenschaftlicher Erkenntnisse einbeziehen müssen;

– die Frage der »in sich schlechten Handlung«, die auf der abstrakten Ebene der Doktrin behauptet, aber auf der konkreten nicht nachgewiesen wird;

– die Bedeutung der Rezeption kirchlicher Moralnormen bzw. der Nicht-Rezeption und im Zusammenhang damit die Bedeutung der aus dem Glauben heraus praktisch gelebten Überzeugungen der Gläubigen (die man nicht einfach als bloße »Meinungen« interpretieren darf).

Zur Behandlung dieser Fragen sollten auf teilkirchliche Initiative Kommissionen eingerichtet werden, in der die dafür nötigen unterschiedlichen Kompetenzen (aus Wissenschaft, Theologie und praktischer Erfahrung) sich ergänzen und wirklich frei miteinander austauschen können.

---

6 Vgl. D. Mieth, *Geburtenregelung. Ein Konflikt in der katholischen Kirche,* Mainz 1990.

## »Nicht schweigen, selber handeln ...«

Abschließend möchte ich einige Äußerungen einander gegenüberstellen:

- ▷ »Für eine loyale Einstellung, hinter der die Liebe zur Kirche steht, kann eine solche Situation (der persönlichen Abweichung) gewiß eine schwere Prüfung bedeuten. Sie kann ein Aufruf zu schweigendem und betendem Leiden in der Gewißheit sein, daß, wenn es wirklich um die Wahrheit geht, diese sich notwendig am Ende durchsetzt.« (Instruktion, Nr. 31)
- ▷ »Man muß sich wehren, auch wenn der Widerstand, der dem Christen in der Kirche gestattet ist, zunächst erfolglos bleibt.« (Karl Rahner, Publik-Forum vom 16. 11. 1979, S. 19)
- ▷ »Wir erwarten, daß man unsere Freiheit respektiert, wo immer wir nach bestem Wissen und Gewissen unsere begründete theologische Überzeugung aussprechen oder publizieren.« (Erklärung »Für die Freiheit der Theologie« von 1968, u. a. mit der Unterschrift von J. Ratzinger)
- ▷ »Die Theologen können sich nicht mehr unter Berufung auf die Wissenschaft aus den Fragen des kirchlichen Lebens heraushalten. Auch sie haben, wo immer wesentliche Belange der Kirche und Konsequenzen ihres Faches auf dem Spiele stehen, in geeigneter Weise Stellung zu beziehen. Jedermann in der Kirche, ob im Amt oder nicht, ob Mann oder Frau, hat das Recht und oft die Pflicht, über Kirche und Kirchenleitung zu sagen, was er denkt und was er zu tun für nötig erachtet.« (Erklärung »Wider die Resignation« von 1972, u. a. unterzeichnet von W. Kasper)

Die zuletzt zitierte Erklärung schlägt vor: »1. Nicht schweigen... 2. Selber handeln... 3. Gemeinsam vorgehen... 4. Zwischenlösungen anstreben.« Was die beiden letzten

Punkte betrifft, so setzt man sich nicht nur für »Solidaritätsgruppen« ein, sondern sagt dezidiert: »Diskussionen allein helfen nicht. Oft muß man zeigen, daß man es ernst meint. Ein Druck auf die kirchlichen Autoritäten im Geist christlicher Brüderlichkeit kann legitim sein dort, wo Amtsträger ihrem Auftrag nicht entsprechen.«

Dies hört sich an wie eine Ermutigung zur späteren »Kölner Erklärung« von 1989, von der es in einem Kommentar von Johannes Schidelko zur Instruktion heißt: »Allerdings dürfte die ›Kölner Erklärung‹ – Ratzinger: die ›Explosion eines bereits länger schwelenden Konflikts‹ – durchaus zu einer letzten Aktualisierung des Textes beigetragen haben.« (Katholisches Sonntagsblatt, 8. 7. 1990, Nr. 27, S. 6)

Das letzte Wort soll die »Instruktion« der Glaubenskongregation haben – ihr Bibelzitat sei daher besonders hervorgehoben: »Theologische Wissenschaft, die sich um das Verständnis des Glaubens in Antwort auf die Stimme der sie ansprechenden Wahrheit bemüht, hilft dem Volk Gottes, gemäß dem Auftrag des Apostels (vgl. 1 Petr 3,15) dem, der nach seiner Hoffnung fragt, Rede und Antwort zu stehen.« (Nr. 6)

Peter Hünermann

# Das Lehramt und die endliche Gestalt der Glaubenswahrheit

## Überlegungen zur römischen Instruktion über die kirchliche Berufung des Theologen

Den Anlaß der vorliegenden Instruktion bilden zweifellos die Stellungnahmen katholischer Theologen zur gegenwärtigen Kirchenpolitik und zu den römischen Verlautbarungen über die Sexualmoral im vergangenen Jahr. Das römische Dokument wendet sich an die Bischöfe, die es den Theologen vorlegen sollen. Der aufmerksame Leser verspürt in jedem Abschnitt den hohen Reflexionsgrad und das grundsätzliche Gewicht, das diesem Dokument zugemessen wird.

Wegen ihres prinzipiellen Charakters bedarf die vorgelegte Instruktion einer gründlichen Reflexion. Die folgenden Überlegungen zielen nicht auf eine umfassende Würdigung. Sie wollen auf einen Grundzug der Glaubenswahrheit aufmerksam machen, der von großer Bedeutung für die Beurteilung von Lehramt und Theologie ist, im Dokument aber nicht hinreichend beachtet wird.

### *Zum 1. Kapitel:*
### Die Wahrheit, ein Geschenk Gottes für sein Volk

Dem grundsätzlichen Charakter der Instruktion entsprechend, wird im Eingangskapitel ein biblischer Wahrheitsbegriff entwickelt.

»Von grenzenloser Liebe bewogen, hat Gott dem Menschen auf der Suche nach der eigenen Identität nahe sein und sein Weggefährte werden wollen (vgl. Lk 24,15). Er wollte ihn ferner von den Fallstricken des ›Vaters der Lüge‹ (vgl. Joh 8,44) befreien und ihm Zugang zu einem innigen Verhältnis zu Gott schenken, damit er dort die volle Wahrheit und die wahre Freiheit in Überfülle finde« (Nr. 2). Aufgabe des Gottesvolkes ist es, dieses »Geschenk der Wahrheit zu bewahren und weiterzugeben« (Nr. 3).

Es wird in diesem Kapitel nicht näher ausgeführt, daß der Kirche diese Wahrheit nicht in ihrer Vollendungsgestalt, sondern im Zeugnis Jesu Christi gegeben ist. Er ist gekommen, »von der Wahrheit Zeugnis abzulegen« (Joh 18,37). Der Glaube ist trotz seiner eschatologischen Unbedingtheit eine vergehende, endliche Gestalt der Wahrheit (vgl. 1 Kor 13,8–12).

Weil der Glaube endliche Gestalt der endgültigen Wahrheit ist, gekennzeichnet durch Rätselhaftigkeit und Stückhaftigkeit, ist er verwiesen auf die vielen Weisen, in denen sich Wahrheit zeigt und offenbart. Die Beziehung auf die vielen Gestalten der Wahrheit ist dem Glauben wesentlich. Paulus mahnt deswegen im Namen des Glaubens: »Prüfet alles, was gut ist, behaltet!« (1 Thess 5,21). Thomas von Aquin leitet die Antwort auf die Frage »Ob alle Wahrheit von der ersten Wahrheit stammt?« mit der lapidaren Feststellung ein: ». . . in den geschöpflichen Dingen findet sich die Wahrheit in den Dingen und in der Vernunft« (De ver. 1.1, a. 8c.).

Die grundsätzliche Eigenständigkeit *und* Angewiesenheit des Glaubens auf die anderen Gestalten der Wahrheit hat im II. Vatikanum einen zeitgemäßen Ausdruck gefunden. In der Pastoralkonstitution »Gaudium et spes«, in Art. 44 wird dankbar bestätigt, wie durch wissenschaftliche Forschung und Kultur »neue Wege zur Wahrheit eröffnet« werden, »die der Kirche nützen«.

Bei aller Verwiesenheit der Glaubenden auf die vielfältigen Wege und Gestalten der Wahrheit bleibt der Glaube für sie die formgebende Kraft, die in Welt und Geschichte begegnenden Gestalten der Wahrheit anzuerkennen (vgl. GS 45).

## *Zum 2. Kapitel:* Die Berufung des Theologen

Die Instruktion skizziert zunächst den Ursprung von Theologie – verstanden als »tieferes Verständnis des Wortes Gottes« (Nr. 6) – aus dem »inneren Leben« und der »missionarischen Berufung« des Volkes Gottes (Nr. 7). Konstitutiv für dieses Verstehen ist die wahrheitsfähige Vernunft des Menschen. Daher erfordert die der Theologie eigene Aufgabe die Einbeziehung philosophischer Einsichten und historischer wie humanwissenschaftlicher Forschungsergebnisse (Nr. 10). In bezug auf »begriffliche Elemente und Methoden, die von der Philosophie oder anderen Wissenschaften herstammen«, wird die »geoffenbarte Lehre« als letztes normgebende Prinzip bezeichnet. Sie muß der Theologie »die Kriterien für die Beurteilung dieser begrifflichen Elemente und Methoden an die Hand geben und nicht umgekehrt« (Nr. 10). Bereits vorher hieß es, daß der »übernatürliche Glaubenssinn« die Reflexion der Theologen leitet und »die Richtigkeit seiner Ergebnisse messen läßt« (Nr. 8).

Daß sich die Notwendigkeit von Theologie – mit den genannten wissenschaftlichen Charakteristiken – aus dem Glauben ergibt, hängt damit zusammen, daß der Glaube eine endliche Gestalt der unendlichen göttlichen Wahrheit ist. Daraus ergibt sich die Notwendigkeit, hinsichtlich der angegebenen Kriteriologie zu differenzieren. Eine Erinnerung an die leidvolle, jüngere Theologiegeschichte unterstreicht dies eindrucksvoll. Häufig wurden im Namen der geoffenbarten Lehre begriffliche Momente und Methoden verworfen, die man später – stillschweigend – anerkannte. Die zahlreichen lehramtlichen Erklärungen zu exegetischen Fragen in den ersten Jahrzehnten dieses Jahrhunderts bilden ein beredtes Beispiel. Gegen den breiten wissenschaftlichen Konsens von Exegeten wurde an Mose als Urheber des Pentateuch festgehalten (vgl. DS 3397); die Reden des johanneischen Christus wurden dem geschichtlichen Jesus in den Mund gelegt (vgl. DS 3400) usw.

Der sensus fidei, ohne Sachverstand als Kriterium eingesetzt, ist blind und zerstörerisch. Positiv formuliert: Die geoffenbarte Lehre und der übernatürliche Glaubenssinn können ihre Funktion als letztes formgebendes Kriterium nur in Verbindung und Bündelung mit anderen Kriterien ausüben. Diese notwendige Zusammengehörigkeit gründet im oben skizzierten Charakter des Glaubens. Der Glaube kann nur letztes Kriterium der Theologie sein, wenn er die vorletzten Kriterien anerkennt und einbezieht.

Weil Theologie die Glaubenswahrheit zum Gegenstand und die Wissenschaftlichkeit zur Form hat, unterliegt sie den Bedingungen der Wissenschaft. Zu deren wesentlichen Konditionen zählt die Freiheit von Forschung und Lehre.

Der letzte Abschnitt dieses Kapitels (Nr. 12) spricht davon.

Auffällig ist, daß in der Instruktion lediglich von der »Freiheit der Forschung« (Nr. 12) die Rede ist, nicht von der Freiheit der wissenschaftlichen Lehre. Forschung und Lehre gehören aber unlösbar zusammen. Eine Verkürzung auf die Freiheit der Forschung unter Ausschluß der Freiheit der Lehre destruiert die Wissenschaft.

Die Freiheit der Forschung bedeutet – nach den Worten der Instruktion – »die Bereitschaft, die Wahrheit so anzunehmen, wie sie sich am Ende einer Forschungsarbeit darbietet, bei der kein Element Einfluß gewinnt, das den Erfordernissen einer dem studierten Objekt entsprechenden Methode fremd ist« (Nr. 12). Damit wird die Freiheit der Wissenschaft in einer merkwürdigen Weise umdefiniert. Der jahrhundertelange Kampf um die Freiheit der Wissenschaft zielte auf die Gewährleistung eines Freiraums für den *Prozeß* wissenschaftlicher Wahrheitssuche und die eigenverantwortliche Weitergabe eigener und fremder Forschungsergebnisse. Freiheit der Wissenschaft gibt es nicht einfach; sie ist nicht im Verhalten des Wissenschaftlers zu finden. Vielmehr erfordert sie die Selbstbindung der öffentlichen Autorität und die Abschirmung anderer wissenschaftsfremder Einflüsse. Die Gewährleistung einer solchen notwendigerweise institutionellen Freiheit der Wissenschaft ist in sich nicht grenzenlos, sondern vom jeweiligen Typus der Wissenschaft her bestimmt. Es ist kein Raum schrankenloser Beliebigkeit.

Ein solcher institutioneller Rahmen fehlt für die Theologie weitgehend. In der apostolischen Konstitution »Sapientia christiana« über die kirchlichen Universitäten und Fakultäten (1979) kommt der Terminus Freiheit der Wissenschaften vor, ohne daß Ausführungsbestimmungen gegeben wären. Die Richtlinien bieten aber zahlreiche Handhaben zum Vorgehen der kirchlichen Autoritäten gegen Dozenten, speziell aus Lehrgründen oder dem Interesse der Kirchendisziplin (vgl. Sapientia Christiana, Art. 30; Verordnungen, Art. 10.22).

Die kirchenrechtliche Gewährleistung der Freiheit von Forschung und Lehre im Bereich der Theologie ist ein dringliches unaufschiebbares Postulat. Es geht nicht darum, dem Magisterium von Papst und Bischöfen ein »paralleles« Lehramt entgegenzusetzen oder gar überzuordnen. Es geht um einen unabdingbaren Freiraum, der seine Kriterien am Wesen der Theologie findet. Die Instruktion selbst beschreibt diese: Der Gegenstand der Theologie ist von der Offenbarung gegeben; zu ihrer öffentlichen Wahrung und Auslegung sind Papst und Bischöfe bestellt (vgl. Nr. 12). Die Einräumung eines institutionell umgrenzten Bereiches ist notwendig, wenn Theologie unter den heutigen Umständen überhaupt als Wissenschaft betrieben werden soll. Die Anerkennung dieses Prinzips der Freiheit von Forschung und Lehre für die Theologie stellt eine ebenso unumgängliche Forderung dar wie die Anerkennung der Religionsfreiheit und der übrigen Menschenrechte auf dem II. Vatikanum.

Man wird dankbar erkennen, daß sich die Situation in Deutschland aufgrund der staatlichen theologischen Fakultäten und der Maßgeblichkeit, die sie im Blick auf kirchliche Hochschulen haben, wohltuend abhebt von der Situation im Blick auf die gesamte Kirche. Ähnliches gilt von den USA aufgrund der 1989 verabschiedeten bischöflichen »Guidelines«. Es geht aber um die gesamtkirchliche Problematik.

Wie stark disziplinierende Maßnahmen selbst im deutschen und österreichischen Bereich durchschlagen, zeigt die Mitteilung des Nuntius an die österreichische Bischofskonferenz, die im »Rheinischen Merkur« vom 22. Juni 1990 zitiert wird: »Jene Unterzeichner (der sog. Kölner Erklärung, d. Vf.), die schon als Professoren im Amt sind, werden nicht berührt. Jene aber, die sich um ein Amt bewerben, werden laut römischer Entscheidung nicht zugelassen. Dies ist nicht einfach eine Disziplinierung, sondern entspringt der Sicht der Kirche als ›Communio‹. Die Einzelnen müssen die ›Communio‹ fördern, sei es gegenüber dem Papst wie gegenüber den Bischöfen. Journalisten etc. mögen in dieser Hinsicht richtig instruiert werden. Das alleinige Ziel ist: Daß Christus mehr erkannt und geliebt wird« (Nr. 25, S. 24).

*Zum 3. Kapitel:*
## Das Lehramt der Hirten

In äußerst geraffter Form handelt das Kapitel über das Lehramt der Hirten zunächst von der Aufgabe des Volkes Gottes, kraft des Geistes die geoffenbarte Wahrheit zu erhalten und weiterzugeben (Nr. 13). Die Autorität der Bischöfe wird als »einzige authentische Instanz für die Auslegung des geschriebenen oder überlieferten Wortes Gottes« (ebd.) bezeichnet, das dem Volke Gottes die Möglichkeit garantieren soll, »den echten Glauben jederzeit und in den verschiedenen Situationen irrtumsfrei zu bekennen« (Nr. 14). In den folgenden Abschnitten werden die unterschiedlichen Verbindlichkeitsgrade lehramtlicher Äußerungen aufgezählt und erläutert.

Die endlichen Züge der Lehrverkündigung, die sich aus dem Glauben ergeben, werden nicht näher thematisiert. Die Nachfolger der Apostel sind keine Träger der Offenbarung, sondern Zeugen des apostolischen Glaubens, der ihnen – wie allen Gläubigen, auch den Theologen – in den Glaubenszeugnissen von Schrift und Tradition vorliegt. Der Beistand des Geistes entbindet sie nicht von der Arbeit und Mühe, den Glauben in rechter Weise aus diesen Zeugnissen zu erheben und zu verstehen. Dabei sind sie in mannigfacher Weise auf andere angewiesen, auf den Glauben des Volkes Gottes im Ganzen, auf Gläubige, die den Glauben exemplarischerweise leben und verstehen, auf Theologen, die die Sachverhalte des Glaubens aufzuhellen suchen, usw.

Die Geschichte lehrt – nicht minder als jede Sonntagspredigt –, daß bei dieser Arbeit der Hirten Einseitigkeiten in der Auslegung des Glaubens, Entstellungen, ja Blindheiten vorkommen können. Geschichtliche Vorurteile kennzeichnen diese Auslegungsgeschichte ebenso wie hier und dort auftauchende sündhafte Verzerrungen. Bis zum Ende des 19. Jahrhunderts besaßen Kirche und Klöster Brasiliens Sklaven und rechtfertigten dies. Der Hexenwahn war eine allgemeine schlimme Verwirrung der europäischen Kirchen. Sicher haben die Bischöfe die Aufgabe, nach Kräften dafür zu sorgen, daß dem Volk Gottes ein irrtumsfreier Glaube ermöglicht wird, aber können sie dies »jederzeit« und »für die unterschiedlichen Situationen« garantieren? Ist die Liste der glaubensgefährdenden Zeitirrtümer, welche den Arbeiten des I. Vatikanums zugrunde lag, als erschöpfend zu betrachten?

Nur im Hören auf die Zeugnisse der Schrift und der Tradition, im Merken auf die Beispiele lebendigen Glaubens, im Achten auf die Verkündigung und die kirchliche Lehre, im Lauschen auf die innere Führung durch den Geist und aus einem angemessenen Vernunftgebrauch erwächst Christen die angemessene Orientierung im Glauben. Kein Moment kann und darf isoliert gesehen werden. Damit wird weder die amtliche Verkündigung und Lehre bestritten noch ihr Gewicht gemindert. Wohl aber ergibt sich aus dem dienenden Charakter der lehramtlichen Aussagen, daß sie ihrer Natur nach in den genannten Kontext gehören und im Zusammenhang mit den anderen Glaubenszeugnissen zu hören und zu verstehen sind.

Eigentümliche Züge der Endlichkeit weisen auch die irreformablen Glaubensdefinitionen auf. Es kann nie der Glaube im Ganzen und ein für allemal dogmatisiert werden. Definiert werden kann immer nur ein bestimmter, festumrissener Sachverhalt. Der Beistand des Hl. Geistes, der dem Lehramt zugesprochen wird, die sogenannte assistentia negativa, besagt nicht, daß der betreffende, zuvor meist strittige Sachverhalt auf die gelungenste, Mißverständnisse sicher ausschließende Weise gefaßt ist. Dieser Beistand garantiert auch nicht, daß dieser Sachverhalt erschöpfend ausgesagt ist. Der Beistand des Geistes gibt die Gewähr, daß die

Annahme der Lehramtsentscheidung im Glauben nicht vom Evangelium wegführt.

Im Bezug auf die »definitiven« lehramtlichen Aussagen ergibt sich – durch geschichtliche Erfahrung bezeugt – ebenso eine zu bedenkende Grenze. Definitive Lehraussagen beziehen sich auf Sachverhalte, die »nicht in den Glaubenswahrheiten enthalten, wohl aber mit ihnen innerlich so verknüpft sind, daß ihr definitiver Charakter letztlich sich von der Offenbarung selber herleitet« (Nr. 16).

Es gibt in der kirchlichen Tradition über Jahrhunderte dauernde Symbiosen mit philosophischem Gedankengut – z. B. aus der stoischen Ethik –, daß dieses sich gleichsam aus der biblischen Offenbarung selbst zu legitimieren scheint. Ergeben sich im Rahmen geschichtlicher Umbrüche neue Einsichten, dann entstehen leicht Konflikte, weil vorgeblich definitive lehramtliche Aussagen doch keine zeitenüberdauernde Plausibilität besitzen.

## *Zum 4. Kapitel:*
## Lehramt und Theologie

### 1. Die gegenseitige Zusammenarbeit

Nach einer knappen Charakteristik von Beziehung und Zusammenarbeit von Amtsträgern und Theologen wird festgestellt, mit welcher Art der Zustimmung der Theologe jeweils auf lehramtliche Äußerungen zu antworten hat. In der zweiten Hälfte des Abschnittes werden auftretende Spannungen und Schwierigkeiten behandelt.

Die oben aufgewiesenen Grenzen der Instruktion, die Endlichkeit der Gestalt des Glaubens und die Konsequenzen dessen für die Bestimmung von Lehramt und Theologie nicht eigens zu thematisieren, zeigen sich in diesem Kapitel deutlich. In bezug auf die lehramtlichen Äußerungen reformabler Art heißt es: »In diesem Bereich von Äußerungen der Klugheit ist es vorgekommen, daß Lehrdokumente nicht frei von Mängeln waren. Die Hirten haben nicht immer gleich alle Aspekte oder die ganze Kompliziertheit einer Frage erfaßt« (Nr. 24). Damit wird der Eindruck erweckt, als könnten in den anderen lehramtlichen Äußerungen Mängel nicht auftreten oder als würden dort immer gleich alle Aspekte und die ganze Kompliziertheit der Frage erfaßt werden. Dieser Eindruck verstärkt sich noch durch die Ausführungen in Nr. 28: Hier scheint unterstellt zu werden, daß es fundiert erscheinende Schwierigkeiten eines Theologen mit den Äußerungen des Lehramtes nur im Bereich der reformablen Äußerungen des Lehramtes geben kann bzw. dort, wo ein Zweifel am irreformablen Charakter von Lehräußerungen auftaucht. Sollte dies gemeint sein, so wird Wesentliches übersehen.

Zwei Beispiele zur Illustration:

1. Als die Väter von Nikaia 325 die Gleichwesentlichkeit des Sohnes und des Vaters definiert hatten, erschütterten die Auseinandersetzungen um diese Definition die Kirche fast ein halbes Jahrhundert lang. Dabei ging es nicht darum, diesem Text seinen konziliaren, d. h. irreformablen Charakter abzusprechen oder ihn in Zweifel zu ziehen. Es ging um das Verständnis und die Tragweite der Definition selbst. Kardinal Newman weist zu Recht darauf hin, welche Rolle bei diesen Zwistigkeiten der Bischöfe das Volk Gottes mit seinem Glaubenssinn für die Wahrung des Glaubens gespielt hat.

2. Im Anschluß an das I. Vatikanum wurden von den Konzilsvätern sehr unterschiedliche Standpunkte hinsichtlich des Umfanges der von jetzt ab als unfehlbar anzusehenden Sentenzen des Papstes vertreten. Die sogenannten »Maximalisten« zählten z. B. die Sätze des Syllabus dazu und kamen

dadurch auf eine hohe Zahl von Dogmen. Andere bestritten dies entschieden.

Fazit: Beide Beispiele zeigen, daß jede Definition vom Zeitpunkt der Definition ab einer sachkundigen Auslegung bedarf. Die wichtigsten Spannungen und Strittigkeiten zwischen Theologie und Lehramt bzw. einzelnen Vertretern des Lehramtes finden sich gerade auf diesem Gebiet. Dabei bildet zumeist weder die Verbindlichkeit des Dogmas noch der Wortlaut den Streitpunkt, sondern die angemessene Auslegung. Es gibt keine Felder der Lehre, auf dem Bischöfe und Theologen nicht aufeinander verwiesen sind, Spannungen und ernsthafte Schwierigkeiten begründeter Art nicht auftreten könnten.

Nicht nur für die Theologen (vgl. Nr. 28), sondern ebenso für Papst und Bischöfe gilt bei solchen Strittigkeiten und Spannungen, daß die Berufung auf die eigene Subjektivität nicht genügt, sondern Gründe ausschlaggebend sein müssen, wobei die Gründe der Kirchenleitung und der Theologen nicht schlechthin deckungsgleich sein werden. Hier spielen die unterschiedliche Kompetenz und der verschiedene Dienst eine entscheidende Rolle.

Die Lösung der Schwierigkeiten setzt, nach der Instruktion »die Grundhaltung einer Bereitschaft«, voraus, »die Lehre des Lehramtes loyal anzunehmen« (Nr. 29). Die Lösung der Schwierigkeiten setzt aber auch beim Lehramt – und dies wird nicht angesprochen – die Bereitschaft zum genauen Hören und Lernen aus den in der Diskussion vorgetragenen theologischen Argumenten voraus. Dabei stehen sich allerdings die Amtsträger und die Theologen nicht einfach auf einer Ebene gegenüber.

Wenn »trotz loyaler Bemühungen« Schwierigkeiten bestehenbleiben, werden die Theologen aufgefordert, ihre Probleme den Lehrautoritäten vorzutragen (Nr. 30). Als abzulehnende Alternative wird der Rückgriff auf Massenmedien genannt, um so Druck auf die öffentliche Meinung auszuüben. Nun vollzieht sich Theologie als Wissenschaft wesentlich im Raum der Öffentlichkeit. Ohne Publikationen und öffentlichen Diskurs ist Theologie als solche unmöglich. Zu ihr gehört die Möglichkeit, wissenschaftliche, d.h. theologisch begründete Bedenken gegenüber Auslegungen und Verstehensweisen des Glaubens vorzutragen. Dabei gilt selbstverständlich die Pflicht zur Anerkennung der sachgegebenen Faktoren, die Wahrung des schuldigen Respektes und die Offenheit und Bereitschaft zur Veränderung der eigenen Auffassung aufgrund der in einer sachlichen Disputation vorgetragenen Gegenargumente. Treffend hat Johannes Paul II. in seiner Ansprache an die Theologen in Altötting darauf hingewiesen, daß die Ausarbeitungen der Theologen jeweils »ein Angebot für die ganze Kirche« darstellen. »Vieles muß im brüderlichen Gespräch korrigiert und erweitert werden, bis die ganze Kirche es annehmen kann« (zitiert in Nr. 11).

Aus der Beobachtung der öffentlichen Diskurse der Theologie gewinnt das Lehramt Anregungen dafür, »die Lehre der Kirche gründlicher und besser begründet vorzulegen« (Nr. 30), nicht aus der persönlichen Eröffnung des einzelnen Theologen dem Papst oder seinem Bischof gegenüber, er habe Probleme mit dieser oder jener kirchlichen Lehre. Der Diskurs unter den Theologen braucht jeweils eine gewisse Zeit. Die kritische Auseinandersetzung unter Theologen ist zweifellos in den verschiedenen Kontinenten unterschiedlich stark ausgebildet und bedürfte in mancher Hinsicht sicherlich einer Hebung des fachlichen Niveaus.

Sehen die Bischöfe – im Verfolg der theologischen Auseinandersetzung –, daß die Thesen eines Autors mit der Substanz des Glaubens nicht vereinbar sind, dann gehört es mit zur Wahrung der Freiheit der theologischen Wissenschaft, daß sie ihr Urteil nicht fällen ohne Anhörung eines kompetenten Gremiums von Theologen, die die theologische Argumentation des Autors unter wissenschaftlichen Kriterien zu überprüfen haben. Daß dem betroffenen Theologen dabei die Möglichkeit einer Verteidigung und Erläuterung seiner Positionen eingeräumt werden müßte, versteht sich von selbst. Erst nach solcher theologisch-wissenschaftlichen Überprüfung dürfte eine Sanktion der Kirchenleitung – und zwar nach den Kriterien des kirchenleitenden Amtes – erfolgen. Wichtig ist in diesem Zusammenhang die sorgfältige Unterscheidung der Kompetenzen und Dienste, die den Inhabern des Amtes und den Theologen zukommen.

## 2. Das Problem des Dissenses

Der letzte Abschnitt des 3. Kapitels behandelt den Dissens zwischen Theologen und Amtsträgern. Es wird ein Bild von Dissidenten unter den Theologen entworfen, die, gespeist von der Ideologie des philosophischen Liberalismus, das Freiheitsdenken grundsätzlich über alle Autorität und Tradition stellen und – womöglich in organisierter Form – die öffentliche Meinung zu steuern suchen, um so Papst und Bischöfe unter Druck zu setzen.

Sollte es solche Gruppen geben, so richten sie sich selbst, weil sie den Glauben sowie das Wesen der Theologie verleugnen.

Ein offener Blick in die letzten zwei Jahrhunderte zeigt aber, daß es einen anderen Typus von Nichtübereinstimmung – dies meint ja wohl Dissens – geben kann, der aus anderen Wurzeln entspringt und kirchlich anders zu beurteilen ist.

In den zahlreichen römischen Dokumenten, die im Syllabus zusammengefaßt wurden, manifestiert sich z. B. ein Verständnis des Verhältnisses von Kirche und Staat bzw. von Kirche und öffentlichen Formen der Freiheit, das von vielen

Theologen jener Zeit nicht geteilt wurde. Ebenso beharrt die Enzyklika »Quanta Cura« auf dem Prinzip der Staatsreligion, entgegen dem Prinzip der Religionsfreiheit. Die Schlußformel der Enzyklika lautet:

»Deshalb verwerfen, ächten und verurteilen Wir kraft Unserer Apostolischen Autorität samt und sonders die verkehrten Meinungen und Lehren, die im einzelnen in diesem Schreiben erwähnt wurden, und wollen und gebieten, daß sie von allen Söhnen der katholischen Kirche als vollends verworfen, geächtet und verurteilt angesehen werden« (DS 2896).

Eine Reihe von Bischöfen und Theologen sahen aufgrund dieses Schlußpassus der Enzyklika in ihr eine unfehlbare Äußerung des päpstlichen Lehramtes, z. B. M. J. Scheeben. Mann kann den Theologen, die mit dem genannten Dokument nicht übereinstimmen, nicht einfach vorwerfen, sie hätten grundsätzlich die kirchliche Autorität abgelehnt, die Freiheit des Denkens über Autorität und Tradition gestellt. Sie haben aufgrund ihres Glaubens, geleitet durch Tradition und Sachverstand, ein anderes Urteil in einer höchst komplexen Angelegenheit gefällt.

Eine vergleichbare Nicht-Übereinstimmung gab es in der erwähnten Auseinandersetzung um die neueren Methoden in der Exegese und ihre Ergebnisse in den ersten Dezennien dieses Jahrhunderts. Zu solchen Phänomenen kommt es erst in der neuzeitlichen Kirchengeschichte. Die Veränderungen innerhalb der von der Wissenschaft geprägten Welt und die methodischen Innovationen laufen wesentlich schneller ab als in früheren Zeiten. Die Frage der Rezeption solcher Vorgänge in einer Kirche mit starken kulturellen Differenzen und »Ungleichzeitigkeiten« des Denkens ist schwierig.

Auf dem Hintergrund solcher geschichtlicher Erfahrungen sollte ein offenes Wort zum gegenwärtigen Problemfeld möglich sein. Zahlreiche Anspielungen in der Instruktion selbst weisen auf diesen Bereich hin: die Moral, näherhin die Sexualmoral. Hier vertritt die breite Mehrheit der Moraltheologen in Westeuropa und Nordamerika – bei aller Übereinstimmung in den Grundlinien – abweichende Sentenzen in der Beurteilung des Gebrauches von empfängnissteuernden Mitteln und einiger Aussagen in bezug auf die künstliche Befruchtung. Es handelt sich m. E. um eine ähnliche Konfliktsituation wie in den oben angeführten Beispielen. Die kirchliche Loyalität, die Bejahung der grundlegenden theologischen Prinzipien steht für mich – aus persönlicher Kenntnis – für viele dieser Moraltheologen fest. Sollte es nicht möglich sein, den Dialog, der zwischen der Deutschen Bischofskonferenz und den deutschen Moraltheologen begonnen wurde, auf übergeordneter Ebene fortzusetzen? Es müßte doch alles Erdenkliche getan werden, damit schwerwiegende Schäden, wie sie im Gefolge des Syllabus, des Modernismusstreites und der Auseinandersetzungen um die Exegese auftraten, vermieden werden. Der Schluß der Instruktion weist in diese Richtung. »Wenn Theologie und Lehramt auch verschiedener Art sind und unterschiedliche Aufgaben haben, die man nicht verwechseln darf, so geht es dennoch um zwei in der Kirche lebenswichtige Aufgaben, die sich gegenseitig durchdringen und für den Dienst am Volk Gottes einander bereichern müssen« (Nr. 40). Die Theologen werden aufgefordert, die Lösung anstehender Schwierigkeiten »in einem vertrauensvollen Dialog mit den Hirten« zu suchen, »im Geist der Wahrheit und Liebe, wie er die Gemeinschaft der Kirche kennzeichnet« (Nr. 40). Ist es vermessen, wenn der Theologe die Bitte an die Hirten richtet, auch ihrerseits die Lösung anstehender Schwierigkeiten in einem vertrauensvollen Dialog mit den Theologen zu suchen?

Avery Dulles

## Die Frage des Dissenses

Als ich zunächst aus den Nachrichtenmedien erfuhr, daß die Glaubenskongregation jeden öffentlichen Dissens in der Kirche ausschließt, dachte ich, daß ich mich, vielleicht sogar öffentlich, dagegen aussprechen müßte. Als ich dann jedoch die von der Kongregation veröffentlichte »Instruktion über die kirchliche Berufung des Theologen« las, merkte ich, daß die Berichte mir einen falschen Eindruck vermittelt hatten. Ich würde sagen, daß die Glaubenskongregation ein lautes Ausschreien öffentlichen Dissenses und die Zuhilfenahme der Medien, um die Opposition in der Kirche zu schüren, ausschließt. Sie anerkennt aber diskrete und konstruktive Kritik an autoritativen Dokumenten. Die Instruktion, so scheint mir, verbietet nicht, daß die Kritik sich in wissenschaftlichen Zeitschriften oder theologischen Kongressen, Seminaren oder sonstigen angemessenen Foren Luft macht. Was die Autoritäten nicht verbieten, ist, so meine ich, weiterhin erlaubt.

Die Instruktion ist zeitgemäß. Denn obwohl Rom ganze Serien von Enzykliken und Instruktionen veröffentlicht hat, die biblische Studien betreffen, wurde dem theologischen Anliegen keine vergleichbare Aufmerksamkeit gewidmet. Es ist das erste offizielle Dokument, das in aller Gründlichkeit die Frage des Dissenses diskutiert, was das II. Vatikanum versäumt hatte, und in mancher Hinsicht mag es als Antwort des Vatikans auf die neueren Kontroversen gelesen werden – die Auseinandersetzungen, welche die Disziplinierung verschiedener Theologen begleiten (Küng, Boff, Curran ...), die Kölner Erklärung vom 25. Januar 1989, das Glaubensbekenntnis und den Treueid, beide am 25. Februar 1989 publiziert.

Die Glaubenskongregation stellt ihre Antwort in den Rahmen einer klaren Exposition des Wesens der Theologie. Sie verweist auf die innige Beziehung von Glauben und Verstehen und auf die daraus folgende Notwendigkeit disziplinierter Glaubensreflexion (7). Sie begreift die Inhaber des hierarchischen Lehramts und die Theologen als komplementäre und voneinander abhängige Berufungen. Das Lehramt des Papstes und der Bischöfe hat dabei die Funktion, das Wort Gottes öffentlich zu verkündigen und autoritative Beurteilungen darüber abzugeben, was im Einklang mit der Offenbarung steht und was nicht (19). Die Theologie dagegen »sucht die Lehre der Offenbarung gegenüber den Ansprüchen der Vernunft zu klären und schenkt ihr schließlich eine organische und systematische Form« (21). Während sie unterschiedliche Gaben und Aufgaben haben, hat die Lehrinstanz der Kirche – das Lehramt und die Theologie – letztlich das gleiche Ziel: dem Wort Gottes zu dienen und die Kirche in Wahrheit und Einheit aufzubauen. All diese Aspekte werden nachdrücklich genannt.

Im Gefolge des neuen Glaubensbekenntnisses unterscheidet die Instruktion drei Ebenen des autoritativen Lehrens: geoffenbarte Wahrheiten, die als solche vom höchsten Lehramt gelehrt werden (Glaubensdogmen); definitive Lehren vom höchsten Lehramt in Fragen, die zutiefst mit der Offenbarung verbunden sind; und reformable Lehren, die vom Heiligen Stuhl oder den Bischöfen gelehrt werden, um Fragen des Glaubens oder der Sitte zu klären (15–17). Die angemessenen Antworten auf diese drei Typen von Verkündigung werden dementsprechend als »theologaler Glauben«, »feste Annahme« und »religiöse Zustimmung des Willens und des Verstandes« gefaßt. Die erste dieser Kategorien wurde explizit auf dem I. und II. Vatikanum grundgelegt und wird heute allgemein von Katholiken akzeptiert.

## Historischer Fortschritt

Die zweite Kategorie ist implizit in den Lehren beider Konzilien enthalten, bedarf aber weiterer Klärung. Die Glaubenskongregation nimmt hier folgende Haltung ein: Aufgrund der Verbindung von Schöpfungs- und Heilsordnung und aufgrund der Heilsbedeutung erstreckt sich die Kompetenz des Lehramts nicht nur auf die Offenbarung, sondern auch auf das Naturgesetz (16). Diese Position wird heute nicht von allen Theologen geteilt, ich selbst neige jedoch dazu, sie zu teilen, allerdings mit der Einschränkung, daß weitere Studien erforderlich sind, um diejenigen Gegenstände des moralischen Naturrechts bestimmen zu können, die als unfehlbar definiert werden können.

Die vorliegende Instruktion konzentriert sich besonders auf die dritte Ebene – die reformablen Lehren. Der lateinische Begriff *obsequium religiosum*, der aus der Kirchenkonstitution des II. Vatikanums und dem neuen Codex Iuris Canonici übernommen wird, wird hier als »religiöse Zustimmung« (submission) übersetzt.

Es hat Auseinandersetzungen darüber gegeben, ob und inwiefern eine solche Zustimmung (submission) notwendig das Einverständnis (assent) enthält. Hier macht die Glaubenskongregation einen vorsichtigen Vorstoß. Zustimmung zur reformablen Lehre, so sagt sie, muß die Regel sein, denn ein Katholik kann das Lehramt nicht als eines ansehen, das »sich bei seinen Klugheitsurteilen gewöhnlich täuschen« könne (24). Aber in einem bestimmten Fall mag ein Theologe gut begründete Schwierigkeiten mit der Lehre selbst, mit den Begründungen oder mit der Art und Weise, wie die

Lehre vorgelegt wird, haben. Ein Theologe, der damit nicht einverstanden sein kann, obwohl er sich redlich darum bemüht hat, hat nicht nur das Recht, sondern die positive Pflicht, den Lehrautoritäten vorzutragen, worin die Schwierigkeiten liegen (30). Sie mögen tatsächlich auf Mängeln in den Dokumenten beruhen. Die Anerkenntnis der Tatsache durch die Glaubenskongregation, daß das Vorbringen von Einwänden unter Umständen zu einer Weiterentwicklung der Lehre führt, stellt einen historischen Fortschritt in der offiziellen Lehre der Kirche dar. Ich sehe dies als den wichtigsten Beitrag der vorliegenden Instruktion an.

Wie zu erwarten ist, reflektiert die Instruktion das Anliegen der Begrenzung und Eindämmung des Dissenses – ein Begriff, den sie durchgängig in einem pejorativen Sinn als öffentliche Oppositionshaltung gegen das Lehramt der Kirche (32) verwendet. Theologen, so erklärt die Glaubenskongregation, sollten von einer »vorzeitige(n) Veröffentlichung« ihrer abweichenden Meinungen absehen (27); sie sollten diese Meinungen nicht so vortragen, als ginge es um »indiskutable Schlußfolgerungen« (27). Sie sollten es vermeiden, auf die Massenmedien zurückzugreifen oder zu versuchen, gegen das Lehramt den Druck der öffentlichen Meinung einzusetzen (30, 39). Ich persönlich habe keine Schwierigkeiten mit diesen Einschränkungen. Sie sind im Prinzip schlüssig, auch wenn ihre Anwendung sich in Einzelfällen als kontrovers herausstellen mag.

Die Instruktion widmet Aspekten der gegenwärtigen kulturellen Situation, die den exzessiven Dissens befördert, eine beachtliche Aufmerksamkeit. Sie warnt vor den Theorien der Forschungsfreiheit, denen es nicht gelingt, den besonderen Charakter der theologischen Disziplin zu berücksichtigen, sie wendet sich gegen die Ideologie des Liberalismus, gegen den sozialen Druck, der säkularen öffentlichen Meinung zuzustimmen, gegen die Manipulation durch die Massenmedien und gegen das Modell des Protestes, das von der politischen Gesellschaft übernommen wird. Die wahre Macht des magisteriellen Lehrens kann nach Auffassung der Instruktion von relativistischen Pluralismuskonzepten bedroht werden, die die Wirkung historischer und kultureller Bedingungen übertreiben (34). Die Glaubenskongregation erinnert ihre Leser daran, daß der »Glaubenssinn« nicht mit der öffentlichen Meinung in der Kirche gleichgesetzt werden kann (35) und daß das Gewissen keine unfehlbare Instanz ist, die dazu befähigt, auf Offenbarung und kirchliche Führung zu verzichten (38). Mit deutlicher Anspielung auf bestimmte Strömungen der Befreiungstheologie mahnt die Instruktion Theologen, sich nicht zu prophetischen Wortführern von »autonomen« Basisgemeinden zu erheben (39). All diese Punkte, wie einseitig und defensiv sie auch sein mögen, verdienen es, gesagt zu werden. Die negativen Tatbestände, die hier erwähnt werden, haben in der gegenwärtigen Theologie Schaden angerichtet und zu unnötigen Spannungen in der Kirche geführt.

In einem Absatz (37) verteidigt die Instruktion die Disziplinierung von Theologen, deren Abweichungen als zu weitgehend und unverantwortbar angesehen werden. Ihnen kann die missio canonica oder die Lehrerlaubnis entzogen werden. Einige ihrer Schriften können als mit der katholischen Lehre nicht übereinstimmend erklärt werden. Die Instruktion räumt in diesem Zusammenhang ein, daß die Vorgehensweisen der Glaubenskongregation verbessert werden können, aber sie fügt (nicht sehr überzeugend) hinzu, daß es fehl am Platz sei, von Menschenrechtsverletzungen jeglicher Art gegenüber Theologen zu sprechen (37).

Ein Satz wundert mich besonders. Im Absatz 37 sagt die Instruktion, daß »der Theologe, der mit dem ›sentire cum Ecclesia‹ nicht übereinstimmt, in einen Widerspruch zu seiner freiwillig und bewußt übernommenen Aufgabe, im Namen der Kirche zu lehren«, gerät. Eine Fußnote verweist auf *Sapientia Christiana* 27 und auf Kanon 812 des Codex Iuris Canonici, die beide davon sprechen, daß Lehrer katholisch-theologischer Fakultäten eine missio canonica und Lehrerlaubnis von kompetenten kirchlichen Autoritäten bekommen haben müssen. Keiner der beiden Texte sagt, daß Theologen »im Namen der Kirche« lehren, ein Begriff, der mir irreführend zu sein scheint. Ob die Theologen ihre Mission oder Lehrerlaubnis »freiwillig« erhalten, kann man diskutieren, zumal es in einigen Ländern praktisch unmöglich ist, ohne eine solche Autorisierung zu lehren.

Der Satz, den ich zitiert habe, könnte so verstanden werden, als impliziere er, daß die kirchliche Autorisierung, die Lehrer der Theologie benötigen, jeglichen Widerspruch gegen die gegenwärtige offizielle Lehre ausschließt. Diese Interpretation würde aus meiner Sicht in ernster Weise gegen das Recht des Theologen verstoßen, das zuvor in dem Dokument anerkannt wurde, nämlich Fragen zum Inhalt und zur Formulierung reformabler Lehren zu stellen. Ich kann nicht sehen, wie von Theologieprofessoren verlangt werden könnte, ihre Unzufriedenheit mit bestimmten Lehren zu verbergen, wenn sie ernsthafte Gründe haben, diese Lehre als defizient oder sogar irrig anzusehen. Wahrscheinlich bezieht sich der zitierte Satz deshalb primär auf die allgemeine Haltung der Loyalität und Unterstützung, die von Professoren innerhalb des Lehrkörpers kirchlicher Fakultäten erwartet wird. Wenn eine missio canonica oder Lehrerlaubnis den Empfänger mit einer besonderen Beziehung zur hierarchischen Lehrautorität ausstattet, wie die Instruktion behauptet (22), dann folgt daraus, daß es für eine angemessene Kritik Grenzen sowohl formaler als auch inhaltlicher Art gibt.

Zusammenfassend kann die jetzige Instruktion als wertvoller Beitrag zur Entwicklung des Verhältnisses von kirchlicher Lehrautorität und theologischem Berufsstand angesehen werden. Die beiden sind in ihrer Nachfolge der Liebe und Wahrheit vereinigt; sie sind aufgerufen, in ihrem Dienst am geoffenbarten Wort und am Volk Gottes zusammenzuarbeiten. Wenn dies Dokument mit gutem Willen angenommen wird, mag es signalisieren, daß die Spannungen der letzten Jahre überwunden werden und eine neue Ära der Zusammenarbeit im Entstehen begriffen ist.

Ladislas Örsy

## Die Grenzen des Lehramts

Das Maß, an dem alle Beziehungen zwischen Lehramt und Theologen bis auf weiteres gemessen werden, ist das Kooperationsmodell, das während des II. Vatikanischen Konzils zwischen diesen beiden Polen entstand. Es war nicht im voraus geplant worden, sicherlich jedenfalls nicht in der Weise, wie es geschah: Es erwuchs aus den inneren Energien der Kirche, sobald sich die Gelegenheit dazu ergab. Die Theologen brachten ihre Einsichten über die Glaubensgeheimnisse vor, die Bischöfe prüften ihre Gültigkeit. Ungefähr vier Jahre lang fand ein heiliges Spiel statt: Die Wissenschaftler klärten die Hirten auf, die wiederum die gesamte Kirche lehrten – einschließlich der Wissenschaftler. Es war ein außerordentlicher Austausch, den in einem solchen Ausmaß niemand zuvor erlebt hat.

Am Ende unterzeichneten der Papst und die Bischöfe die Dokumente: Sie gaben ihnen das Siegel ihrer Autorität, sie billigten sie »im Heiligen Geist«. Dennoch sollten wir uns immer, wenn wir jene Texte zitieren, in Erinnerung rufen, wie sehr wir in der Schuld derjenigen Theologen stehen, die dabei geholfen haben, sie zu verfassen, zu formulieren und mit Einsichten zu füllen, die das Leben der Kirche seither geprägt haben.

Heute sind wir im Besitz eines neuen Dokuments, einer Instruktion der Kongregation für die Glaubenslehre, datiert vom 24. Mai 1990, das zunächst in der Einleitung dieser gesegneten Zeit gedenkt: »bei der Vorbereitung und Durchführung des II. Vatikanischen Konzils hat die Theologie viel zu einem tieferen ›Verständnis der überlieferten Dinge und Worte‹ beigetragen«, um dann aber fortzufahren, daß seither die Theologie »Momente der Krise und Spannung« erlebt hat.

Die Intention des Dokumentes ist eindeutig die, die Krise zu entschärfen und die Spannung durch Richtlinien und Bestimmungen zu mildern. Es hat die Billigung des Papstes erfahren, allerdings nur in der »allgemeinen Form«, was bedeutet, daß der Papst zwar den Auftrag gab, es zu veröffentlichen, es aber nicht mit seiner eigenen besonderen Autorität versah; er beließ es dabei, daß es eine Arbeit der Kongregation war.

Das Dokument ist eine Instruktion, also ein normatives gesetzliches Dokument. Der Begriff hat im Kirchenrecht eine technische Bedeutung, die im Kodex definiert wird: »Instruktionen, welche Vorschriften von Gesetzen erklären und Vorgehensweisen entfalten und bestimmen, die bei deren Ausführung zu beachten sind, werden zum Gebrauch derer gegeben, die dafür sorgen müssen, daß die Gesetze zur Ausführung gelangen« (can. 34, § 1).

Dieser rechtliche Charakter durchzieht das ganze Dokument. Besonderes Gewicht wird auf die kirchliche Lehrerlaubnis und Beauftragung (was wirklich niemanden zu einem besseren Theologen macht) gelegt; ebenso auf das neue Glaubensbekenntnis, den Treueid (der dem Taufbekenntnis nicht viel hinzufügen kann) und den rechtlich bindenden Charakter aller doktrinalen Erklärungen (welche die Macht der Wahrheit nicht übersteigen können).

Ich wende mich nun den Hauptgedanken und Vorschriften zu, die in der Instruktion enthalten sind, gebe einige Kommentare zu ihnen und stelle die eine oder andere Frage.

*Kirchliche Berufung.* Die Instruktion identifiziert die kirchliche Berufung von Theologen im wesentlichen mit der

Loyalität zum Lehramt. Eine solche Loyalität ist sicherlich ein *sine qua non* ihrer Berufung. Aber der gesamte Umfang ihres Dienstes an der Kirche muß weiter sein, da die Kirche mehr als nur das Lehramt ist. Theologen sollten Loyalität gegenüber dem ganzen Volk Gottes zeigen, sonst würde ihr Amt allein »ekklesial« im verkürzten Sinn des Wortes sein. Um ihre Berufung zu erfüllen, sollten sie stets um die Wünsche der »Gesamtheit der Gläubigen, welche die Salbung von dem Heiligen haben«, besorgt sein; um die Menschen, die »von den Bischöfen bis zu dem letzten gläubigen Laien« im Besitz eines »übernatürlichen Glaubenssinns« sind (*Lumen gentium* 12). Theologen haben die Aufgabe, Menschen bei der Artikulation ihrer Lebenserfahrung zu helfen und diese Erfahrungen und Einsichten vor das Lehramt zu bringen. Weiter bindet Loyalität gegenüber der Kirche die Theologen nicht nur daran, den Menschen das Evangelium zu bringen, sondern genauso, falls es die Klugheit fordert, ihnen von unseren Kämpfen, vom Zögern und von den Unsicherheiten auf der Suche nach der vollen Bedeutung der Offenbarung Auskunft zu geben. Eine solche Aufrichtigkeit kann dazu führen, daß die Gläubigen eine bessere Sichtweise in bezug auf die Natur der Kirche gewinnen, eine Wertschätzung des machtvollen Schutzes des Geistes und letztlich eine wahre Liebe, die nicht versagt, wenn unsere Schwächen offenbar werden.

*Theologen.* Die Instruktion unterteilt Theologen in zwei Gruppen: solche, die mit dem Lehramt zusammenarbeiten, und solche, die das nicht tun, weil sie »abweichen« (»dissenting«).

Die ersten antworten auf die Verkündigungen des Lehramts in der rechten Weise: Sie glauben mit göttlichem Vertrauen an das, was mit Unfehlbarkeit verkündet wurde; sie halten sich fest an das, was als definitiv erklärt wurde; sie empfangen mit religiösem Gehorsam (*obsequium*) des Willens und Verstandes, was ohne definitives Urteil vorgelegt wurde, sie stimmen treu den Warnungen vor gefährlichen Meinungen zu, und sie sehen einen umfassenden göttlichen Beistand in Äußerungen der Klugheit. Sie wissen, daß, selbst wenn einige Äußerungen des Lehramts in der Vergangenheit Mängel enthielten, diese doch zu der Zeit, als sie veröffentlicht wurden, gerechtfertigt waren (Diese Logik bietet keinen Ausweg: Wenn ein Dokument heute Mängel hat, kann dies mit den Erfordernissen unserer Zeit gerechtfertigt werden).

Das zeigt, wie weitreichend die Forderungen nach Gehorsam sind. Sie scheinen sogar noch weiter zu gehen als das neue Glaubensbekenntnis und der Treueid: Theologen (und andere) müssen innerlich sogar solche Äußerungen akzeptieren, die sowohl kontingente Fragen als auch Klugheitsentscheidungen betreffen. Die Rechtfertigung für diese Forderungen und ihre Akzeptanz liegt in dem Glauben, daß das Handeln des Lehramts »innerhalb der Logik des Glaubens und aus dem Antrieb des Glaubensgehorsams heraus« verstanden werden muß. Entstehen Spannungen, so können sie als »dynamisches Element und als Anregung gelten, die Lehramt und Theologen zur Wahrnehmung ihrer jeweiligen Aufgaben in gegenseitigem Dialog bestimmen«. Die Bedingungen für den Dialog sind jedoch dadurch begrenzt, daß Theologen eine Haltung »religiöser Zustimmung des Willens und des Verstandes« einnehmen sollen, und darüber hinaus selbst in Fällen nicht irreformabler Lehren »Uneinigkeit ... nicht gerechtfertigt sein [könnte], wenn sie sich allein auf die Tatsache gründete, die Gültigkeit der Lehre sei nicht offenkundig oder auf die Meinung, die gegenteilige Position sei wahrscheinlicher«.

Hier verschlägt es dem Kommentator die Sprache: Wie kann es überhaupt einen Dialog geben, wenn nicht einmal mangelnde Beweise zählen und größere Wahrscheinlichkeit keine Rolle spielt? Was denn sonst könnte das Kriterium für Wahrheit sein, wenn nicht dies? (Wir sprechen nicht von göttlich geoffenbarter Wahrheit). Die großen *Summen* des Mittelalters wurden alle mit der Annahme geschrieben, daß der Glaube die Vernunft aufbaut, niemals aber ihren Gebrauch ausschließt.

## Unpassende Worte

Wie könnte zudem das Lehramt selbst, wenn Evidenz und das Gewicht des Beweises nicht zählen, zu Ergebnissen kommen in Fragen, die nicht Teil der Offenbarung sind? Unsere Tradition kennt nicht das Geschenk plötzlicher – oder auch gradueller – Erleuchtung. Das bedeutet nicht, daß der besondere Beistand des Geistes für das Lehramt geleugnet wird, sondern daß der Geist vielleicht gerade dann am Werk ist, wenn er das Lehramt zu den richtigen Gründen führt.

Sei es, wie es sei, sobald das Lehramt sich zu einem Thema geäußert hat, besteht die einzige Handlungsmöglichkeit der Theologen, die eine andere Meinung vertreten, darin, den lehramtlichen Autoritäten ihr Problem vorzulegen. Doch ist ein solcher Schritt zutiefst problematisch: Die Kirche besitzt keinerlei verfassungsrechtliche Strukturen, um mit solchen Eingaben umzugehen. Natürlich kann ein Theologe an die römische Kongregation oder an seinen Bischof schreiben, aber es gibt keine Garantie, daß er gehört werden wird; alles wird davon abhängen, wie die Person, die zufällig die Mitteilung erhält, darüber urteilt. Zudem müßte die Kirche, sollte diese Idee in Praxis umgesetzt werden, gewaltige Einrichtungen aufbauen, die die Eingaben aus aller Welt zu prüfen hätten.

Theologen, die nicht mit dem Lehramt zusammenarbeiten, sind »Dissidenten« (»dissenters«). Die Instruktion beschreibt sie mit einiger Ausführlichkeit. Sie läßt keinen, aber auch keinen Zweifel daran, daß Dissidenten Personen sind, die in ernster Weise mit der Gemeinschaft der Kirche gebrochen haben. Es wird ihnen nachgesagt, sie seien von einem »philosophischen Liberalismus« (der nicht weiter definiert wird) beeinflußt; sie werden beschuldigt, die Freiheit des Denkens über die Autorität christlicher Tradition zu stellen. »Im Gegensatz zum authentischen Lehramt und in Konkurrenz zu ihm entsteht damit eine art ›paralleles Lehramt‹ der Theologen.« Um ihre Ziele durchzusetzen, organisieren sie sich in Interessengruppen, und nach dem Vorbild der politischen Gesellschaften versuchen sie, durch die Mobilisierung der öffentlichen Meinung die Kirche Christi ihren Vorstellungen anzugleichen.

Daß es einige Menschen mit solchen extremen Ansichten und Haltungen gibt, steht außer Zweifel; in so gut wie jedem Zeitalter gab es Häretiker und Quasihäretiker am Rand der Kirche. Daß es aber große Gruppen von Theologen in der katholischen Kirche gibt, die solche extremen Meinungen vertreten und die solche destruktiven Maßnahmen ergreifen, muß erst noch bewiesen werden.

Der Leser der Instruktion muß sich allein schon aus Gründen der Gerechtigkeit davor hüten, Dissidenten, wie sie in diesem Dokument beschrieben werden, mit loyalen Theologen oder Gruppierungen zu identifizieren, die ihre Ablehnung bestimmter Verlautbarungen oder Vorgehensweisen des Lehramts in nichtunfehlbaren und nichtessentiellen Fragen zum Ausdruck gebracht haben. Das gilt auch dann, wenn sie sich selbst Dissidenten genannt haben oder von anderen so genannt wurden. Die ersten haben sich selbst außerhalb der Kirche gestellt; die letzteren verbleiben in gutem Einvernehmen mit der Kirche. Dennoch ist es mir lieber, wenn das Wort »Dissens« (»dissent«) von Personen und

Gruppen, die eine Gemeinschaft bilden, nicht benutzt wird: Es ist ein besonderer englischer Begriff, der mit historischen Reminiszenzen überfrachtet ist und einen beinahe totalen Bruch indiziert. Wird er in kontinentale Sprachen übersetzt, beschwört er das Bild wilder Revolutionäre herauf, die es auf Konfrontation abgesehen haben, oder sogar das gewalttätig Protestierender, die mit ihrer Gemeinschaft gebrochen haben. Unpassende Worte können ein verheerendes Spiel mit der Wirklichkeit treiben. Die englische Sprache sollte reich genug sein, um ein anderes Wort für rational fundierte Meinungsverschiedenheiten zu finden.

*Lehramt.* Obwohl der Begriff neu ist (in seinem modernen Sinn ist er erst im 19. Jahrhundert in den theologischen Wortschatz eingegangen), glaubten Christen immer an die Lehrgewalt der Bischöfe. Wir können daher zusammen mit der Instruktion bekennen, daß das »Lehramt in seinem Dienst am Wort Gottes eine positiv von Christus als konstitutives Element der Kirche gewollte Institution ist«. Einige grundsätzliche Unterscheidungen – wohl kaum weniger gewichtige Glaubensfragen – müssen jedoch sofort zur Geltung gebracht werden. Zunächst einmal unterscheidet sich die Verkündigung der Offenbarung (wie sie von den Aposteln überliefert wurde) radikal von allen anderen Verkündigungen. Sie wird in zweifacher Weise vom Heiligen Geist unterstützt. Er hält das Lehramt in seinen feierlichen Definitionen in unfehlbarer Treue zum Wort Gottes, und er bezeugt die Wahrheit der Offenbarung in den Herzen der Gläubigen. Keine anderen Verkündigungen des Lehramts können je so privilegiert sein, mögen sie auch noch so wichtig sein. Des weiteren können weder der Papst noch der Episkopat diesen einzigartigen Beistand des Geistes auf jemanden anderen übertragen. Unfehlbarkeit kann nicht delegiert werden. Beide Aussagen können aber auch anders ausgelegt werden:

Nur was zur Offenbarung gehört, kann je als unfehlbar definiert werden; und niemand außer dem Papst oder dem Episkopat können dies definieren.

## Die Begrenztheit des Menschen

In der Instruktion erscheint keine dieser beiden Unterscheidungen hinreichend deutlich. Zurecht betont sie die organische Einheit zwischen Aspekten der Lehre, die für unfehlbar erklärt wurden, und anderen, die mehr oder weniger allgemein im Bewußtsein der Kirche gehalten werden.

Zurecht bittet sie sich Respekt gegenüber dieser organischen Einheit aus; man kann nicht alles Nichtunfehlbare umwerfen und erwarten, daß das Unfehlbare standhalten wird. Sie sagt jedoch nicht klar genug, daß innerhalb des Tätigkeitsbereiches des Lehramts, aber außerhalb des Bereichs der Unfehlbarkeit ein Wechselspiel zwischen dem Beistand des Geistes und der allgemeinen menschlichen Natur besteht, das in weniger als befriedigenden Urteilen und weniger als klugen Handlungen enden kann – wie die Geschichte hinreichend zeigt. Dies zu leugnen, würde bedeuten, die spirituelle Komponente zu überschätzen, die menschlichen Elemente aber zu unterschätzen – ein Ansatz, der an monophysitische Tendenzen erinnert.

In der Instruktion begegnen des öfteren Grundsätze wie: »Alle Akte des Lehramts entspringen einer Quelle, Christus« oder: »Das Lehramt genießt göttlichen Beistand in der integralen Ausübung seiner Sendung«, um dann darauf zu schließen – oder doch durchblicken zu lassen –, daß jeder einzelne Akt des Lehramts eben aufgrund dieses göttlichen Schutzes zu rechtfertigen ist. In Wahrheit aber ist der göttliche Beistand auf der Ebene der »Fehlbarkeit« innerhalb menschlicher Grenzen am Werk, und die daraus hervorgehenden Akte entstammen sowohl Christus als auch unserem Menschsein, das sich darum bemüht, die Glaubensgeheimnisse zu verstehen.

In der Tat ist die Ausübung des Lehramts unterhalb der Ebene der Unfehlbarkeit noch ein weitgehend unerforschtes und mysteriöses Feld; es enthält viele ausstehende und ungelöste Fragen. Es mag sehr wohl sein, daß sie die vorherrschenden Themen der kommenden Jahrzehnte sein werden.

Da wäre zum Beispiel die Frage, wie die Kirche Gewißheit in Fragen erlangen kann, die in der Offenbarung nicht enthalten sind. Wieweit kann die Lehrautorität auf den Beistand des Heiligen Geistes setzen, und wieweit ist sie von den gesammelten, nach den Regeln einer guten kritischen Methodik erhobenen Zeugnissen (selbstverständlich aus unserer christlichen Tradition) abhängig?

Sobald die Kirche gesprochen hat, stellt sich die Frage nach der Natur des nichtunfehlbaren Lehrens in der Kirche. Kann es je ein rechtsprechender Akt sein, analog zu einer Disziplinierungsregel, wie einige Theologen und Kanonisten in der Vergangenheit meinten, oder muß es immer eine zurückhaltende Handlung sein, um den Verstand an die Wahrheit zu bringen, entweder mit dem Beistand des Geistes (wenn die Offenbarung verkündet wird) oder mit der Überzeugungskraft des gut vorgetragenen Beweises (wenn geringere Urteile verkündet werden)? Kann die Annahme einer Lehre je ein blinder Willensakt sein, oder ist es notwendig, daß der Verstand irgendwie ihre Wahrheit sehen sollte?

Worin besteht, weiterhin gefragt, die theologische Signifikanz der Tatsache, daß das Lehramt des II. Vatikanischen Konzils es für nötig hält, frühere nichtunfehlbare lehramtliche Verkündigungen zu vervollständigen oder gar zu berichtigen? So bekräftigte das Konzil zum Beispiel, daß wir alle in partieller Gemeinschaft mit anderen christlichen Kirchen stehen, daß gegenseitige Liebe ein primärer Bestandteil christlicher Ehe ist, daß alle Personen das Recht haben, ihre Religion zu bekennen und zu praktizieren – Positionen, die in vorkonziliaren offiziellen Stellungnahmen seitens des Heiligen Stuhls zurückgewiesen worden waren.

Ebenso stimmt es, daß die Inspiration für die konziliare Lehre hauptsächlich von Theologen kam, von denen einige vom Heiligen Stuhl diszipliniert worden waren oder die »unter einer Wolke« arbeiten mußten[1]. Sollten wir daraus schließen, daß der Geist insgesamt einen ausgleichenden Trend unter Theologen befördert hat, einen Trend, der sich vom römischen Ansatz unterscheidet, und daß er auf dem Konzil dies alles durch die Bischöfe zum Ausbruch kommen ließ? Ist es vorstellbar, daß der Geist heute in ähnlicher Weise am Werk ist? Wäre dies so, wie könnte dann heute die Arbeit der Theologen vom Episkopat so gefördert werden, daß sie Früchte trägt?

Und schließlich, welche ökumenischen Folgen wird diese Instruktion haben? Werden andere christliche Kirchen und kirchliche Gemeinschaften in ihr den Geist des II. Vatikanums wiedererkennen, das feierlich erklärte, in der römisch-katholischen Kirche sei genügend Raum für die »verschiedenen Arten der theologischen Lehrverkündigung« und für »verschiedene Methoden und Arten des Vorgehens zur Erkenntnis und zum Bekenntnis der göttlichen Dinge« (*Unitatis redintegratio* 17)? Oder wird diese Instruktion wieder alte Ängste wecken (und wie groß können diese Ängste doch sein!), daß eine Wiedervereinigung mit der römischen Kirche zu suchen bedeutet, sich der Gefahr auszusetzen, in ein einziges Denkschema gepreßt zu werden?

---

1 Im Original: »›under a cloud‹, um einen Ausdruck von Newman zu übernehmen« (Anm. d. Übersetzerin).

Wahrscheinlich möchten die Autoren der Instruktion, daß die Diskussion dieser Fragen, vielleicht sogar aller theologischen Fragen, die Spannungen verursachen können, im Kreis der Amtsinhaber geführt werden. Es ist jedoch (ob uns das nun gefällt oder nicht) unrealistisch anzunehmen, daß Öffentlichkeit in der theologischen Forschung vermeidbar wäre und neue Ideen auf einige Wissenschaftler begrenzt werden könnten. In vielen Ländern stehen Theologentagungen und -konferenzen den Journalisten offen, und häufig werden Fachzeitschriften von den Herausgebern religiöser Nachrichtendienste gelesen. Es ist nicht möglich, eine ungewöhnliche Inspiration oder bahnbrechende Intuition zu verbergen, besonders dann nicht, wenn es um ein Thema geht, das in der Öffentlichkeit diskutiert wird. Die richtige Haltung dazu besteht nicht darin, Öffentlichkeit zu vermeiden, sondern darin, dafür zu sorgen, daß die Öffentlichkeit richtig informiert wird.

Das alles heißt, daß die Instruktion den Theologen einen Verhaltenskodex vorgibt: Sie ist im wesentlichen ein disziplinierendes Dokument. Die Balance, die sie zwischen Lehramt und Theologen aufzubauen sucht, unterscheidet sich grundlegend von der, die sich auf dem II. Vatikanischen Konzil als so erfolgreich erwiesen hat. Sie läßt viele Fragen der Lehre ungelöst.

Wieder einmal gehen die Gedanken zurück in die Geschichte. In den Jahrzehnten vor dem II. Vatikanum beschützte der Heilige Geist gewiß das offizielle, nichtunfehlbare Lehramt, aber zur gleichen Zeit (wer könnte daran zweifeln?) leitete er eine Zahl von herausragenden Theologen darin, neue Einsichten zu gewinnen. Ja, es gab Spannungen zwischen den beiden. Aber als die festgesetzte Zeit kam, löste derselbe Geist durch das höchste Amt des Konzils die Konflikte und brachte die scheinbaren Mißklänge in eine friedliche Harmonie.

Es steckt eine reiche Lektion in dieser Geschichte (einer ganz gewiß heiligen Geschichte) für unsere Zeit.

Christian Duquoc

# Anerkennung und Erniedrigung

## Eine Innenansicht der römischen Instruktion über die kirchliche Berufung des Theologen

Johannes Paul II. wird nicht müde, die Katholiken zu ermahnen, die »Furcht zu verbannen«. Die Instruktion über die Berufung des Theologen jedoch, die kürzlich von der Kongregation für die Glaubenslehre veröffentlicht wurde, ist durchweg von Furcht bestimmt. Die Instruktion versucht, eine Obsession auszutreiben: Die gegenwärtig bestehenden theologischen Meinungsunterschiede in der katholischen Kirche führen praktisch zu einem Bruch der Einheit rund um den Heiligen Stuhl. Kardinal Ratzinger, Mitunterzeichner der Instruktion, versucht, die Breschen des Gebäudes zu stopfen, das die katholische Doktrin und Disziplin errichtet hat. Er gesteht dabei freilich dessen historische Brüchigkeit ein. Der autoritäre Zug dieses Textes ist in der Tat ein Notruf angesichts einer Situation, die in den Augen der römischen Kongregation, ob nun richtig oder falsch gesehen, außer Kontrolle geraten ist: Trotz des frommen Schlusses (Abs. 42) leugnet die Botschaft der Instruktion jegliche Hoffnung. Ihr Hauptanliegen ist die Disziplinierung, das Ziel die Festschreibung eines Verhaltenskodexes für den Berufsstand des offiziellen katholischen Theologen.

Wenn die Disziplin freilich in einem solchen Falle nicht als willkürlich erscheinen soll, muß sie sich auf Argumente in der Lehre stützen. Von daher versteht sich, daß die ersten zwölf Paragraphen einer Darstellung der transzendenten

Prinzipien gewidmet sind, welche die Berufung des Theologen bestimmen. Der Text bezieht sich dabei auf zwei Hauptdokumente des II. Vatikanums: Dei Verbum (die dogmatische Konstitution über die Offenbarung) und Lumen Gentium (die dogmatische Konstitution über die Kirche). Sogar der schöne Text des heiligen Bonaventura wird zitiert: »Wenn auch der Glaube seine Zustimmung nicht aus der Vernunft ableitet, sondern aus der Liebe zu demjenigen, dem er sein Vertrauen schenkt, so verlangt ihn doch danach, Argumente vorweisen zu können« (Anm. 3 von Abs. 8).

Eine solche Auffassung des Glaubens eröffnet eine Vision, die großartig erscheinen mag: Der Glaube versucht, Gründe für eine Hoffnung zu geben, die aus der Kraft des Wortes Gottes entsteht, das Fleisch geworden ist, um sein Volk durch das Zeugnis der Wahrheit zu befreien, eine Bewegung, in welche sich das theologische Denken einfügt.

Abs. 4 und 5 der Instruktion stellen die theologische Arbeit in eine Perspektive, die von einer engstirnigen oder bornierten Ansicht weit entfernt ist. In diesem Sinn anerkennt Abs. 4: »Was näherhin das ›Leben im Glauben‹ betrifft, so führt das II. Vatikanum aus: ›Die Gesamtheit der Gläubigen, welche die Salbung von dem Heiligen haben, kann im Glauben nicht irren.‹« Und, so fährt das II. Vatikanum fort: »Diese ihre besondere Eigenschaft macht sie durch den übernatürlichen Glaubenssinn des ganzen Volkes dann kund, wenn sie ›von den Bischöfen bis zu den letzten gläubigen Laien‹ ihre allgemeine Übereinstimmung in Sachen des Glaubens und der Sitte äußert.«

Abs. 5 weist darauf hin, daß das Volk Gottes, um »seine prophetische Funktion in der Welt auszuüben, . . . sein Glaubensleben (vgl. 2 Tim 1,6) ständig in sich selber erwecken oder ›neu beleben‹ (muß), zumal durch eine immer tiefere Reflexion, die sich unter der Führung des Heiligen Geistes mit dem Inhalt des Glaubens selber auseinandersetzt und durch das Bemühen, den Glauben in den Augen jener zu rechtfertigen, die für ihn Gründe fordern (vgl. 1 Petr. 3,15).«

Nach Abs. 6 besteht die besondere Berufung des Theologen darin, an der inneren Dynamik des Volkes Gottes teilzuhaben. Es dürfte schwerfallen, eine so offene Bestimmung nicht zu unterschreiben. Aber das Ziel der römischen Autoren ist es nicht, den Spielraum der vom II. Vatikanum gebotenen Optionen auszunutzen, sondern allein, der Umsetzung in die Praxis Grenzen zu setzen. So schließen die Absätze 37–40 die Möglichkeit aus, der Irrtumslosigkeit des Volkes Gottes in Glaubensfragen einen praktischen Ausdruck zu verleihen, wie es Abs. 4 nahelegte.

Ein ähnlicher Vorgang, die besondere Gnade und Fähigkeit des Theologen auf eine abstrakte Ebene zu beschränken, wird beginnend mit der zweiten Hälfte von Abs. 12 entwickelt: Der Schluß des Absatzes weist auf das wahre Anliegen der Instruktion hin, das in einer präzisen Bestimmung der Art der Unterordnung der Theologen unter die kirchliche Lehrautorität, das Lehramt, besteht. Es wird erklärt: »In der Theologie ist diese Freiheit der Forschung innerhalb eines rationalen Wissens anzusetzen, dessen Gegenstand von der Offenbarung gegeben wird, wie sie in der Kirche unter der Autorität des Lehramtes übermittelt, ausgelegt und vom Glauben angenommen wird. Diese Elemente, die den Rang von Grundsätzen haben, beiseite zu lassen, würde bedeuten, daß man aufhört, Theologie zu treiben. Um die Art und Weise dieser Verbindung mit dem Lehramt genau zu präzisieren, ist es angemessen, im folgenden über die Rolle des Lehramtes in der Kirche nachzudenken.«

Diese Rolle zu präzisieren bedeutet, die möglichen Öffnungen des Lehrgebäudes wieder zu verstopfen. Das Gebäude der Glaubenslehre, insofern sie an das Lehramt gebunden ist, basiert auf einem bestimmten Merkmal des

Glaubenszeugnisses: Die Lehre ist unfehlbar in bezug auf ihren Gegenstand, da dieser die Wahrheit Christi ist. Aber hierfür benötigt die Lehre eine identifizierbare menschliche Ausdrucksweise und dafür ist durch das Lehramt gesorgt. Nach Meinung unserer Autoren hat Christus, als ein Element in seinem Vorsehungsplan, die Hirten der Kirche über den Beistand des Heiligen Geistes mit dem Charisma der Unfehlbarkeit in Sachen des Glaubens und der Sitten ausgestattet (Abs. 15).

Die Autoren leugnen nicht, daß dieses Charisma sich allein auf eine sehr begrenzte Zahl lehramtlicher Handlungen beschränkt: auf bestimmte Verkündigungen eines ökumenischen Konzils und auf *ex cathedra*-Verkündigungen des römischen Pontifex. Kurz: Dieses Modell der Unfehlbarkeit läßt Diskussionen und unterschiedlichen Interpretationen weiten Raum. Um diesen Raum einzuengen, greifen unsere Autoren auf eine verbreitete populäre und eher symbolische Vorstellung der Unfehlbarkeit zurück, um so das Ausmaß der Debatte über die Lehre so weit wie eben möglich einzuschränken und um die institutionelle Kirche mit einem einheitlichen und autoritativ garantierten Lehrsystem zu versehen.

Die erste dieser Einschränkungen, die die symbolische und praktische Reichweite der Unfehlbarkeit ausweitet, ohne daß die dogmatische Grundlage verändert würde, stellt das neue Konzept »definitiver« Verkündigungen des Lehramts vor. Die Instruktion macht unzweideutig klar, daß sich in solchen Verkündigungen »die Zuständigkeit des Lehramts auch auf den Bereich des Naturgesetzes erstreckt« (Abs. 16).

Die Kategorie »definitiver« Verkündigungen, die hier eingeführt wird, stellt ein Novum ohne Grundlage in der kirchlichen oder theologischen Tradition dar. Und unsere römischen Autoren können nicht gänzlich ihre Schwierigkeiten verbergen, die ihnen dies bereitet; um ihre Legitimation zu untermauern, verweisen sie auf ein von ihnen selbst erstelltes Produkt, den sogenannten »Treueid« (Abs. 16, Anmerkung 14) – eine etwas wackelige Basis, um eine neue Kategorie mit so entscheidenden Implikationen für die institutionelle Praxis zu beglaubigen. Ich habe – möglicherweise grundlos – den Verdacht, daß mit der Einführung einer solchen Kategorie das Ziel verfolgt wird, die sehr umstrittene Entscheidung von *Humanae vitae* gegen die künstlichen Verhütungsmethoden für unwiderrufbar zu erklären, nachdem es mit den Mitteln einer klassischen theologischen Interpretation unmöglich ist, ihr den Charakter der Unfehlbarkeit zu bescheinigen. Auf diese Weise wird also eine mögliche Bresche im Diskurs über die Lehre sogleich verstopft.

Aber unsere Autoren sind damit nicht zufrieden: Ihrer Ansicht nach ist der Spielraum für freie Interpretation immer noch zu groß. Deshalb werden weitere restriktive Kategorien heraufbeschworen: die einfache Ausübung des Lehramtes seitens des Papstes; Dokumente, die mit päpstlicher Approbation von den verschiedenen Organen der Römischen Kurie veröffentlicht werden; die Lehrtätigkeit der Bischöfe; der »Bereich von Äußerungen der Klugheit« (17–20, 24). Wenngleich keine dieser Kategorien beansprucht, unfehlbar oder »definitiv« zu sein, ist doch eine ganz besondere Art der Zustimmung aller gläubigen Katholiken geboten: »die religiöse Unterwerfung von Wille und Verstand« oder loyale Duldung. Somit gilt die Konsistenz der Lehre der Institution als objektiv und subjektiv gesichert: Das System ist nach allen Seiten hin abgedichtet.

Die beiden Unterzeichner, Kardinal Ratzinger und Erzbischof Bovone, sind intelligente Männer; sie wissen, daß ihr Modell in dem Sinn abstrakt ist, daß es jeglicher geschichtlichen Berechtigung entbehrt. Das führt sie zu einem Eingeständnis, wie es bisher in einem offiziellen Dokument noch nicht gemacht wurde:

»In diesem Bereich von Äußerungen der Klugheit ist es vorgekommen, daß Lehrdokumente nicht frei von Mängeln waren. Die Hirten haben nicht immer gleich alle Aspekte oder die ganze Kompliziertheit einer Frage erfaßt.«

Als schreckten sie nun aber selbst vor den Implikationen dieses Eingeständnisses zurück, versuchen sie die Reichweite des Gesagten, soweit wie möglich, eilig wieder zurückzunehmen.

»Aber man würde in einen Gegensatz zur Wahrheit geraten, wollte man aus einigen bestimmten Fällen schließen, das Lehramt der Kirche könne sich bei seinen Klugheitsurteilen *gewöhnlich* (Hervorhebung vom Verf.) täuschen«.

Wahrlich überraschende Skrupel: Unsere Autoren fürchten, indem sie die Irrtumsmöglichkeit zugeben, den Gläubigen den Schluß nahezulegen, ein solcher Irrtum sei die Regel.

Das Eingeständnis ist jedoch, so die Autoren, praktisch gesehen, sowieso wirkungslos, da allein die Zeit zeigen kann, was notwendig ist und was nicht (vgl. Abs. 24). Theologen, die sich nicht in der Lage sehen, ihre intellektuelle Zustimmung zu Aussagen des Lehramts zu geben, werden zu Schweigen und Gebet angewiesen »in der Gewißheit [...], daß, wenn es wirklich um die Wahrheit geht, diese sich notwendig am Ende durchsetzt« (Abs. 31). »Erst die Zeit hat eine Unterscheidung gestattet ...« (Abs. 24). Auf diese Weise lösen die Autoren geschickt das Problem des Dissenses zwischen Theologen und Lehramt. Das festgefügte Lehrgebäude ist nun endgültig abgeriegelt; und es besteht nicht länger auch nur das geringste Risiko, daß die Möglichkeiten, die durch das II. Vatikanum eröffnet wurden, irgendeinen praktischen Ausdruck finden werden. Die Autorität der Römischen Kurie ist garantiert.

Aber Theologen müssen darüber hinaus daran gehindert

werden, ihren Freiraum einzuklagen, der ihnen durch die Erwähnung des Glaubens des Volkes Gottes scheinbar zugestanden wurde (Abs. 4 und 5). Der vierte Teil der Instruktion bemüht sich darum, diesen Raum auf ein Minimum zu reduzieren, indem sie, im Endeffekt, ein Korps von eingeschworenen Amtstheologen aufbaut.

Der Verhaltenskodex für den Berufsstand des katholischen Theologen wird grundsätzlich in Abs. 22 aufgestellt:

> »Die Zusammenarbeit zwischen dem Theologen und dem Lehramt erfolgt auf besondere Weise wenn der Theologe die ›missio canonica‹ oder den Lehrauftrag erhält. Sie wird dann in einem gewissen Sinn zur Teilhabe am Auftrag des Lehramtes, mit dem ihn nun ein juridisches Band verbindet. Die das Verhalten bestimmenden Regeln, die sich von selber und evident aus dem Dienst am Wort Gottes ergeben, werden durch die Verpflichtung bekräftigt, die der Theologe mit seinem Auftrag übernommen hat, ferner durch das Ablegen des Glaubensbekenntnisses und des Treueids.«

Der Anspruch, daß der Verhaltenskodex durch seinen Ursprung im Dienst am Wort Gottes selbstevident ist, muß überraschen. Wäre dies nämlich tatsächlich der Fall, sind die Gründe schlecht zu begreifen, warum die katholischen Theologen dafür so blind sind. Sind sie aber nicht blind und sind die Gründe leicht zu begreifen, dann verlöre die Instruktion ihren Gegenstand. In Wirklichkeit ist doch das Wort Gottes, ein Ausdruck, auf den häufig ohne präzise Bedeutung zurückgegriffen wird, seit den Anfängen der Kirche unübersehbarer Gegenstand unterschiedlicher Interpretationen gewesen; es kann aus sich selbst wohl kaum eindeutige und klare Verhaltensregeln entlassen.

Die Erklärung unserer Autoren ist rein rhetorisch: Ihr Ziel ist die Abkanzelung all der Theologen, die sich weigern, dem »Korps der Amtstheologen« beizutreten, das von der

»missio canonica« reguliert und dem offiziellen Lehramt angeführt wird.

Nur um diese geht es der römischen Kongregation; nachdem sie in die Ordnung des Lehramts einbezogen wurden, fällt es ihnen zu, sich fortan an die Regeln zu halten. Ihre Ehre ist zugleich auch ihre Erniedrigung: Sie sind nur die Sprecher, die »Parteiintellektuellen«, deren Aufgabe darin besteht, Entscheidungen zu erklären und zu rechtfertigen, bei deren Ausarbeitung sie nicht beteiligt waren.

Theologen, die weder die »missio canonica« haben noch in offiziellen katholischen Einrichtungen lehren, arbeiten für sich selber; sie sprechen in ihrem eigenen Namen und repräsentieren die Kirche keineswegs: Sie sind Dichter, Amateure, Randfiguren. Es ist richtig, daß die Römische Kurie auch ihnen zuspricht, Subjekte eindeutiger Regeln zu sein, nur unterläßt sie es, diese zu formulieren, und begnügt sich mit einigen allgemeinen Grundsätzen wie in Abs. 4 und 5. Theologen, die nicht zum »Korps der Amtstheologen« gehören, sind der Administration nicht verantwortlich: ihre Marginalisierung ist der Preis ihrer Freiheit.

Die Instruktion richtet sich an theologische Funktionäre. Die römische Kongregation braucht untergeordnete Subjekte, um die Kohärenz einer geschlossenen kirchlichen Lehre zu sichern und um eine Einheit ohne Risse zu behaupten. Für Theologen außerhalb dieses Funktionärskaders besteht kaum Interesse. Für unsere Autoren ist es die Hauptsache, sich in der Lehre gegen das Risiko des freien Denkens abzusichern. Obwohl sie viel zu gescheit sind, um die Grenzen einer solchen Sicherheitsoption nicht zu ermessen, ziehen sie als skrupulöse Verwalter der kirchlichen Institution die zusammenhängende Einheitsdoktrin einer Gesellschaft der freien Meinungsäußerung vor, welche sie nur als Bedrohung und Risiko wahrnehmen. Wer eine solche institutionell geschlossene Operationsbasis wünscht, bedarf ausschließlich eingeschworener Funktionäre, die der Weisung unterworfen sind.

Die Verhaltensregeln, die dem Amtstheologen vorgeschrieben werden, sind einfach: Er hat die Konsistenz früherer doktrinärer Definitionen, deren praktische Anwendung Sache des gegenwärtigen Lehramts ist, zu respektieren. Eingeschworen auf Treue, hat der Theologe allein das Recht auf private Bedenken: Für den Fall, daß irgendeine Entscheidung der Hierarchie seiner Ansicht nach schlecht fundiert oder aber eine offene Frage ist, hat er nicht das Recht auf öffentliche Kritik, sondern darf allein im stillen Kämmerlein der Privatsphäre seinen Zweifeln Ausdruck verleihen.

Die Funktion des Amtstheologen ist klar: Er hat mit den bestmöglichen Argumenten zu versehen, auszulegen und zu rechtfertigen, was immer das Lehramt erklärt und entscheidet. Seine Rolle ist die des Kommentators. Als treuer und intelligenter Dolmetscher der Texte und Handlungen jener höchsten Autoritäten muß er alles glaubhaft zu machen suchen, was sie zu allen möglichen Themen sagen – keine leichte Aufgabe.

Als Sprecher im Namen höherer Träger der Verantwortung muß es der Amtstheologe um jeden Preis vermeiden, von der »öffentlichen Meinung« beeinflußt zu werden. Damit verunglimpft die katholische Kirche die Meinungsvielfalt, die in der westlichen Welt eine breite Basis hat. Die katholische Kirche ist keine Gesellschaft, in welcher die freie Meinungsäußerung gilt und in der etwa den Theologen die Aufgabe zufiele, einen Meinungsaustausch zwischen dem Volke Gottes – von dem immerhin gesagt wurde, es werde vom Heiligen Geist geführt – und der Hierarchie zu ermöglichen. Eine solche Aufgabe könnte den Theologen dazu verführen, die sogenannte »öffentliche Meinung« mit dem *»sensus fidei«* (Glaubenssinn der Gläubigen) zu verwechseln; sie könnte ihn sogar dazu ermuntern, statt bei rein privaten Bedenken zu bleiben, den Widerspruch zu verstärken.

Der theologische Funktionär ist weder Volksvertreter noch Freigeist; er ist ein Angestellter mit dem Auftrag zur Öffentlichkeitsarbeit, d. h. zur klugen Auslegung der Äußerungen seiner Herren.

Das Bild, das ich gezeichnet habe, ist drastisch. Mag sein, daß dieser Kodex den einzelnen Theologen noch nicht erniedrigt, aber er wird doch als theologischer Funktionär verstanden und ihm wird eine subalterne Rolle zugewiesen. Diese Rolle ist zudem ohne soziale Resonanz, weil dem Theologen das Recht auf Versammlungsfreiheit abgesprochen wird.

Ich versuche die Ängste der römischen Autoren nachzuempfinden: Man muß, so meinen sie, die katholische Kirche gegen die Versuchungen eines freien demokratischen Diskurses abschirmen. Wenn sich die Theologen mit dem kirchlichen Lehrauftrag dazu verleiten lassen, die Lehre in einer gewissen Bandbreite zu disputieren, wird die kirchliche Institution ihre doktrinäre Geschlossenheit verlieren. Damit wird sie kein glaubwürdiger Partner mehr für andere Kirchen, Gesellschaften und Staaten sein; sie wird in Sekten und Gruppierungen zerfallen; ihr sozialer Einfluß wird mangels realer Geschlossenheit zurückgehen.

Die Instruktion erscheint wie ein Angstschrei: Wenn die autorisierten Intellektuellen sich zu Kritikern der kirchlichen Institution machen, der sie angehören, dann hat diese Institution keine Zukunft mehr. Die Geschlossenheit und die Einheit in der Lehre sind nämlich – so meinen die Autoren – absolut notwendig, um sich von den Strömungen und Trends in der Welt zu unterscheiden, um die Fortdauer der Identität zu garantieren, um in einer Zeit zu überleben, in welcher die politische Macht, die gesellschaftliche Mehrheit und die Anziehungskraft der Kultur ihr feindlich gesinnt sind. Mit einem Wort: Unsere Autoren glauben also, daß die katholische Kirche sich durch die Disziplin eines Lehrkörpers, der in unbedingter Treue zum Lehramt steht, ohne größere Einbrüche den Herausforderungen entgegenstellen könne, die durch die demokratischen Gesellschaften an sie herangetragen werden.

Was auf dem Spiel steht, ist zu fundamental, als daß diese Option der Glaubenskongregation auf die leichte Schulter genommen oder bloß lächerlich gemacht werden könnte. Ich erlaube mir jedoch abschließend einige Bemerkungen an die Adresse dieser Option, um deutlich zu machen, daß ihre Risiken größer sind als erhoffte Vorteile:

Die Instruktion der Glaubenskongregation ist wenig originell: Sie sammelt verstreute Entscheidungen aus konziliaren und päpstlichen Dokumenten. Was an ihr als neu erscheint, stammt aus der systematischen Engführung und der juridischen Umschreibung bereits bekannter Auslassungen. Die Wirkung ist mit Händen zu greifen: Bei zahlreichen Lesern hat die Instruktion, zu Recht oder zu Unrecht, den Eindruck hinterlassen, sie wolle Prozeduren wiederbeleben, die mit den Staaten des Ostens zu verschwinden schienen. Die Bilanz dieses Dokumentes stiftet Unruhe:

1. Der Ausgangspunkt bei einer »Wahrheit, die frei macht«, in der christlichen Tradition unbestritten, wird in eine repressive Wirkung verkehrt. Diese Verkehrung eines Prinzips durch seine juridische Auslegung wird die Schwierigkeiten der katholischen Kirche verstärken, als glaubwürdiger und engagierter Partner im Einsatz für die Menschenrechte ernstgenommen zu werden.

2. Das Dokument beruft sich auf Grundsätze des II. Vatikanums von größter Offenheit, verweigert ihnen aber jeden rechtlichen Ausdruck. Ein solches Vorgehen stört den ökumenischen Dialog empfindlich. Die schmalen Brücken, die bisher erbaut wurden, erscheinen als Täuschungen.

3. Die Art, wie das Dokument die wissenschaftliche Arbeit von Theologen behandelt, erniedrigt diese Arbeit, indem sie sie zur Verwaltungstätigkeit degradiert. Damit rechtfertigt sie das Desinteresse der gegenwärtigen wissenschaftlichen Kultur an der katholischen Theologie. Wo es keinen freien Meinungsaustausch gibt, gibt es auch keine kulturellen Beziehungen.

4. Das Dokument ist eine Lobeshymne auf den Zentralismus. Die Individualität der Ortskirchen wird zugunsten der römischen Hegemonie fast zum Verschwinden gebracht. Die nichtkatholischen Kirchen können sich nur beunruhigen angesichts eines solchen Exzesses in der Vereinnahmung des Beistandes des Heiligen Geistes durch die zentrale Gewalt.

5. Die exaltierte Hervorhebung der Hierarchie, die wir zur Zeit erleben, ist unheilvoll und anmaßend. Sie ist unheilvoll, weil sie die katholischen Gläubigen auf eine Haltung des Desinteresses fixiert und die Bereitschaft zur Teilhabe reduziert. Sie ist anmaßend, weil sie den Zeichen der Zeit widerspricht. Die Zeit erscheint nur als Destruktion, Protest und Relativismus. Es ist befremdlich, daß so gescheite Autoren an diesem Punkt so blind sind.

Es ist nicht schwer, sich eine andere Beziehung zwischen Hierarchie und katholischen Theologen vorzustellen, ohne daß der Glaube darunter leiden müßte. Aber um diese Möglichkeit zu sehen müßten unsere Autoritäten tatsächlich die »Furcht verbannen« und ihr Vertrauen auf den Geist setzen.

Erwin Fahlbusch

# Römischer Fundamentalismus

## Eine kritische Betrachtung der Konfrontation von Lehramt und Theologie

Spannungen und Turbulenzen im Verhältnis zwischen Theologie und Lehramt zeigen ein Dauerproblem der römisch-katholischen Kirche an. In der Geschichte dieser Kirche und ihrer Theologie wird es oft als ein *Interessenkonflikt* registriert. Das Lehramt, bestimmt von seiner exklusiven Sorge, die apostolische Überlieferung zu schützen und das Bestehende zu bewahren, muß demgemäß auf jeden feststellbaren Mangel an Rechtgläubigkeit reagieren und ihn abwehren. Die Theologie, ihrer spezifischen Aufgabe verpflichtet, Philosophie und Wissenschaft zu beachten und für das Bedenken des Glaubens zu verwerten, kann nicht umhin, die gewachsene Tradition kritisch zu überprüfen und auf Grund neuer Einsichten zu korrigieren. Aus dieser verschiedenen Interessenlage erwachsen Konfrontationen, wenn sich das Lehramt der geschichtlichen Entwicklung verschließt, während sich die Theologie den Zeitfragen öffnet und dabei auf non-konformistische Wege gerät. Ein vielzitiertes Beispiel aus der jüngeren Theologiegeschichte ist der Modernismusstreit am Anfang des 20. Jahrhunderts.[1]

Das Spannungsverhältnis zwischen Lehramt und Theologie kann als eine *systembedingte Frage* im Rahmen des römisch-katholischen Selbstverständnisses wie auch im größe-

1 E. Weinzierl (Hg.): *Der Modernismus. Beiträge zu seiner Erforschung*, Graz 1974 – P. Colin u. a.: *Le Modernisme*, Paris 1980.

ren Horizont neuzeitlicher Problematik behandelt werden.[2] Der Fundamentaltheologe rubriziert »Lehramt« und »Theologie« als *Kapitel der Theologischen Erkenntnislehre*.[3] Für einen Historiker, der nach den tieferen Ursachen für die aktuellen Konflikte forscht, ist der jeweilige *Umgang mit der Geschichte* von Interesse. Er bemerkt in den Auseinandersetzungen auf beiden Seiten ein gestörtes Geschichtsbewußtsein: Lehramtliche Restriktionen wie theologische Progressionen leiden »zu einem großen Teil an einer vergessenen Geschichte«. So signalisieren Streit und Widerspruch zwischen Lehramt und Theologie eine *»Bewußtseinsstörung«*.[4] Für deren Bewältigung fehlt es bislang an einem »Subjekt«. Nur der Ort ist bekannt. So läßt sich das Problem als ein *Phänomen aus dem Alltag* der römisch-katholischen Kirche betrachten. Hier eskaliert es zu einem permanenten *Reizthema*, indem das Lehramt beständig seine Autorität herausstellt und dokumentiert und die Theologen hartnäckig ihre Kompetenz geltend machen und belegen, dabei mit römischen Instanzen in Konflikt geraten und diszipliniert werden. Es stimuliert die internen Diskussionen über den Zustand der Kirche. Außerhalb der Kirchengrenzen findet es, zum »Skandal« in den öffentlichen Medien stilisiert, ein neuartiges Publikum.[5]

---

2 Vgl. E. Fahlbusch: *Das römische Lehramt und das »Elend der Theologie«*, in: MdKI 31 (1980) 4–9; ders.: *Tradition und Fortschritt. Die nachkonziliare Kirche und Theologie im Horizont neuzeitlicher Problematik und Edward Schillebeeckx*, in: aaO. 88–95.

3 W. Kern u. a. (Hg.): *Handbuch der Fundamentaltheologie, Bd. 4: Traktat Theologische Erkenntnislehre*, Freiburg–Basel–Wien 1988 (Kap. 6 u. 7).

4 O. Köhler: *Bewußtseinsstörungen im Katholizismus*, Frankfurt/M. 1972.

5 Ein gut dokumentiertes Beispiel aus der langen Reihe der »Skandalfälle« bietet L. Kaufmann: *Ein ungelöster Kirchenkonflikt: Der Fall Pfürtner. Dokumente und zeitgeschichtliche Analysen*, Fribourg 1987.

Was »alle Tage« und »Jahr für Jahr« wiederkehrt und somit zur Alltagserfahrung gehört, kann im Verlauf einer bedrohlichen Entwicklung besondere Bedeutung gewinnen. In der krisenhaften Situation wird »Alltägliches« als Problemfeld entdeckt. Die gewohnten Spannungen und Interessenkonflikte sind jetzt fragwürdig. Sie kulminieren bei einer Krisenakkumulation, wenn der Konfliktstoff anwächst und die wechselseitigen Herausforderungen heftiger werden, zu grundsätzlichen Auseinandersetzungen. Der Prinzipienstreit, der eine Vermittlung zwischen den gegensätzlichen Positionen ausschließt, führt zu einer blockierenden Konfrontation. Dies macht die Situation lebensgefährlich; »Sein oder Nichtsein, das ist hier die Frage«. In dem derzeitigen Aufeinandertreffen von Lehramt und Theologen scheint ein solcher Punkt erreicht zu sein.

## Krisenszenarium

Die *römische Instruktion »über die kirchliche Berufung des Theologen«* vom 24. Mai 1990 markiert mit ihren Grundsätzen die für das Lehramt unaufgebbare Position. Sie behauptet als Axiom: »Die Wahrheit« ist »ein Geschenk Gottes für sein Volk«, und die Kirche ist der »Ort« und »das gemeinschaftliche Subjekt des Volkes Gottes«; das »von Gott Vorgesagte, Vorgedachte« ist »Maß der Theologie«, es besitzt im Lehramt ein »eigenes Organ«. Unter dieser Prämisse legt sie die unabänderlichen Prinzipien dar für die Stellung (Sendung, Aufgabe) der Theologie und des Theologen, für den Dienst des authentischen Lehramtes und für die gegenseitigen Beziehungen zwischen Lehramt und Theologie (bzw. Theologen). Die Instruktion soll und will dazu dienen, daß das Volk Gottes »in der von Anfang an vernommenen Lehre der Wahrheit und Freiheit verharrt ... und das ewige Leben als Fülle der Verheißung gewinnt«. Die »Jungfrau Maria« ist »vollkommenes Urbild, Vorbild und Stütze«.[6]

Mit dieser Instruktion, von Papst *Johannes Paul II.* gutgeheißen und zur Veröffentlichung bestimmt, reagiert die Kongregation für die Glaubenslehre nicht bloß auf die Stellungnahme katholischer Theologen zur vatikanischen Kirchenpolitik und zu lehramtlichen Verlautbarungen über die Sexualmoral.[7] Der Protest der Theologen gegen Machtausübung und -mißbrauch bei legislativen und administrativen Maßnahmen wie bei der Ausübung der Lehrkompetenz wird als Moment eines bedrohlich verlaufenden Prozesses gewertet. In seinem Kommentar zur Instruktion sieht der Präfekt der Glaubenskongregation, Kardinal JOSEPH RATZINGER, außer dem Frieden in der Kirche vor allem die dogmatisch fixierten Prinzipien (I. Vatikanum: Dogmatische Konstitution »De fide catholica«, Kap. IV; DS 3015–3020, 3041–3043) über die rechte Weise der Verbindung von Glaube und Vernunft gefährdet. Er spricht vom Zerfall des »geistigen Lebens des Menschen«, vom Verlust seiner »Wahrheitsfähigkeit« und seiner »wahren Freiheit«, von seiner Unterdrückung durch »undurchschaubare Mächte«. Die tödlichen Gefahren bezeichnet er mit den Stichworten: »technizistischer Rationalismus«, und »finsterer Irrationalismus«, »Welle der Esoterik« und »atavistische Formen des Aberglaubens«. Er bemerkt, daß die Theologie im Sog dieser lebensgefährlichen

6 Vgl. dazu: K.-H. WEGER SJ: *Wie weit reicht der Schutz des Heiligen Geistes?*, s. S. 108 i. d. Buch. – P. HÜNERMANN: *Das Lehramt und die endliche Gestalt der Glaubenswahrheit*, s. S. 138 in diesem Buch.

7 Vgl. die sog. »Kölner Erklärung deutschsprachiger Theologen« vom 6. 1. 1989: *Wider die Entmündigung – für eine offene Katholizität*; Text in: MdKI 40 (1989) 13–14, und HK 43 (1989) 127–129. Die Erklärung hat eine breite Zustimmung auch in anderen Ländern gefunden und zu öffentlichen Kontroversen geführt. Eine neue »Modernismuskrise« zeichnet sich ab; vgl. P. HÜNERMANN: *Droht eine dritte Modernisierungskrise?*, in: HK 43 (1989) 130–134.

Entwicklung steht; wenn sie ihren »festen Grund verläßt« (d. i. die geoffenbarte Wahrheit, wie sie in der Kirche unter der Autorität des Lehramtes übermittelt wird), dann ist »das Absinken in den Skeptizismus, die Zerspaltung der Existenz in Rationalismus und Irrationalismus unausweichlich«.[8]

In dem Krisenszenarium, das die Instruktion im Blick hat, nimmt das als »Dauerproblem« apostrophierte Spannungsverhältnis zwischen Lehramt und Theologie andere Konturen an. Der Interessenkonflikt kulminiert in Fragestellungen, die Daseinsprobleme zum Gegenstand haben. Motive und Inhalte sind freilich verschieden. Was in der gesichteten Krise von existentieller Bedeutung ist, wird im Wechseln der Beweggründe und der Perspektiven vom Lehramt anders beantwortet als von der Theologie und wiederum anders entschieden, wenn binnenkirchliche Dissonanzen zur Diskussion stehen oder die Lebensgeschichte von einzelnen Menschen bedacht wird. Die Szenerie der Konfrontation bietet sich unter mehreren Aspekten dar.

## Die »Urfrage des Menschen«

Für den römisch-katholischen Lehrtypus ist es charakteristisch, daß die Explikation der Glaubensüberzeugung *anthropologisch* ansetzt. Anlaß dazu gibt der Glaube an die Selbstmitteilung Gottes in dem Gottmenschen Christus. Die Begründung liefert die Inkarnationsaussage, daß der Logos menschliche Gestalt annimmt, der Absolute im endlich Seienden eine Entsprechung findet. Die dogmatische Formel über diese Menschwerdung Gottes wird in der römisch-katholischen Lehrentfaltung als Grundprinzip der Glaubensre-

8 Kard. J. Ratzinger: *Glaube – eine Antwort auf die Urfrage des Menschen*. Die Instruktion über die kirchliche Berufung des Theologen, in: L'Osservatore Romano, dt. Ausgabe Nr. 27 vom 6. 7. 1990, S. 1 und 7.

flexion genutzt und dient ihr als Denkmodell für eine Reihe von Verhältnisbestimmungen (z. B. Glaube und Vernunft, Gnade und Natur, Christus und Kirche und auch Lehramt und Theologie).[9] So erscheint es durchaus sachgemäß, wenn der Präfekt der Glaubenskongregation meint feststellen zu können, in den derzeitigen Auseinandersetzungen handele es sich »letztlich um ein anthropologisches Problem«, d. h. um die »Urfrage des Menschen«. Zugespitzt auf die »Frage von Wahrheitsfähigkeit und von wahrer Freiheit des Menschen«, die der Glaube beantwortet, bildet sie den »großen Horizont« der Instruktion.[10]

Mit seiner Feststellung lenkt der Kardinal von dem ab, was die Theologen beschäftigt. Deren vorrangige Themen in dem Streit sind die institutionellen Bedingungen und die sachlichen Kriterien, die zu beachten und anzuerkennen sind, wenn die kirchliche und theologische Antwort auf jene »Urfrage« der menschlichen Existenz *glaubwürdig* sein soll. In der für die Glaubenskongregation »notwendig gewordenen Neubesinnung« wird die Theologie statt dessen an ihr eigentliches Thema und ihre spezifische Sendung gewiesen und dabei an die für sie geltenden grundsätzlichen Regeln erinnert. Die Instruktion konstatiert: Die Glaubensantwort ist vorgegeben und im »übernatürlichen Glaubenssinn« dem Gottesvolk zu eigen; das Lehramt hütet und erklärt das Glaubensgut; unter dessen Autorität und Leitung bemüht sich die Theologie um ein tieferes Verständnis des Glaubens; das letzte normgebende Prinzip für die Vermittlung des Glaubens findet die Theologie in der geoffenbarten Lehre und dem übernatürlichen Glaubenssinn.[11]

Gleichwohl schließt die Instruktion nicht aus, daß bei der

9 Vgl. E. Fahlbusch: *Inkarnation*, in: EKL $^3$II (1989) 677–682, bes. 679 f.; ders: *Katholizismus*, in: aaO. 1007–1020, bes. 1017 f.
10 Ratzinger, aaO. (Anm. 8).
11 Instruktion, Nr. 2 ff., 6, 8, 10, 12.

Beantwortung der menschlichen Urfrage *Spannungen* zwischen dem Lehramt und der Theologie aufkommen oder sogar ein *Dissens* entsteht, der die Gemeinschaft im Glauben gefährdet. Welche Argumente ein Theologe für seine abweichende Meinung auch anführen mag, so ist er doch aufgrund seines Glaubensgehorsams dazu verpflichtet, »die Lehre des Lehramtes loyal anzunehmen«. Er kann sich bei einem Widerspruch gegen lehramtliche Äußerungen nicht auf die freie Selbstbestimmung der Person berufen, denn mit der »Freiheit des Glaubensaktes« wird der »moralischen Verpflichtung auf Annahme der Wahrheit« genüge getan. Ebensowenig kann er sich auf »das Urteil des eigenen subjektiven Gewissens« stützen, »weil dieses keine autonome und exklusive Instanz ist, um über die Wahrheit einer Lehre zu urteilen«. Vielmehr ist das Gewissen »ein Akt des moralischen Urteils über eine verantwortliche Entscheidung«. Als *»richtiges Gewissen«* hat es den Glauben, die Liebe zur Kirche und die Achtung vor dem mit göttlichem Beistand ausgezeichneten Lehramt zur Voraussetzung. Fazit: Das »endgültige Wort«, von Gott mit Christus ein für allemal gesagt, ist »der Kirche unter der Leitung des Lehramtes anvertraut«.[12] Also: Roma locuta, causa finita – wie Kirchenvater Augustinus (354–430) zu sagen pflegte.

## Wahl zwischen Tod und Leben

In der Beschreibung und Analyse der krisenhaften Situation durch die *Theologie* wird bemerkt, daß das menschliche Subjekt bedroht ist und daß angesichts der vielfältigen Lebensängste und des Sterbens in der Umwelt hier eine Neuorientierung erfolgen muß; denn: Die Existenzfrage nach einem

12 Instruktion, Nr. 25, 28, 32 ff., 38, 41.

Leben *vor* dem Tod ist ebenso wichtig wie die Glaubensfrage nach einem Leben *nach* dem Tod. Die anstehende Wahl zwischen Leben und Tod nötigt zu einer gemeinsamen Wahrheitsfindung. Wenn das Lehramt sich darauf nicht einläßt und verbindliche Lehraussagen rezitiert, die Theologie hingegen an einer »Neuprägung« der traditionellen Kategorien und Imperative arbeitet, dann entsteht eine tödliche Blockade.

Die Konfrontation besteht in folgenden Umständen: Im Protest der *Theologen* gegen Anspruch und Praxis des Lehramtes verfällt dessen Autorität; ihre Fundamental- und Regimekritik läßt es obsolet erscheinen. In der Replik des *Lehramtes*, die disziplinarische Maßnahmen einschließt, werden den Theologen wesentliche Konditionen ihrer Arbeit bestritten, die Freiheit von Forschung und Lehre; für sie stehen »Menschenrechte« auf dem Spiel. Der Streit führt zu zwei gegenläufigen exponierten Tendenzen, in denen sich jeweils der eine gegen den andern zu behaupten sucht. Die Hirten der Kirche verteidigen das Lehramt als »konstitutives Element der Kirche« und als die »von Christus gewollte Institution«, zitieren den »Beistand des Heiligen Geistes« und verharren auf der Position, das Lehramt sei »die einzige authentische Instanz für die Auslegung des geschriebenen oder überlieferten Wortes Gottes«.[13] Demgegenüber reklamieren die Theologen die ihnen zukommende »Freiheit der theologischen Forschung« und bestehen als eigenständige »Lehrer der Kirche« auf dem Recht wie auf der Pflicht, nach bestem Wissen und Gewissen »das Wort zu verkünden opportune importune, gelegen oder ungelegen«.[14] Die beiden Tenden-

13 Instruktion, Nr. 13, 14.

14 Vgl. die Erklärung »Die Freiheit der Theologen und der Theologie«, verfaßt von Mitarbeitern der Internationalen Zeitschrift für Theologie CONCILIUM, am 16. 12. 1968 den Präfekten aller römischen Kongregationen vorgelegt, alsbald von 1360 Theologen unterschrie-

zen unterscheiden sich darin, daß die erste statisch, defensiv auf die Erhaltung des traditionellen Bestandes zielt, während die zweite dynamisch, offensiv sich an dem die Zukunft offenhaltenden Prozeß der Wahrheitssuche orientiert. So provoziert der Konflikt die Frage: »Kirche: dem Tod oder dem Leben zugewandt?« Sie ist begründet, denn: Es bestehen »Anzeichen für eine Kirche, die sich durch falsche Entscheidungen die Zukunft verbaut, neben Anzeichen für eine Kirche, die sich durch ihre Anwesenheit bei der Gestaltung einer besseren und gerechteren Zukunft der Welt einer wirklich neuen, lebendigen Zukunft für Kirche und Welt öffnet«.[15]

## Der Institution Kirche droht ein Kollaps

Ein wesentlicher Faktor für die Krisenakkumulation sind die *binnenkirchlichen Dissonanzen*. Die patriarchalischen Vorstellungen und doktrinären Aussagen der Hirten der Kirche harmonieren nicht mit den Emanzipationsbestrebungen unter den »Laien« der Kirche. Mit dem wachsenden Selbstbewußtsein der Frauen in kirchlichen Diensten, den Alternativen der Basisgemeinden und den Systemkorrekturen pastoraltheologischer Konzepte klingen im Alltag der Institution neue Töne an. Im Glaubens- und Lebensvollzug der

ben (Text in Beilage zu CONCILIUM, Heft 1/1969) und jetzt wieder aufgegriffen in der »Tübinger Erklärung« katholischer Theologieprofessoren vom 12. 7. 1990 (Text in Südd. Zeitung Nr. 159 vom 13. 7. 1990).

15 So E. Schillebeeckx in seiner Vorstellung der Thematik des Intern. Theol. Kongresses (9.–13. 9. 1990 in Löwen) über die Situation von Kirche und Welt »an der Schwelle zum dritten Jahrtausend«. In der analytischen und beschreibenden Arbeit der 2. Sektion des Kongresses ging es um die zeitgenössischen Konfrontationen und hinsichtlich der Kirche um die Frage: »Dem Tod oder dem Leben zugewandt?« Vgl. CONCILIUM 26 (1990) 7, 23–33, 41–56.

Kirchenmitglieder erodiert ebenfalls »Alltägliches«, weil die gewohnten Wert- und Denkmuster und das in christlicher Routine Eingeübte angesichts neu gewonnener Einsichten und Erfahrungen problematisch geworden sind.

Hier kommt der Wunsch oder die Neigung an den Tag, dem Zauber des immer Gleichen zu entkommen und Alternativen zu entdecken, die im Wandel der Lebensbedingungen und -verhältnisse den akuten Anforderungen genügen. Dabei geht es weniger um den Konflikt oder Dissens zwischen Amtskirche und engagierten Laien. Vielmehr handelt es sich um einen zeitsymptomatischen Vorgang, der die Inkongruenz der kirchlichen und gesellschaftlichen Orientierung der Kirchenmitglieder anzeigt. Den Laien erscheinen die verbindlichen Vorgaben ihrer Bischöfe unter den Bedingungen säkularer Wirklichkeit teils nicht mehr plausibel, teils nur insoweit akzeptabel, als sie sich der persönlichen Überzeugung und Lebensgestaltung einfügen lassen. Das Lehramt hingegen vernachlässigt die veränderten psychischen und kognitiven Strukturen, die unter dem Etikett »modernes Bewußtsein« firmieren. Es rekapituliert seine alten Prinzipien für Denken und Handeln. Damit erschwert oder verhindert es die »aufrichtige Anhänglichkeit« der Gläubigen (LG 25,1) und deren Identifikation mit der Kirche. Wird aber der von den Gläubigen geforderte »religiöse Gehorsam des Willens und des Verstandes« (LG 25,1) nicht mehr geleistet und mangelt es somit an der »allgemeinen Übereinstimmung in Sachen des Glaubens und der Sitten« (LG 12,1), dann ist die Einheit der institutionalisierten Gemeinschaft in der Gefahr, sich aufzulösen.[16]

Von dieser Krise der Institution Kirche zeigt sich die Instruktion der Glaubenskongregation insoweit beeindruckt,

---

16 Vgl. J. Ratzinger: *Zur Lage des Glaubens,* München $^{2}$1986 (it. 1984); N. Greinacher/H. Küng (Hg.): *Katholische Kirche – wohin?*, München 1986; F. Köster: *Autoritätenwechsel*, Frankfurt/M. 1990.

als sie »die im Volk Gottes umlaufenden Ideen«, die »nicht alle mit dem Glauben« der Kirche übereinstimmen, zurückweist und die Grenzmarkierungen so verstärkt, daß sie den Druck einer »künstlich gesteuerten öffentlichen Meinung« aushalten können. Die Theologie wird hinter den lehramtlichen Schutzwall zurückbeordert und an ihre Pflicht gemahnt, dem Volk Gottes »eine Lehre vorzutragen, die in keiner Weise der Glaubenslehre Schaden zufügt«. Dabei wird der sensus fidei beschworen, der die »Eigenart« des unfehlbaren »theologalen Glaubens« ausmacht und als eine »besondere Eigenschaft« der Gesamtheit der Gläubigen gilt (LG 12,1). Er kann nicht mit der Meinung der Gläubigen gleichgesetzt werden, denn er ist eine »Gabe Gottes« und als »persönlicher Glaube zugleich der Glaube der Kirche«. Durch den übernatürlichen Glaubenssinn hält das Gottesvolk an dem der Kirche übergebenen Glauben fest. Es ist hier allerdings auf das Lehramt der Kirche angewiesen. Denn diesem Amt ist von Christus die Aufgabe anvertraut, dem Gottesvolk »die objektive Möglichkeit (zu) garantieren, den echten Glauben jederzeit und in den verschiedenen Stationen irrtumsfrei zu bekennen«. Darum besteht eine »unauflösliche Beziehung zwischen dem ›sensus fidei‹ und der Anleitung des Volkes Gottes durch das Lehramt der Hirten«.[17]

In diese »Wirklichkeiten« sind die Theologen als Glieder des Volkes Gottes eingebunden. Das Objekt ihres wissenschaftlichen Forschens ist »die Wahrheit«; der übernatürliche Glaubenssinn leitet ihre Reflexion. Beides wird »in der Kirche unter der Autorität des Lehramtes übermittelt, ausgelegt und vom Glauben angenommen«. Diese »Elemente« haben »den Rang von Grundsätzen«.[18] Somit bleibt es der

17 Instruktion, Nr. 8, 11, 14, 35.
18 Instruktion, Nr. 8, 12.

Theologie versagt, eigenständig und basierend auf heutigen Erfahrungen und Erkenntnissen Verstehenshilfen zu entwickeln und anzubieten, mit denen sie der Krise der Institution Kirche begegnen will. Demgegenüber bevorzugt das Lehramt den Modus der Wiederholung für Lehre und Leben; seine »Äußerungen« – das ist der Anspruch – sichern das »Bleiben in der Wahrheit« wie die »Einheit der Kirche« ab.[19]

Der Prinzipienstreit, der einerseits über die Wahrheit des Glaubens und deren Ort und Subjekt und andererseits über Methoden, Kriterien und Gewährleistung theologischer Forschung und Lehre handelt, mutet ziemlich abstrakt und theoretisch an, auch wenn konkret von den Menschen und der realen Kirche, von pastoralem Lehramt und praktischer Theologie die Rede ist. Doch er wirkt in der Breite und Tiefe binnenkirchlicher Dissonanzen. Er kann nur zur Folge haben, daß der fortschreitende Verlust an Glaubwürdigkeit der Kirche sich verstärkt und die Identifikationsschwierigkeiten der Kirchenmitglieder weiter anwachsen. Ein Kollaps der Institution Kirche ist nicht auszuschließen. Ob die »Psychotherapie des Glaubens« (J. Ratzinger) zu helfen vermag, bleibt abzuwarten.

## Küsse den Stock, der dich schlägt

Die entstandene Konfrontation ist nicht zuletzt von existentieller Bedeutung für diejenigen, die in ihrem *persönlichen und beruflichen Leben* den Konflikt zwischen Lehramt und Theologie ertragen und aushalten müssen, darunter leiden und als Opfer auf der Strecke bleiben. Es mögen vornehmlich Theologen und Kleriker, vermutlich auch der eine oder andere Bischof, mit vielen kirchlichen Mitarbeitern betrof-

19 Instruktion, Nr. 35.

fen sein, zudem manche in den Reihen des Kirchenvolkes, die den kirchlichen Gesetzen nicht einfach ausweichen wollen oder können. In die »männliche« Liste der Betroffenen gehört desgleichen eine große Zahl wissenschaftlich qualifizierter Frauen, die als Pastoralreferentinnen bzw. Gemeindeassistentinnen im kirchlichen Verkündigungsdienst stehen oder als Hochschulassistentinnen im theologischen Forschungs- und Lehrbetrieb arbeiten. Sie sind eigens zu erwähnen, weil die Instruktion in der üblichen lehramtlichen Sprechweise die weiblichen Glieder des Gottesvolkes geflissentlich ignoriert. Hier präsentiert sich das Lehramt einmal mehr als ein Männerbund, der nur Artgenossen in die Nachfolge der Apostel aufnimmt und deshalb seine Instruktion lediglich »den Bischöfen und über sie den Theologen« männlichen Geschlechts vorlegt. Es dokumentiert damit erneut die mangelnde Sensibilität für den Wandel und eine Reform der Kirche oder auch die Unfähigkeit, die Zeichen der Zeit angemessen zu erkennen.

Für die Lebensgeschichte des kirchlichen Lehrpersonals bekundet die Instruktion mit ihren gezielten Darlegungen ein merkwürdiges Desinteresse. Die kennt zwar die Schwierigkeiten, die aus dem »subjektiven Gewissen des Theologen« und aus seinem Zweifeln an reformablen und irreformablen lehramtlichen Verlautbarungen erwachsen; sie hält dafür Regeln bereit (z. B. ein gründlicheres Studium, tiefere und geduldige Reflexion, ein Problemvortrag vor den Lehrautoritäten). Sie weiß auch von schweren Prüfungen und »schweigendem und betendem Leiden«, die einem Theologen zugemutet werden müssen, weil der Glaubensgehorsam und der Treueid gegenüber dem Lehramt unabdingbar sind. Aber wenn das Lehramt zum »Schutz des Glaubens« sich veranlaßt sieht, »beschwerliche Maßnahmen« zu ergreifen (z. B. Entzug der »missio canonica« oder des Lehrauftrages, Verurteilung theologischer Schriften), dann ist »nicht die

Person des Theologen« gemeint, »sondern nur seine öffentlich geäußerte intellektuelle Ansicht«. Wie seltsam und eigentlich begrenzt entlarvt sich die pastorale Sorge der Hirten mit einer solchen Differenzierung zwischen der Person und ihrem Denken. Sie gilt in eklatanter Weise einzig der Kirche als dem Hort der Wahrheit. Menschenrechte werden damit nicht verletzt. Wer dies behauptet, muß sich belehren lassen, daß er die »Hierarchie dieser Rechte« verkennt »und ebenso die Natur der Gemeinschaft der Kirche sowie ihr Gemeinwohl«[20] Einen engagierten Kommentator lassen diese lehramtlichen Ausführungen feststellen: Die katholische Kirche zeige »das Modell eines totalitären Staates, der jede Art von abweichender Meinung unterdrückt und von seinen dankbaren Opfern erwartet, den Stock zu küssen, der sie schlägt«.[21]

Die Grundsätze und Regeln der Instruktion und der Maßnahmenkatalog gegen »Relativierung von Glaubensaussagen« und »gefährliche Sondermeinungen« lösen keine Probleme und heben die tödliche Blockade nicht auf. Sie potenzieren die Gefahren, die der Kirche drohen, und stärken die Disharmonien, die wie ein Virus im kirchlichen Gefüge wirken. Und indem das Lehramt das Leben von Kirchenmitgliedern beeinträchtigt oder deren berufliche Existenz gar zerstört, obgleich sie guten Willens die Wahrheit entdecken und der Kirche hilfreich dienen wollen, allerdings ohne neurotisch erkranken oder einer Schizophrenie anheimfallen zu müssen, rüttelt es selbst an den Fundamenten, die zu erhalten es vorgibt. Das »Geheimnis des Leibes Christi«, der »Geist der Wahrheit«, die »Gemeinschaft der Liebe« wie die »Liebe zur Kirche« verblassen zu Leerformeln, die keinen Sinn machen.

---

20 Instruktion, Nr. 28–31, 37.

21 Peter Hebblethwaite: *Ängstliches Schweigen – ein seltsamer Weg, den Glauben zu verteidigen*, s. S. 97 in diesem Buch.

In einem sachlichen Zusammenhang mit der Instruktion steht das Dokument der *Internationalen Theologenkommission* (ITK) »Die Interpretation der Dogmen«, das im Mai 1990 veröffentlicht wurde.[22] Es skizziert zunächst die allgemein-philosophische und die gegenwärtige theologische Problemstellung der Thematik, benennt alsdann die Fundamenta Theologica der Problemlösung (biblisches Zeugnis, lehramtliche Aussagen und Praxis sowie systematisch-theologische Grundlagenüberlegungen) und zählt abschließend die Interpretationskriterien auf, die sich aus der engen »Zusammengehörigkeit von Schrift, Traditio und Communio der Kirche« ergeben.

Was Kardinal *Ratzinger* in seinen Erläuterungen als Aufgabe der Instruktion hervorhebt (d. i. der rechten Weise der Verbindung von Glaube und Vernunft zu dienen) und der kirchlichen Sendung der Theologen zuschreibt (d. i. den

---

22 Die bereits von einigen Konzilsvätern des II. Vatikanum und später von der ersten ordentlichen Bischofssynode (1967) erbetene *Internationale Theologenkommission* (ITK) wurde von Papst Paul VI. im päpstlichen Konsistorium am 28. 4. 1969 eingesetzt. Im Sinne der Bischöfe sollte sie, getragen von den nationalen Bischofskonferenzen, ein Gegengewicht zur kurialen Kongregation für die Glaubenslehre bilden. Doch der Papst siedelte sie ausdrücklich »im Schoß« dieser Kongregation an und wies ihr eine konsultative Funktion im Dienste des Lehramtes zu. Den Präfenten der Kongregation (damals Kardinal Seper, heute Kardinal Ratzinger) setzte er als Vorsitzenden ein. Die erste Plenarsitzung der Kommission fand vom 6. bis 8. 10. 1969 statt. Während einer ITK-Vollversammlung vom 3. bis 8. 10. 1988 wurde der von einer Unterkommission (Leitung Bischof Dr. Walter Kasper) erarbeitete Text über »die Interpretation der Dogmen« diskutiert und in einer weiteren Vollversammlung (Okt. 1989) approbiert. Das Dokument fand die Billigung des Präfekten der Glaubenskongregation. Die Originalfassung (in deutscher Sprache) ist veröffentlicht in: IKZ Communio 19 (1990) 246–266.

Glauben der Kirche als Antwort auf die menschliche Urfrage nachzudenken und zu lehren),[23] beschäftigt auch das ITK-Dokument. Sein Hintergrund ist ebenfalls »die Wahrheit der Wirklichkeit«, die der Mensch erfragt, um die Welt und sich selbst zu verstehen, und die der Glaube endgültig beantwortet. In dem ITK-Dokument wie in der Instruktion wird vorausgesetzt: *zum einen*, daß die Wahrheit der Wirklichkeit »in der menschlichen Vernunft und durch die menschliche Vernunft (sich) offenbart« und »in objektiver Evidenz in unserer Vernunft an der Wirklichkeit selbst« aufleuchtet; und *zum andern*, daß die universale und bleibend gültige Wahrheit dem Glauben zugänglich ist, im Glauben der Kirche erkannt und in deren Paradosis und Dogmen gültig ausgesagt wird. Zur Begründung der Verbindung von Glaube und Vernunft dient das »Alphabet des Glaubens« (ITK-Dokument B III 1). Gemeint ist das »Bekenntnis«: Der Logos, die »ewige Vernunft« war am Anfang, ist deshalb der »Grund aller Dinge« bzw. läßt »die Dinge vom Grund her vernünftig« sein, leuchtet »in antizipatorisch-fragmentarischer Weise in aller Wirklichkeit« auf, ist im Alten Testament verheißen und »in Jesus Christus in seiner ganzen Fülle in geschichtlich-konkreter Gestalt erschienen«.

In beiden Texten lautet die *Ausgangsthese*: Die Wahrheit der Wirklichkeit und die ewige Vernunft« fallen in der Christuswirklichkeit und -wahrheit zusammen, und durch das Zeugnis der Kirche werden sie vermittelt. Gemäß der Vorsätze handelt es sich um eine »allen Menschen gemeinsame Wahrheit«. Im Modus der Inkarnation hat sie den Symbolen und Sprachen aller Völker, in dem die kulturellen Unterschiede hinter sich lassenden gemeinsamen Humanum wie in den gemeinsamen Grundüberzeugungen und Grundwerten menschlicher Gesellschaft »Fleisch angenommen«. Ihre Er-

23 Ratzinger, aaO. (Anm. 8).

kenntnis erfolgt in bestimmten geschichtlichen Situationen und in der Begegnung der Kulturen. Aber die allgemeingültige Wahrheit besteht unabhängig von den kontingenten Erkenntnisbedingungen und Entdeckungszusammenhängen und ist deshalb davon zu unterscheiden. Sie steht nicht im Gegensatz zur Vernunft, übersteigt jedoch die Fassungskraft menschlicher Erkenntnis und bedarf deshalb einer immer wieder neuen Interpretation.[24] In der Traditio (Paradosis) der Kirche, in deren Lehre und Leben ist sie auf vielfältige Weise »bleibend präsent«. Als »das Raum und Zeit übergreifende Subjekt des Glaubens« kann die *Kirche* die notwendige Interpretation leisten. Bei ihrer Verkündigung der Wahrheit knüpft sie an dem »geschichtlich und zugleich universal offenen Wesen der menschlichen Vernunft« an. Dabei kann sie »es reinigen und zu seiner tiefsten Erfüllung führen« und außerdem der »menschlichen Sprache, ihren Bildern und Begriffen ihre endgültige Bestimmung« geben.[25] Der *Theologie* obliegt es, das Verhältnis zwischen der universalen und bleibend gültigen Wahrheit und der Geschichtlichkeit der Wahrheitsaussagen (Dogmen) zu klären. »Dabei geht es konkret um die Frage, wie die Kirche ihre verbindliche Glaubenslehre heute so weitergeben kann, daß aus der Erinnerung an die Tradition Hoffnung für die Gegenwart und die Zukunft entsteht«, und – angesichts der unterschiedlichen sozio-kulturellen Situation – »außerdem um die Frage nach Einheit und Vielfalt in der dogmatischen Auslegung der Wahrheit und Wirklichkeit der Offenbarung.«[26]

Das authentische *Lehramt* der Kirche stützt sich bei der Weitergabe der universal gültigen Wahrheit und bei dem »Fortschritt« in deren Verständnis auf den Beistand des Heiligen Geistes und die Unfehlbarkeit der Kirche (DV 8; 10;

---

24 Instruktion, Nr. 1; ITK-Dokument (A I 3 u. 4), aaO. 247f.
25 ITK-Dokument (A I 1–4, B III 1), aaO. 246–248, 255.
26 ITK-Dokument (A II 3), aaO. 250.

LG 25). Die *Theologie* hilft bei der Interpretation »auf der Grundlage wie unter der Norm der Verkündigung, der Lehre und des Lebens der Kirche«. Bei dieser Arbeit findet sie Anhalt an dem »Kriterium des Ursprungs bzw. der Apostolizität« wie an dem »Kriterium der Gemeinschaft bzw. der Katholizität«; der Mensch ist »nicht das Maß, wohl aber der Bezugspunkt«. Das kirchliche Lehramt regt den Interpretationsprozeß der Theologie an, begleitet und lenkt ihn. Durch die »amtliche Bestätigung« verleiht es ihm »objektive und allgemeinverbindliche Autorität«. In dem »nie endenden theologischen Disput« sorgen die lehramtlichen Verlautbarungen, gleich welcher Art, für »Orientierung und Gewißheit«.[27]

## Auf dem Podest des Bekenntnisses

Die prinzipiellen Darlegungen und Belehrungen der Instruktion erfolgen auf dem Hintergrund »großer geistiger und kultureller Umbrüche« und im Bezug auf die dadurch entstandene Gefährdung von Kirche und Theologie. Im Modus der Wiederholung rezipieren sie das Depositum fidei, das die geoffenbarte Wahrheit enthält, und wollen damit das hierarchische System absichern. Das ITK-Dokument fragt angesichts der veränderten Einstellung gegenüber dem Überlieferungsgut der Kirche und der Begegnungen mit verschiedenen Kulturen nach einer »Wahrheit an sich« und nach deren Wiedergabe und Vermittlung. Was die Instruktion vorträgt, wird hier im Rahmen einer *theologischen Aufgabe* behandelt, der Dogmeninterpretation. Anders als lehramtliche Verlautbarungen sollte sich eine theologische Stellungnahme dadurch auszeichnen, daß sie das Deklamieren vermeidet,

27 ITK-Dokument (C III 1–6), aaO. 262–266.

sich statt dessen auf den wissenschaftlichen Diskussionsstand einläßt und ihr Votum argumentativ begründet. Doch das ITK-Dokument begnügt sich mit Problemanzeigen und Beschreibung verschiedener Positionen und verzichtet zugunsten der eigenen Thesen auf eine Auseinandersetzung.

Die Frage nach Wahrheit und Wirklichkeit, von der das ITK-Dokument als Grundproblem der Interpretation ausgeht, gehört zu den schwierigsten Problemen des menschlichen Denkens. Die verschiedenen Wahrheitstheorien, die im Prozeß der abendländischen Geistesgeschichte vorgetragen wurden und mit weiteren Präzisierungen in der Gegenwart diskutiert werden, zeigen ein Spektrum von Gesichtspunkten, das es verwehrt, einfache Antworten zu geben.[28] Der Wahrheitsproblematik muß sich die Theologie stellen, weil der christliche Glaube, den sie expliziert, für sich Wahrheit im universalen Sinne beansprucht; seine Aussagen beziehen sich auf eine umfassendere Wirklichkeit als jene, die dem menschlichen Erkenntnisvermögen zugänglich erscheint. Soll in der andauernden Krise ein solcher Wahrheitsanspruch gegen seine Infragestellung aufrecht erhalten und geltend gemacht werden, so ist es unabdingbar, sowohl plausible Wahrheitskriterien zu benennen als auch die Verifikationsbedingungen anzugeben, die den Aufweis der Wahrheitsfähigkeit des Anspruchs und die Transformation der Glaubensaussagen in Wissen ermöglichen. Dieses Gebot markiert ein *Grundproblem der Theologie*. Um den Wahrheitsanspruch des christlichen Glaubens für alle Menschen als wahr zu erweisen, genügt der Rekurs auf die Erfahrung

---

28 Zum gegenwärtigen Diskussionsstand vgl. z. B. L. B. Puntel: *Wahrheitstheorien in der neuen Philosophie*, Darmstadt 1978; W. Pannenberg: *Grundfragen systematischer Theologie* II, Göttingen 1980, S. 226–264; I. U. Dalferth: *Religiöse Rede von Gott*, München 1981, S. 679–711; W. Härle: *Systematische Theologie,* München 1982, S. 169–187.

des Wirkens Gottes und des Heiligen Geistes oder auf die Autorität der Kirche allerdings nicht. Ihre Aufgabe kann die Theologie nur einlösen, wenn sie sich der *Vernunft* als Organ der Wahrheit und Wahrheitsverantwortung bedient und die argumentative *Methode* als conditio sine qua non akzeptiert.[29]

Das ITK-Dokument läßt den Geltungsanspruch der erkannten universalen Wahrheit eine unbegründete Behauptung sein. Das theologische Grundproblem, unter welchen Bedingungen und auf welche Weise das Wahr-Sein erwiesen werden kann, wird in den systematisch-theologischen Überlegungen wie bei der Auflistung der Kriterien nicht einmal erwähnt. Die Frage nach der Wahrheitsfähigkeit des Anspruchs, die gerade im Bezug auf die konstatierten geistigen Herausforderungen beantwortet werden müßte, meint die Theologenkommission ausklammern zu können. Sie verweilt auf dem Podest des Bekenntnisses,[30] dessen Subjekt die Kirche ist, welche die ihr geschenkte Wahrheit aufnimmt und in ihrer Tradition – »Raum und Zeit übergreifend« – die menschlichen Bilder und Begriffe reinigt, verwandelt und endgültig bestimmt. In einer solchen Pose kommt die Ebene begründeter Rede und argumentativer Auseinandersetzung nicht in den Blick. Das Bekenntnis als Grundaussage des Glaubens genügt bereits der »Sache«; es ist im Glaubensgehorsam zu interpretieren. Mit ihm wird die perichoretische Einheit von biblischem Logos und Vernunftlogos bezeugt und die geoffenbarte Wahrheit als »wahr und wirklich« erfaßt; es enthält die bezeugte Wahrheit. Die lehrhafte Bezeu-

29 Was die »Hinzufügung« von Vernunft und Methode zu den axiomatischen Voraussetzungen der Theologie »wirklich bedeutet und bedeuten muß«, ist »in der katholischen Theologie noch immer unzureichend geklärt«, so M. SECKLER in: *Handbuch der Fundamentaltheologie*, aaO. (Anm. 3) S. 205.

30 ITK-Dokument (B III 1), aaO. 255.

gung kann an der Vernunft anknüpfen, weil in ihr – gemäß jener Perichorese – die Wahrheit »in objektiver Evidenz« schon aufleuchtet. Wenn sie hier den Weg vernünftigen Verstehens beschreitet und dabei die Wahrheit unter kontingenten Erkenntnisbedingungen und Entdeckungszusammenhängen vorträgt, so geschieht dies nicht in der Absicht, den »unbedingten« Geltungsanspruch im geschichtlichen Kontext verhandlungsfähig zu machen. Das Ziel ist vielmehr die »Vorwegnahme der ewigen Schau Gottes«. Entsprechend diesem »theologalen« Sinn des verbindlichen Zeugnisses bleiben dessen Aussagen auf dem Stand einer Anamnese der Wahrheit und der Intention verhaftet, die Wahrheit zu demonstrieren und ihre Universalität doxologisch zu antizipieren.[31] So lockt das ITK-Dokument von einer theonomen Insel aus und hält sich von den gefährlichen Gewässern fern, in denen zu bewahrheiten wäre, was angeblich präsent und bleibend gültig ist und bis zum Ende der Zeiten Bestand haben soll.

## Römischer Fundamentalismus

Der Ausdruck *Fundamentalismus* bezeichnet – dem allgemeinen Sprachgebrauch folgend – »eine Form von konservativem evangelikalem Protestantismus, der neben anderen traditionellen Lehren ... ganz außergewöhnliches Gewicht auf die Irrtumslosigkeit und Unfehlbarkeit der Bibel als absolut wesentliches Fundament und Kriterium der Wahrheit legt. Zudem gilt persönlicher Glaube, das Bewußtsein der Sündigkeit und Erlösungsbedürftigkeit und die persönliche Aneignung der Gnade Gottes als wesentlich.«[32] In der Bibel

31 ITK-Dokument (B III 3 u. 4), aaO. 256, 257.
32 James Barr: *Fundamentalismus,* in: EKL $^{3}$I (1986) 1404–1406.

ist die Grundlage des Glaubens gegeben, die nicht erst im theologischen Diskurs zur erfahrbaren Realität wird, vielmehr schlicht zu verkündigen und persönlich anzunehmen ist. Das römische Pendant zu diesem fragwürdigen protestantischen Phänomen vermittelt die Instruktion der Glaubenskongregation zusammen mit dem ITK-Dokument.

An die Stelle des Schriftprinzips tritt das *Hierarchieprinzip*, das die Einheit von Schrift, Traditio und Communio der Kirche wie die Reinheit der Glaubenslehre und ihre absolute Verbindlichkeit gewährleistet. Die gegebene Glaubensgrundlage, die geoffenbarte Wahrheit, wird als tradierbares und irrtumslos entfaltbares *Depositum fidei* in der hierarchisch strukturierten Kirche »treu bewahrt« und in Lehre und Leben der Kirche präsent gehalten. Die *dogmatischen Formeln* geben der erkannten Wahrheit bestimmte Gestalt, von der Gemeinschaft der Glaubenden wird dieselbige »endgültig angenommen und öffentlich bezeugt«. So tritt an die Stelle des persönlichen Glaubens der kollektive *Sensus fidelium*, durch den »das Volk Gottes unter der Leitung des Lehramtes . . . Gottes Wort erkennt, bejaht und unverbrüchlich festhält«.[33] Aufgrund und infolge gegenwärtiger Erfahrungen und Einsichten können Wahrheit und Wirklichkeit nicht wieder zu offenen Fragen werden. Nicht die Wahrnehmung des Heutigen, sondern die Tradition ist das die Wahrheit und Wirklichkeit vermittelnde Medium. Das zeitgenössische Krisenszenarium und die geistigen Herausforderungen der Gegenwart – in der Instruktion wie im ITK-Dokument als Anlaß für »Neubesinnung« bzw. »Neuevangelisierung« genannt – provozieren gemäß fundamentalistischer Manier zu deutlicher *Abgrenzung*. Sie werden also nicht dazu genutzt, die eigene, in die Krise geratene und insuffizient gewordene Position zu überprüfen. Der Verzicht auf

33 ITK-Dokument (C II 1), aaO. 260.

einen argumentativen Diskurs und eine plausible Transformation der Glaubensüberzeugung verringern die Möglichkeit, lehramtliche Stellungnahmen zu rezipieren. Die Strategie der Glaubenskongregation und ihrer theologischen Helfer hat zur Folge, daß die Kirche sich zu einem Ghetto innerhalb der konkreten Lebenswelt verfestigt. Die nicht-katholischen Kirchen begeben sich jeglicher Chancen auf Glaubwürdigkeit, wenn sie aus einem ökumenischen Einheitsinteresse dem Sog der Absonderung nicht widerstehen. Gleiches gilt für die Theologie, die nur auf dem Terrain einer facettenreichen Alltagswelt hinreichend sinnvoll tätig sein kann.

Peter Knauer

# Das kirchliche Lehramt und der Beistand des Heiligen Geistes

## Zur römischen »Instruktion über die kirchliche Berufung des Theologen«

Am 27. Juni erschien in »L'Osservatore Romano« eine von Kardinal Joseph Ratzinger am 24. Mai 1990 unterzeichnete »Instruktion über die kirchliche Berufung des Theologen«[1] Es heißt am Schluß dieser Instruktion (Nr. 42):

> »Papst Johannes Paul II. hat in der dem unterzeichneten Kardinalpräfekten gewährten Audienz die vorliegende Instruktion, die in der Vollversammlung dieser Kongregation beschlossen worden ist, gutgeheißen und zu veröffentlichen angeordnet.«

Zuvor liest man bereits in Nr. 18:

> »Der Römische Papst bedient sich bei seiner universalen Sendung der Hilfe der Organe der Römischen Kurie, insbesondere der Kongregation für die Glaubenslehre bei Lehren über den Glauben und die Moral [die Sitten]. Daraus folgt, daß die ausdrücklich vom Papst approbierten

1 In einem »Supplemento A« der gleichen Ausgabe von »L'Osservatore Romano« findet sich der italienische Text. In deutscher Übersetzung erschien der Text in der Beilage XXV »Dokumente« der deutschen Ausgabe von »L'Osservatore Romano« vom 29. Juni, ferner in den vom Sekretariat der Deutschen Bischofskonferenz herausgegebenen Verlautbarungen des Apostolischen Stuhles Nr. 98 und im Augustheft der Herderkorrespondenz 44 (1990) 365 bis 373. Die deutsche Übersetzung ist an vielen Stellen ungenau. In den folgenden Zitaten aus der offiziellen Übersetzung wird, wo nötig, in eckigen Klammern eine wörtliche Wiedergabe geboten. Vgl. auch den deutschen und französischen Text in diesem Buch S. 12–73.

Dokumente dieser Kongregation am ordentlichen Lehramt des Nachfolgers Petri teilhaben.«

Diese Worte bezeichnen den Stellenwert, der dem Text nach seinem Selbstverständnis zukommt[2].

## I. Darstellung

Die Instruktion geht in der Einführung (Nr. 1) davon aus, daß es im christlichen Glauben um die Verbindung der Heilswahrheit mit der Existenz geht und daß Theologie als das »gläubige Bemühen um das Glaubensverständnis« einen für die Kirche unverzichtbaren Dienst bedeutet.

Ein kurzer erster Hauptteil (Nr. 2–5) handelt von der »Wahrheit als Geschenk Gottes für sein Volk«; Gottes Heilsplan »erhält durch den Geist, der ›in die Wahrheit führt‹ (Joh 16,13), dauerhafte Gestalt [wird ununterbrochen gegenwärtig gesetzt]« (Nr. 2). Der Glaube ist solcherart, daß die Gesamtheit der Glaubenden im Glauben nicht irren kann (vgl. Zweites Vatikanum, Kirchenkonstitution Nr. 12,1).

Der zweite Hauptteil (Nr. 6–12) handelt von der Aufgabe des Theologen. Hier geht es darum, daß Theologie aus der Dynamik des Glaubens selbst hervorgeht und der Verkündbarkeit des Glaubens insbesondere auch gegenüber den noch nicht Glaubenden dient. Rechte Theologie ist nur möglich im Geist des Gebets, in kritischer Strenge (im Unterschied zum Geist der Kritik) und als Dienst am ganzen Volk Got-

2 Allerdings scheint sich der Begriff »ordentliches Lehramt« bei Pius IX. (DS 2879) ursprünglich auf die Verkündigung der über die Welt zerstreuten Kirche, also auf die Verkündigung der Bischöfe für ihre jeweilige Diözese zu beziehen. Dann würde der Papst das »ordentliche Lehramt« ausüben, wenn er nur als Bischof von Rom handelt. Wo aber er selbst oder andere in seinem Auftrag für die Gesamtkirche tätig werden, handelte es sich eher bereits um die Wahrnehmung des »außerordentlichen Lehramts«.

tes. Ausdrücklich wird zu theologischer Inkulturation ermutigt (Nr. 10). Obwohl der Glaube die Vernunft übersteigt, gilt doch, daß die Vernunft, vom Glauben erleuchtet, den Sinn der Offenbarung erfassen kann. Der Glaube setzt die Wahrheitsfähigkeit der Vernunft voraus und auch die Möglichkeit einer Gotteserkenntnis durch die Vernunft aufgrund unseres Geschaffenseins. – Etwas fragwürdig erscheint hier die Formulierung in Nr. 8, das »Objekt der Theologie« sei »die Wahrheit, nämlich der lebendige Gott und sein in Jesus Christus geoffenbarter Heilsplan«. Kann man Gott, der nicht unter unsere Begriffe fällt und größer ist als alles, was gedacht werden kann, zum »Objekt« einer Wissenschaft machen? Sachlich gemeint ist sicher, daß Gegenstand der Theologie die historisch zugängliche christliche Botschaft ist, insofern sie beansprucht, Wort Gottes zu sein.

Besonders betont dieser zweite Hauptteil die

> »Freiheit der Forschung, an der die Gemeinschaft der Wissenschaftler mit Recht als einem ihrer kostbarsten Güter festhält. (...) In der Theologie ist die Freiheit der Forschung innerhalb eines rationalen Wissens [Erkennens] anzusetzen, dessen Gegenstand von der Offenbarung vorgegeben wird, wie sie in der Kirche unter der Autorität des Lehramtes übermittelt, ausgelegt und vom Glauben angenommen wird« (Nr. 12).

Theologie ist also insofern weisungsabhängig, als ihr Gegenstand, die kirchliche Glaubensbotschaft, von der Kirche vorgegeben ist. Worauf bezieht sich dann noch die Freiheit der Forschung in der Theologie? Die Instruktion will sie als die innere Haltung verstanden wissen,

> »die Wahrheit so anzunehmen, wie sie sich am Ende einer Forschungsarbeit darbietet, bei der kein Element Einfluß gewinnt, das den Erfordernissen einer dem studierten Objekt entsprechenden Methode fremd ist« (ebd.).

Hier wäre wohl hinzuzufügen, daß in der Theologie die Freiheit der Forschung und der öffentlichen Lehre auch darin besteht, daß grundsätzlich niemand, auch keine kirchliche Instanz, befugt ist, der Theologie die Auseinandersetzung mit irgendeiner Fragestellung an diese Glaubensbotschaft zu verbieten. Denn nur, wenn die Theologie sich mit allen nur denkbaren Einwänden gegen den Glauben auseinandersetzen kann, wird sie dem Glauben tatsächlich nützen; müßte sie irgendwelche Probleme tabuisieren oder im dunkeln lassen, würde sie ihrer Aufgabe untreu, der Verständlichkeit der Verkündigung zu dienen.

Im dritten Hauptteil (Nr. 13–20) über das Lehramt der Hirten heißt es zunächst, daß Gott »seiner Kirche durch die Gabe des Heiligen Geistes Anteil zu seiner eigenen Unfehlbarkeit gegeben« (Nr. 13) hat. Der Text fährt in der deutschen Übersetzung fort:

> »Durch den ›übernatürlichen Glaubenssinn‹ aber [in der Übersetzung hinzugefügtes Wort] erfreut sich auch [in der Übersetzung hinzugefügtes Wort] das Volk Gottes dieses Vorzugs, unter der Leitung des lebendigen Lehramtes der Kirche, das kraft der im Namen Christi ausgeübten Autorität die einzige authentische Instanz für die Auslegung des geschriebenen oder überlieferten Wortes Gottes ist« (Nr. 13).

Gegenüber der Übersetzung ist darauf hinzuweisen, daß nach der Kirchenkonstitution des Zweiten Vatikanums »Volk Gottes« der Oberbegriff für die Kirche insgesamt ist (vgl. die dortigen Kapitelüberschriften II, III und IV). Dieses Volk Gottes setzt sich zusammen aus den Amtsträgern und allen anderen Gläubigen. Es ist deshalb nicht möglich, zuerst der *Kirche* Unfehlbarkeit zuzuschreiben und dann »aber auch« dem *Volk Gottes*. Die Kirche ist selber das Volk Gottes.

Es heißt nun in der Instruktion, das Charisma der Unfehlbarkeit in Sachen des Glaubens und der Sitten werde

> »insbesondere ausgeübt, wenn die Bischöfe mit ihrem sichtbaren Haupt vereint in einem kollegialen Akt, wie es bei ökumenischen Konzilien der Fall ist, eine Lehre verkünden, oder wenn der Römische Papst in Erfüllung seiner Sendung als oberster Hirte und Lehrer aller Christen eine Lehre ›ex cathedra‹ vorlegt« (Nr. 15).

Auch später im vierten Hauptteil über das Verhältnis von Lehramt und Theologie wird ähnlich formuliert:

> »Wenn das Lehramt der Kirche unfehlbar und feierlich ausspricht, eine Lehre sei in der Offenbarung enthalten, ist die Zustimmung mit theologalem Glauben gefordert« (Nr. 23).

Für sich allein genommen könnten diese Formulierungen sehr leicht mißverstanden werden. Im lateinischen Text geht zwar der zum Verständnis notwendige Satz voraus: »Christus hat die Hirten in einzigartiger Weise mit dem Charisma der Unfehlbarkeit in Sachen des Glaubens und der Sitten ausgestattet.«[3] Aber in der deutschen Übersetzung ist daraus die Formulierung entstanden, Christus habe die Hirten der Kirche »im besonderen in Sachen des Glaubens und der Sitten mit dem Charisma der Unfehlbarkeit ausgestattet«; dies klingt, als seien die Hirten außerdem noch in anderen Dingen unfehlbar.

Die Übersetzungsweise scheint zu belegen, daß man gewöhnlich gar nicht erfaßt, daß der Ausdruck »in Sachen des Glaubens und der Sitten« eine *vorgängige Einschränkung* bedeutet. Denn es trifft nicht zu, daß das Charisma der Unfehlbarkeit in Sachen des Glaubens und der Sitten ohne weiteres bereits immer dann ausgeübt wird, wenn das Bischofskollegium zusammen mit dem Papst oder der Papst *(irgend)-*

3 »Ipse singulari modo eos charismate infallibilitatis ditavit, in iis rebus, quae ad fidem et ad mores pertinent.«

eine Lehre verkünden oder von ihr behaupten, sie sei in der Offenbarung enthalten[4].

Gemäß der Definition der päpstlichen Unfehlbarkeit im Ersten Vatikanum ist es eine Vorbedingung für die Unfehlbarkeit, daß diese Lehre sich nicht nur behaupteterweise, sondern *tatsächlich* auf *Glauben und Sitten* bezieht. Es heißt in der Definition der päpstlichen Unfehlbarkeit: Wenn der Papst eine Lehre über Glauben und Sitten als von der ganzen Kirche zu halten definiert, sind seine Aussagen aus sich irre-

---

4 Bereits im gemeinsamen Kanzelwort der deutschen Bischöfe »Zum Entzug der kirchlichen Lehrbefugnis Prof. Dr. Hans Küngs« vom 7. Januar 1980 hatte es ähnlich in Nr. 1 geheißen: »Wenn der Papst als oberster Lehrer oder ein allgemeines Konzil in Einmütigkeit mit dem Papst etwas als von Gott geoffenbart feststellen und zu glauben vorlegen, dann bewahrt sie der Beistand des Heiligen Geistes vor einem Irrtum (vgl. GL [gemeint: LG] 25).« Ich hatte damals an Kardinal Joseph Höffner als den Vorsitzenden der Deutschen Bischofskonferenz geschrieben (14. 1. 1980), daß diese Formulierung keine korrekte Wiedergabe des katholischen Dogmas sei, weil vor »etwas« die Einschränkung »in Sachen des Glaubens und der Sitten« fehle. Ohne die Einschränkung würde der Satz ein aus den Quellen nicht legitimiertes extrinsezistisches Verständnis von »Beistand des Heiligen Geistes« insinuieren, als bestünde er darin, daß Papst und Konzil grundsätzlich an mutwilligen Akten gehindert würden. Aber so wenig mit solchen Fällen zu rechnen sei, seien sie doch nicht garantiert ausgeschlossen. Auf diesen Brief hat mir Kardinal Höffner mit Schreiben vom 10. 3. 1980 (V 1127/80) geantwortet: »Ich stimme Ihrer Meinung zu, daß die entscheidende Einschränkung ›in Sachen des Glaubens und der Sitten‹ in der Nr. 1 des Kanzelwortes der deutschen Bischöfe vom 7. Januar 1980 hätte hinzugefügt werden müssen, wenn sich dies auch aus dem Verweistext – LG 25 – ergibt. Allerdings habe ich aus manchen Gesprächen und vielen Zuschriften den Eindruck, daß der Text in Nr. 1 des Kanzelwortes durchaus richtig und im vollen Sinne einschließlich des ›in Sachen des Glaubens und der Sitten‹ verstanden worden ist. Dennoch wäre es besser und richtiger gewesen, die wesentliche Einschränkung ›in Sachen des Glaubens und der Sitten‹ in den Text aufzunehmen. Gern werde ich dafür Sorge tragen, daß dies bei etwaigen weiteren Verlautbarungen auch tatsächlich geschieht. Für ihre Aufmerksamkeit und Mitsorge danke ich Ihnen.«

formabel (DS 3074). Die Bedeutung dieses Sachverhalts soll weiter unten genauer erläutert werden.

Die Instruktion erklärt weiter, die Aufgabe des Lehramts schließe wesentlich ein,

> »daß das Lehramt Aussagen ›definitiv‹ vorlegen kann, auch wenn sie nicht in den Glaubenswahrheiten enthalten, wohl aber mit ihnen innerlich so verknüpft sind, daß ihr definitiver Charakter letztlich sich von der Offenbarung selber herleitet. Die Moral [was zu den Sitten gehört] kann Gegenstand des authentischen Lehramtes sein, weil das Evangelium als Wort des Lebens den ganzen Bereich des menschlichen Handelns anregt und bestimmt. Das Lehramt hat daher die Aufgabe, durch für das Gewissen der Gläubigen normgebende Urteile jene Akte zu bezeichnen, die in sich selber mit den Forderungen des Glaubens übereinstimmen und seine Anwendung im Leben fördern, aber auch jene Akte, die aufgrund ihres inneren Schlechtseins mit diesen Forderungen unvereinbar sind. Aufgrund des Bandes, das zwischen der Schöpfungs- und Erlösungsordnung besteht und wegen der Notwendigkeit, das ganze Moralgesetz um des Heiles willen zu kennen und zu befolgen, erstreckt sich die Zuständigkeit des Lehramtes auch auf den Bereich des Naturgesetzes.
>
> Andererseits [Im übrigen] enthält die Offenbarung selber moralische Lehren, die an sich von der natürlichen Vernunft erkannt werden könnten, die aber aufgrund der sündigen Verfaßtheit des Menschen schwer zugänglich sind. Es ist Glaubenslehre, daß diese moralischen Normen vom Lehramt unfehlbar gelehrt werden können« (Nr. 16).

Es wird also darauf hingewiesen, daß es außer den unfehlbaren Glaubenswahrheiten auch andere Lehren gebe, die »definitiv« gelehrt werden können. Ferner gebe es Wahrheiten, insbesondere moralische Normen, die bloß authentisch gelehrt werden. Es sei aber Glaubenswahrheit, daß diejenigen moralischen Normen, die, obwohl grundsätzlich mit der Vernunft erkennbar, *auch in der Offenbarung selbst enthalten* sind, unfehlbar gelehrt werden können. Für den letzten Satz beruft sich der Text in einer Fußnote auf die Definition der päpstlichen Unfehlbarkeit des Ersten Vatikanums. Hier ist mit dem Einwand zu rechnen, daß diese Definition eine solche Aussage wohl nicht genügend belegt[5]. Auch darauf ist weiter unten zurückzukommen.

Der vierte Hauptteil (Nr. 21–41) ist der ausführlichste. Er handelt vom Verhältnis von Lehramt und Theologie, und zwar zunächst von der gegenseitigen Zusammenarbeit von Theologen und Lehramt und eventuellen »Spannungen« zwischen beiden (Nr. 21–31) und dann vom Problem des »Dissenses« (Nr. 32 bis 41). Unter »Dissens« versteht die Glaubenskongregation eine abzulehnende »öffentliche Oppositionshaltung gegen das Lehramt« (Nr. 32).

Durch die »missio canonica« werde der Theologe in einem gewissen Sinn zur *Teilhabe am Auftrag des Lehramts* berufen; er werde »amtlich mit der Aufgabe betraut, mit aller Genauigkeit und unverkürzt die Lehre des Glaubens vorzulegen und zu erklären« (Nr. 22). Es bleibt hier etwas unklar, in welchem Sinn möglicherweise die Lehre solcher amtlich berufener Theologinnen oder Theologen durch ihre Teilhabe am Auftrag des Lehramts vielleicht auch »authentisch« wird, was ja nichts anderes als »amtlich« bedeutet. Zuvor war allerdings gesagt worden, daß das Lehramt der Kirche »die einzige authentische Instanz für die Auslegung des geschriebenen oder überlieferten Wortes Gottes« sei [wörtlich: das Lehramt allein übe das Amt aus, das geschriebene oder überlieferte Wort Gottes authentisch auszulegen] (Nr. 13).

Die Glaubenskongregation rechnet mit der Möglichkeit

5 Vgl. die detaillierte Bestandsaufnahme von J. Schuster, *Ethos und kirchliches Lehramt. Die Kompetenz des Lehramtes in Fragen der natürlichen Sittlichkeit* (Frankfurt 1984).

von »Spannungen« zwischen dem Theologen und dem Lehramt. Zunächst wird gefordert, daß der Theologe »seine abweichenden Meinungen oder Hypothesen nicht so vortrage, als ob es um undiskutable Schlußfolgerungen ginge«. Er wird deshalb auch »ihre vorzeitige Veröffentlichung vermeiden« (Nr. 27). Vielleicht wäre hier zu fragen, ob es nicht auch geschehen kann, daß Theologinnen oder Theologen zu spät warnen. Und können nicht auch sie wie überhaupt jeder Christ Dinge sagen, für die durchaus Glaubensgewißheit zu beanspruchen ist?

Die Instruktion fordert zur Wahrung der Einheit in der Wahrheit und der Einheit in der Liebe auf (Nr. 26); dies komme

> »zu seiner besonderen Anwendung im Fall eines Theologen, der sich aus ihm fundiert erscheinenden Gründen mit einer reformablen Äußerung des Lehramtes in ernsthaften Schwierigkeiten befindet oder an ihrem irreformablen Charakter Zweifel hat. Eine solche Uneinigkeit könnte nicht gerechtfertigt sein, wenn sie sich allein auf die Tatsache gründete, die Gültigkeit der Lehre sei nicht offenkundig[,] oder auf die Meinung, die gegenteilige Position sei wahrscheinlicher. Ebensowenig ist das Urteil des eigenen subjektiven Gewissens des Theologen ausreichend, weil diese keine autonome und exklusive Instanz ist, um über die Wahrheit einer Lehre zu urteilen« (Nr. 28).

In einem gewissen Gegensatz dazu sagt – bezüglich eines eventuellen Zweifels aus irreformablen Charakter einer Lehre – CIC Can. 749, § 3 ausdrücklich, daß als unfehlbar definiert eine Lehre *nur* dann anzusehen ist, wenn dies »offensichtlich feststeht«.

Als Heilmittel für solche Spannungen wird »tiefe und geduldige Reflexion« empfohlen.

> »Bleiben die Schwierigkeiten trotz loyaler Bemühungen bestehen, ist der Theologe verpflichtet, den Lehrautoritä-

ten die Probleme vorzutragen, die eine Lehre in sich selber, in den Begründungen, die dafür vorgebracht werden, oder auch in der Art, wie sie vorgelegt wird, enthält. (...) Der Theologe wird in diesen Fällen nicht auf die Massenmedien zurückgreifen, sondern vielmehr die verantwortliche Autorität ansprechen; denn durch das Ausüben von Druck auf die öffentliche Meinung [durch Beeinflussung der öffentlichen Meinung] kann man nicht zur Klärung von lehrhaften Problemen beitragen und der Wahrheit dienen« (Nr. 30 f.).

Diese Sicht klingt etwas restriktiver als frühere Äußerungen des Lehramts. Pius XII. sagte in einer Ansprache vom 17. Februar 1950 an einen Kongreß katholischer Journalisten, es würde dem Leben der Kirche etwas fehlen, wenn es in ihr keine »öffentliche Meinung« gäbe. Er warnte die Journalisten dann genauso wie vor hemmungsloser Kritik [une critique sans contrôle] auch vor stummer Unterwürfigkeit [servilisme muet] (AAS 42 [1950] 256 f.). Wieviel mehr sind die Theologinnen und Theologen nicht nur vor der einen, sondern auch vor der anderen Gefahr zu warnen! Sogar im neuen CIC von 1983, Can. 212, § 3 heißt es: »Entsprechend ihrem Wissen, ihrer Zuständigkeit und ihrer hervorragenden Stellung haben die Gläubigen das Recht *und bisweilen sogar die Pflicht*, ihre Meinung in dem, was das Wohl der Kirche angeht, den geistlichen Hirten mitzuteilen und sie unter Wahrung der Unversehrtheit des Glaubens und der Sitten und der Ehrfurcht gegenüber den Hirten und unter Beachtung des allgemeinen Nutzens und der Würde der Personen *den übrigen Gläubigen kundzutun*« [Hervorhebung vom Verf.].

Wenn die Schwierigkeiten schließlich doch bestehen bleiben, wird in der Instruktion noch einmal auf dasselbe Heilmittel der Bereitschaft verwiesen, »die Frage gründlicher zu studieren«. Als Allerletzes wird empfohlen, eine solche Situation als »Aufruf zu schweigendem und betendem Leiden« zu verstehen, »in der Gewißheit, daß, wenn es wirklich um die Wahrheit geht, diese sich notwendig am Ende durchsetzt« (Nr. 31). Hier könnte die Frage entstehen, wie sich die Wahrheit durchsetzen soll, wenn man schweigen muß. Gerade weil die Theologie dieser Wahrheit zu dienen hat, wurde sie in der Kirche immer in der gleichen Öffentlichkeit ausgeübt wie das Lehramt selbst. Weil der Heilige Geist in der ganzen Kirche gegenwärtig ist, spielt kritische und zugleich liebevolle Öffentlichkeit vielleicht doch auch innerhalb der Kirche selbst eine wichtige Rolle für die Klärung der Wahrheit.

Besondere Mißbilligung äußert die Instruktion gegenüber der »Bildung von organisierten Gruppen« des Dissenses (Nr. 32). Dissens ist hier im oben genannten Sinn der systematischen Obstruktion gegen das Lehramt gemeint; es soll sicher nicht verboten werden, daß begründete theologische Bedenken auch gemeinsam vorgebracht werden[6]. Für den Dissens werden verschiedene Formen von Relativismus, Liberalismus und Soziologismus als seine möglichen Gründe genannt, und es wird schließlich vor einer Art »parallelen Lehramtes« gewarnt (Nr. 34).

Mit großem Recht betont die Instruktion, daß man den »übernatürlichen Glaubenssinn« der Gesamtheit der Glaubenden nicht einfach mit der »Meinung einer großen Zahl von Christen« identifizieren kann (Nr. 35).

Weiterhin wird darauf hingewiesen, daß sich das Lehramt zuweilen »zum Ergreifen beschwerlicher Maßnahmen« genötigt sehen kann, wie etwa, einem Theologen, der sich von

6 Vgl. z. B. die weltweit von katholischen Theologieprofessoren unterzeichnete Erklärung »Für die Freiheit der Theologen und der Theologie« aus dem Jahr 1968 (Text in: *La Documentation Catholique* 66, 1969, 119–121), zu deren 38 Erstunterzeichnern Walter Kasper, Karl Lehmann und Joseph Ratzinger gehörten.

der Lehre des Glaubens entfernt, den Lehrauftrag zu entziehen. »Wenn es so vorgeht, handelt es in Treue zu seiner Sendung«; daß die dabei üblichen Verfahrensweisen verbessert werden können, »bedeutet nicht, sie stünden in Gegensatz zu Recht und Gerechtigkeit« (Nr. 37)[7].

Den Abschluß der Instruktion bildet ein Hinweis auf die Vorbildlichkeit Mariens und die Mahnung an die Bischöfe, vertrauensvolle Beziehungen mit den Theologen zu halten und mit ihnen gemeinsam den Geist der Annahme des Wortes und des Dienstes an ihm zu pflegen (Nr. 42).

## II. Grundsatzfragen

Die Instruktion sucht vor allem die Autorität des Lehramts einzuschärfen. Es wäre sicher ein Dienst an der Verstehbarkeit der Glaubensverkündigung, wenn es gelänge, den Gläubigen auch ausdrückliche Rechenschaft über die *Kriterien* des Lehramts für eine Inanspruchnahme von Unfehlbarkeit zu geben.

Papst Paul VI. hatte vor der Veröffentlichung seiner Enzyklika »Humanae vitae« geäußert, die bisherigen Normen blieben gültig, »wenigstens solange Wir uns nicht im Gewissen verpflichtet fühlen, sie zu ändern«[8]. In der Enzyklika selbst wies er dann auf die Forderung eines von ihm eingesetzten Ausschusses hin, dessen Folgerungen jedoch

> »für Uns kein sicheres und endgültiges Urteil darstellen konnten, das Uns der Pflicht enthoben hätte, ein so be-

---

7 Es sei hier allerdings die Lektüre des aus Liebe zur Kirche geschriebenen kritischen Buchs von B. Häring, *Meine Erfahrungen mit der Kirche* (Freiburg 1989), empfohlen.

8 Ansprache an das Kardinalskollegium vom 29. 6. 1964: »Esse devono perciò ritenersi valide, almeno finché non Ci sentiamo in coscienza obligati a modificarle« (AAS 56, 1964, 588 f.).

deutsames Problem zum Gegenstand Unserer persönlichen Erwägungen zu machen. Das war auch deshalb notwendig, weil es in der Vollversammlung des Ausschusses nicht zu einer vollen Übereinstimmung der Auffassungen über die vorzulegenden sittlichen Normen gekommen war; und vor allem, weil einige Lösungsvorschläge auftauchten, die von der Ehemoral, wie sie vom kirchlichen Lehramt bestimmt und beständig vorgelegt wurde, abwichen« (HV 6).

Das »subjektive Gewissen« ist, wie die Instruktion erklärt (Nr. 28), jedenfalls *bei den Theologen* kein genügendes Kriterium, um sich einer Äußerung des Lehramts entgegenzustellen. Aber ist dann das »subjektive Gewissen« *eines Trägers der Lehrautorität* von vornherein ein genügendes Kriterium dafür, daß seine Lehre durch göttlichen Beistand garantiert ist? Genügt es für einen Träger des Lehramts, um sich auf göttlichen Beistand berufen zu können, den Sachverhalt mit Sorgfalt untersucht zu haben und nach seinem Gewissen zu handeln?

Ein Verständnis von Unfehlbarkeit, wonach der göttliche Beistand prinzipiell verhindert, daß für eine falsche Lehre Unfehlbarkeit beansprucht wird, liefe wohl auf die unzutreffende Behauptung hinaus, die Träger des Lehramts hätten nicht die psychologische Freiheit, ihre Lehrautorität zu mißbrauchen; sie könnten in der Berufung auf ihre Lehrautorität nicht sündigen. Aber der Beistand des Heiligen Geistes besteht durchaus nicht darin, daß Papst oder Konzil grundsätzlich an mutwilligen Akten gehindert würden.

Die entscheidende theologische Frage lautet: Worin besteht der göttliche Beistand wirklich, und wann kann man sich zu Recht auf ihn berufen? Im Folgenden soll – wie ich hoffe, auch im Sinne der Instruktion – versucht werden, zur Klärung dieser Frage vom Grundverständnis des christlichen Glaubens her beizutragen.

## 1. Wann ist kirchliche Lehre unfehlbare Glaubenswahrheit?

Die christliche Botschaft beansprucht, »Wort Gottes« zu sein, das Geschehen der Selbstmitteilung Gottes in dem mitmenschlichen Wort der Weitergabe des Glaubens (vgl. 1 Joh 1,2–3). Gott schenkt uns durch sein Wort, das wir im Glauben annehmen, Gemeinschaft mit sich. Dagegen ist alles von Gott Verschiedene bloße Welt und als solche Gegenstand der Vernunft und nicht des Glaubens. Zum Beispiel wird auch das Menschsein Jesu von der Vernunft erkannt und kann nicht geglaubt werden; nur sein Gottsein ist Gegenstand des Glaubens. Gegenstand des Glaubens kann allein sein, daß Gott sich selbst schenkt. Das Wort Gottes offenbart uns unser Hineingenommensein in die Liebe des Vaters zum Sohn; darauf lassen sich alle einzelnen Glaubensaussagen zurückführen.

Bereits das Erste Vatikanum lehrt, daß es nach der steten Lehre der Kirche zwei verschiedene Erkenntnisordnungen gebe,

> »die sich nicht nur der *Erkenntnisfähigkeit* nach [principio], sondern auch dem *Gegenstand* nach [obiecto] unterscheiden: dem Erkenntnisprinzip nach, weil wir in der einen Erkenntnisordnung mit der natürlichen Vernunft, in der anderen aber mit göttlichem Glauben erkennen; dem Gegenstand nach, weil uns über das hinaus, wozu die natürliche Vernunft gelangen kann, in Gott verborgene Geheimnisse zu glauben vorgelegt werden, die, würden sie uns nicht göttlich geoffenbart, nicht zu unserer Kenntnis gelangen könnten« (DS 3015).

Der Vernunft ist als Gegenstand die geschaffene Wirklichkeit zugeordnet, die auf ihren Schöpfer verweist; Gegenstand des Glaubens dagegen ist die Selbstmitteilung Gottes an sein Geschöpf. Die christliche Botschaft ist nur dann als Wort Gottes verständlich, wenn sie selbst das Geschehen dessen ist, wovon sie redet, nämlich die Selbstmitteilung Gottes. Kriterium für eine Glaubensaussage ist deshalb, daß sie in sich selbst als das Geschehen der Selbstmitteilung Gottes verständlich ist. Das unterscheidet Glauben von Aberglauben. Aberglauben besteht darin, Sachverhalte zu »glauben«, die ihrer Natur nach in Wirklichkeit Gegenstand der Vernunft und nicht des Glaubens sind.

Vernunftaussagen sprechen gewöhnlich von Sachverhalten außerhalb ihrer selbst und können deshalb entweder wahr oder falsch oder aber unverständlich sein; es gibt also drei Möglichkeiten. »Der Frankfurter Messeturm ist 256,5 m hoch.« Die Wahrheit dieser Aussage läßt sich auf keine andere Weise feststellen als durch Nachmessen am Turm selbst; sie ist nicht »aus sich« wahr, sondern ihre Wahrheit wird nur durch den Vergleich mit ihrem Gegenstand erwiesen, der auch abgesehen von der Aussage in natura zugänglich ist. Die Aussage dagegen, der Messeturm sei nur 150 m hoch, ist falsch und wird durch Nachmessen widerlegt. Und würde jemand auf die Frage nach der Höhe des Frankfurter Messeturms antworten, seine Höhe sei grün, dann wäre die Aussage unverständlich.

Auf dem Feld des Glaubens und seiner Anwendung auf die Sitten kann jedoch eine Aussage nur entweder wahr oder aber überhaupt unverständlich sein; es ist jedoch apriori ausgeschlossen, daß sie falsch ist. Es gibt also hier nur die ersten zwei Möglichkeiten. *Denn Aussagen, die sich wirklich als Glaubensaussagen verstehen lassen, enthalten die Wirklichkeit, von der sie reden, in sich selbst und sind deshalb immer »aus sich« wahr.* Das Wort Gottes ist selbst das Geschehen dessen, wovon es redet, nämlich der liebevollen Selbstmitteilung Gottes. Wird dagegen für eine Aussage, die nicht das Geschehen dessen ist, wovon sie redet, Glauben im Sinn einer der Selbstmitteilung Gottes entsprechenden Hingabe an Gott beansprucht, dann erweist sich eine solche Aussage als ähnlich unverständlich wie der Satz, die Höhe des Frankfurter Messeturms sei grün oder blau. Ein solcher Satz ist nicht falsch, sondern überhaupt unverständlich.

Angenommen, am Anfang des Jahrhunderts wäre Pius X. auf den Gedanken gekommen, die Aussage der Päpstlichen Bibelkommission, daß der Hebräerbrief zu den echten Paulusbriefen gehöre (DS 3591), als Glaubenswahrheit zu definieren. Dann wäre dennoch kein Mensch in der Lage gewesen, diese Aussage als eine Aussage zu verstehen, in der Gott selber sich mitteilt. Daß der Hebräerbrief von Paulus stamme, ist zwar verständlich als eine historische – wenn auch vermutlich unzutreffende – Aussage; aber ein solcher Satz ist nicht verständlich als eine angebliche Glaubensaussage. Denn zur Verstehbarkeit einer Glaubensaussage gehört, daß in ihr Gott selber sich schenkt.

Es ist nicht möglich, als Glaubensaussagen verstehbare Aussagen, die dennoch falsch wären, überhaupt herzustellen. *Das allein ist die Garantie für die Unfehlbarkeit der Kirche in Dingen des Glaubens und seiner Anwendung auf die Sitten.* Nur in einer solchen Sicht wird auch der in der Instruktion (Nr. 4) zitierte Satz der Kirchenkonstitution des Zweiten Vatikanums verständlich, daß die Gesamtheit der Glaubenden im Glauben nicht irren kann (LG 12,1). Der Beistand des Heiligen Geistes besteht darin, daß die Weitergabe eines als Wort Gottes verstehbaren Wortes in sich selbst die Mitteilung des Heiligen Geistes *ist.* Daß falsche Glaubensaussagen nicht herstellbar sind, bedeutet allerdings nicht, daß man nicht auch das Gegenteil einer Glaubensaussage herstellen kann; nur ist es nicht möglich, das Gegenteil einer Glaubensaussage (z. B. Jesus sei nicht der Sohn Gottes) ebenfalls als Glaubensaussage zu verstehen, in der Gott selber sich schenkt.

Der Beistand des Heiligen Geistes ist also nicht ein gleichsam von außen hinzukommender Einfluß, der die Träger des

Lehramts prinzipiell davor bewahrt, falsche Aussagen als wahr zu behaupten. Er besteht vielmehr darin, daß als Glaubensaussagen verständliche Aussage genau deshalb, weil – und nur dann, wenn – sie überhaupt als Glaubensaussagen verständlich sind, grundsätzlich nicht falsch sein können. Denn dann enthalten sie das, wovon sie reden, in sich selber und sind deshalb »aus sich« wahr. In diesem Sinn gilt auch, daß die Unfehlbarkeit von Aussagen an ihrem Inhalt selbst liegt und nicht an von außen hinzugefügten Argumenten. Und so besteht auch der »übernatürliche Glaubenssinn«, der der Gesamtheit der Glaubenden und damit überhaupt allen in der Kirche an Jesus Christus Glaubenden zukommt, darin, im Sinn der Hingabe des Herzens an Gott keine anderen als die wirklichen Glaubensaussagen glauben zu können.

Eine Glaubenswahrheit kann deshalb überhaupt nicht anders als mit Anspruch auf Unfehlbarkeit vertreten werden. Von allen Glaubenswahrheiten gilt: »Niemand kann sagen: Jesus ist Herr, außer im Heiligen Geist« (1 Kor 12,3).

## 2. Definitive Vernunftwahrheiten

Die Instruktion weist mit Recht darauf hin, daß die Kirche nicht nur eigentliche Glaubenswahrheiten unfehlbar lehren kann. Sie kann darüber hinaus auch solche Vernunftwahrheiten »definitiv« lehren, die vom Glauben vorausgesetzt werden. Eine solche Vernunftwahrheit ist zum Beispiel die Aussage, daß die Welt aus dem Nichts geschaffen sei; in allem, worin sich die Welt vom Nichts unterscheidet, ist sie solcher Art, daß sie ohne Gott und damit auch von Gemeinschaft mit Gott sinnlos ist. Daß wir geschaffen sind, ist aber keine Glaubens-, sondern eine Vernunftwahrheit (vgl. Nr. 10 und DS 3004, 3026). Wir sind genau in dem Maß geschaffen, in dem wir sind; deshalb muß unser Geschaffensein an unserem eigenen Sein mit der Vernunft ablesbar sein. Glaubenswahrheit ist nur das »In Christus« unseres Geschaffenseins. Im Unterschied zu unserem bloßen Geschaffensein als solchem gilt von der Gnade, daß sie nicht an etwas Geschaffenem ihr Maß hat und deshalb auch nicht am Geschaffensein abgelesen werden kann. Sie muß einem im Wort der Glaubensverkündigung gesagt werden und läßt sich als wahr nur im Glauben erkennen.

Die Vernunftwahrheit unseres Geschaffenseins wird von der Kirche in dem Sinn garantiert, daß es niemals einem Menschen gelingen wird, sie zu widerlegen. Es wird gewährleistet, daß man keine Auseinandersetzung mit Gegenargumenten zu scheuen braucht; sie werden sich stets als nicht stichhaltig erweisen lassen.

Andere Vernunftwahrheiten, die vom Glauben als unwiderleglich vorausgesetzt werden, sind auch die Historizität Jesu und der Kirche sowie die prinzipielle sittliche Ansprechbarkeit des Menschen. Der Anknüpfungspunkt der Glaubensbotschaft beim Menschen ist ja die Frage, wie er aus der Macht der Angst um sich selbst befreit werden kann, die ihn sonst immer wieder daran hindert, menschlich zu sein.

*Moralische Einzelnormen* scheinen jedoch nicht solcher Art zu sein, daß sich ihr definitiver Charakter *aus der Offenbarung* herleiten ließe. Allein für die Selbstmitteilung Gottes und ihre Verstehensvoraussetzungen kann man sich im christlichen Verständnis auf Offenbarung berufen. Deshalb sind moralische Einzelnormen, *selbst wenn sie in der Bibel vorkommen*, dennoch nicht als solche geoffenbart, sondern bleiben fehlbare Vernunftwahrheit. Was würde sonst aus dem Satz folgen: »Wer die Rute spart, haßt seinen Sohn« (Spr 13,24)?

### 3. Was wird in bezug auf die »Sitten« unfehlbar gelehrt?

Wenn in der kirchlichen Lehre Unfehlbarkeit »in Dingen des Glaubens und der Sitten«[9] beansprucht wird, dann sind damit nach der Kirchenkonstitution des Zweiten Vatikanums wohl nicht neben dem Glauben die Sittennormen gemeint, sondern der »zu glaubende und auf die Sitten anzuwendende Glaube [fides credenda et moribus applicanda]« (LG 25,1). *Die wie der Glaube selbst unfehlbare Anwendung des Glaubens auf die Sitten besteht in der Aussage, daß »vor Gott gut« nur solche Werke sein können, die aus der Gemeinschaft mit Gott hervorgehen.* Darum geht es in dem Zusammenhang von Gottes- und Nächstenliebe: Die Liebe zu Gott besteht im Glauben als dem Vertrauen auf seine Liebe zu uns; aus ihr geht ein Verhalten hervor, das nicht mehr von der Angst um sich geleitet ist, sondern in der Weise der Nächstenliebe der Wirklichkeit der Schöpfung gerecht zu werden sucht.

Die bloße sittliche Richtigkeit von Werken, die darin bestehen, daß sie keinen moralischen Vorwurf begründen, reicht für sich allein nicht zu ihrer Gutheit vor Gott aus. Wenn man zum Beispiel im Selbstbedienungsladen aus Angst, erwischt zu werden, nicht stiehlt, sondern ehrlich zahlt, verdient man zwar keinen Vorwurf; aber damit allein

9 In den Texten des Konzils von Trient (DS 1507, vgl. auch DS 1501) beziehen sich nach Ausweis der Konzilsakten die »mores« in dem Ausdruck »in rebus fidei et morum, ad aedificationem doctrinae christiane pertinentium [in Dingen des Glaubens und der zum Aufbau der christlichen Lehre gehörenden Sitten]« (DS 1507) auf diejenigen Handlungsweisen, die wie die Kindertaufe oder die Kniebeuge vor dem Allerheiligsten Glaubenswahrheiten ausdrücken (CT 5; 14,29–18,3). Im Ersten Vatikanum hatte Gasser in seiner Relatio den Begriff »res fidei et morum« nur als allgemein bekannt vorausgesetzt, ohne überhaupt noch über seine genaue Bedeutung zu reflektieren (Mansi 52; Sp. 1224A). Vgl. auch J. Beumer, *Res fidei et morum. Die Entwicklung eines theologischen Begriffs in den Dekreten der drei letzten Ökumenischen Konzilien*, in: AHC 2 (1970) 112–134.

hat man noch nicht »gut« gehandelt und ist vor allem noch kein guter Mensch.

Moralische Einzelnormen gehören nicht wie unsere Geschöpflichkeit und prinzipielle sittliche Ansprechbarkeit oder die historische Existenz Jesu und der Kirche zu denjenigen Vernunftwahrheiten, die deshalb definitiv gelehrt werden können, weil ohne sie der Glaube keinen Bestand hätte. *Es ist keineswegs unvereinbar mit dem Glauben, sich zuweilen in der Beurteilung der objektiven sittlichen Richtigkeit der eigenen Handlungen zu irren.* Aber es wäre mit dem christlichen Glauben gänzlich unvereinbar, zum Beispiel zu meinen, Jesus habe nie gelebt.

Wer sich für den Glauben einsetzt, muß gegebenenfalls auch eigens für die Vernunft eintreten. Deshalb kommt es der Kirche durchaus zu, auch moralische Normen zu verkünden. Auch wenn solche Verkündigung fehlbar ist und bleibt, steht zunächst die Vermutung dafür, daß sie zutreffend ist. Das ist mit dem Anspruch gemein, es handele sich um »authentische« (= amtliche) Verkündigung. *Die Amtlichkeit einer Lehre bedeutet, daß derjenige, der sie bestreiten will, die ihn um des Glaubens willen im Gewissen bindende Beweislast zu tragen hat.* Dies ist wohl auch die genaue Bedeutung der Forderung der Instruktion, jeder Gläubige sei »aufgrund seines Glaubensgehorsams« zur Grundhaltung der Bereitschaft verpflichtet, auch eine bloß authentische Lehre loyal anzunehmen (Nr. 29). Nur wenn jemand in einem konkreten Fall eine bloß authentische Lehre als falsch erweisen kann und nicht seinerseits widerlegt wird, ist für ihn wie für alle anderen, die davon erfahren, ihr verpflichtender Charakter beendet.

## 4. Wie werden Sittennormen erkannt?

Die moralische Schlechtigkeit einer Handlung läßt sich letztlich nicht durch eine Art moralischen Intuitionismus erweisen, auch nicht durch einen solchen von Trägern des Lehramts. Denn diese verfügen über keine andere Möglichkeit moralischer Einsicht als andere Menschen. Der allen Glaubenden geschenkte Beistand des Heiligen Geistes besteht auf diesem Feld nur darin, daß uns der Glaube aus der Macht der Angst um uns selber befreit, die sonst sogar den Vernunftgebrauch einschränken kann.

Zur Begründung der Unverantwortbarkeit einer Handlung scheint es letzten Endes keinen anderen Weg zu geben als den des ausdrücklichen Nachweises, daß die Handlung den Charakter von *Raubbau* hat. Eine moralisch schlechte Handlung besteht darin, einen Wert nur auf kurze Sicht und auf eine solche Weise zu verwirklichen, daß derselbe Wert auf die Dauer und im Ganzen gesehen untergraben wird.

Das läßt sich mit dem traditionellen *Prinzip von der Doppelwirkung* erläutern. Dieses Prinzip antwortet auf die Frage, unter welchen Bedingungen die wissentliche oder vermeintliche Zulassung oder Verursachung eines Schadens dennoch verantwortbar ist. Eine solche Fragestellung setzt die Einsicht voraus, *daß eine Handlung überhaupt nur dann moralisch schlecht sein kann, wenn man in ihr wissentlich oder vermeintlich einen Schaden zuläßt oder verursacht; aber nicht jede wissentliche oder vermeintliche Zulassung oder Verursachung eines Schadens macht die Handlung tatsächlich schlecht.* Es geht also um die Angabe der genauen Grenze zwischen verantwortbaren und nicht verantwortbaren Handlungen; und darin erweist sich dieses Prinzip als das Grundprinzip der gesamten Moral.

Das Prinzip von der Doppelwirkung besagt: Man darf eine üble Wirkung des eigenen Handelns nur dann in Kauf nehmen, wenn 1. die Handlung selbst nicht in sich schlecht ist; 2. die üble Wirkung nicht in sich selbst beabsichtigt ist; 3. die üble Wirkung nicht der guten Wirkung des Handelns als in sich selbst beabsichtigtes Mittel zu ihrer Erreichung vorausgeht; 4. man für die Zulassung oder Verursachung der üblen Wirkung einen »entsprechenden Grund« hat.

Die entscheidende Bedingung des Prinzips ist die vierte. Wenn sie nicht erfüllt ist, dann ist die Handlung »in sich« und damit moralisch »schlecht« und ein für allemal unverantwortbar. In diesem Fall verhindert die erste Bedingung des Prinzips eine sinnlose Wiederholung der bereits abgeschlossenen Untersuchung. Die zweite Bedingung besagt, daß eine Handlung auch schon dadurch schlecht wird, daß sie über ihren eigenen Zweck hinaus auf die Ermöglichung einer in sich schlechten zweiten Handlung hingeordnet wird. Nach der dritten Bedingung kann auch umgekehrt eine in sich schlechte Handlung nicht dadurch nachträglich gerechtfertigt werden, daß man sie zur Ermöglichung einer weiteren in sich untadeligen Handlung benutzt (= Der gute Zweck heiligt nicht das in sich schlechte Mittel)[10].

Die entscheidende vierte Bedingung besagt: Eine Handlung, in der man wissentlich oder vermeintlich einen Schaden zuläßt oder verursacht, ist nur dann zu rechtfertigen, wenn durch das Vorhandensein eines »entsprechenden Grundes« die Zulassung oder Verursachung des Schadens nicht im moralischen Sinn beabsichtigt ist, sondern »indirekt« wird. Anderenfalls ist die Handlung ein für allemal »in sich schlecht«. Hier ist allerdings entscheidend, den Begriff des »entsprechenden Grundes« genau zu verstehen; es han-

10 Vgl. ausführlicher P. Knauer, *Fundamentalethik: Teleologische als deontologische Normenbegründung,* in: ThPh 55 (1980) 321–360; A Good End Does Not Justivy an Evil Means – Even in a Teleological Ethics, in: *Personalist Morals*, hrsg. v. J. A. Selling (Leuven 1988) 71–75.

delt sich um etwas völlig anderes als zum Beispiel bloß einen »wichtigen Grund«. Es geht vielmehr um eine innere »Entsprechung« zwischen der Handlung und ihrem Grund im Gegensatz zu einem »inneren Widerspruch«.

Jede Handlung hat ihren Grund in dem in ihr angestrebten Wert oder Nutzen; aber dieser Grund ist nur dann ein »entsprechender«, wenn die Handlung nicht letztlich genau diesem (für die Analyse universal zu formulierenden) Wert dadurch widerspricht, daß sie ihn auf die Dauer und im Ganzen zerstört oder andere Werte preisgibt, ohne daß dies zur Erreichung des angestrebten Wertes auf die Dauer und im Ganzen zwingend notwendig ist. Man darf nicht, um den *eigenen Wohlstand* zu erlangen, im Kontext der Gesamtwirklichkeit *Wohlstand überhaupt* untergraben. Im Deutschen haben wir dafür das anschauliche Wort »Raubbau«. Raubbau ist das Gegenteil von »Bewahrung der Schöpfung«.

Aufgrund mangelnder Analyse wird manchmal der durch die obige Erläuterung eigentlich bereits widerlegte Einwand erhoben, das Prinzip von der Doppelwirkung könne gar nicht das Kriterium für alle Handlungen sein. Denn es gebe Handlungen, die schon im voraus zu jeder Anwendung dieses Kriteriums »in sich schlecht« seien. Zu dieser Klasse von Handlungen gehörten zum Beispiel Lüge, künstliche Empfängnisverhütung, Sterilisation, Masturbation, direkte Tötung eines Unschuldigen usw. Jedoch sind auch diese Handlungen in Wirklichkeit nur dadurch »in sich schlecht«, daß der in ihnen zugelassene oder verursachte Schaden nicht durch einen »entsprechenden Grund« im oben definierten Sinn indirekt wird, sondern moralisch beabsichtigt ist.

Wenn Lüge, Mord, Diebstahl, Ehemißbrauch vorliegen, sind sie in der Tat per definitionem immer »in sich schlecht«. Aber: Zwar ist jede Lüge eine Falschrede, doch nicht jede Falschrede ist eine Lüge. Jeder Mord ist eine Tötung, doch nicht jede Tötung ist Mord. Jeder Diebstahl ist eine Wegnahme fremden Eigentums, doch nicht jede Wegnahme fremden Eigentums ist Diebstahl. Jeder Ehemißbrauch ist eine Verhinderung einer Empfängnis, doch nicht jede Verhinderung einer Empfängnis ist Ehemißbrauch. Der Unterschied liegt im Vorhandensein oder Nichtvorhandensein eines »entsprechenden Grundes«, wohlgemerkt in dem genauen oder erläuterten Sinn. Diese Differenzierung gilt für überhaupt alle Handlungen (nur unsere Sprache erweist sich hier als noch sehr unentwickelt, weil sie oft keine zwischen der faktischen Zulassung oder Verursachung eines Schadens und deren moralischer Bewertung unterscheidenden Termini bereitstellt).

So ist zum Beispiel die grundsätzlich in sich schlechte »Verstümmelung« eines Menschen niemals zu rechtfertigen; wenn jedoch ein Arzt einem Kranken das Bein abnimmt, um ihm das Leben zu retten, dann handelt es sich *von vornherein nicht* um eine »Verstümmelung« im moralischen Sinne des Wortes, sondern um einen »heilenden Eingriff«. Daß andernfalls eine Verstümmelung vorliegt, weiß man wie bei allem anderen in sich schlechten Handlungen nur daher, daß der Grund für die Handlung kein »entsprechender« im oben erläuterten Sinn ist.

Die einzige Weise, wie man die Unverantwortbarkeit einer Handlung vor der Vernunft begründen kann, besteht also letztlich darin, ihren Charakter als Raubbau aufzuweisen. Dafür verfügt aber auch das kirchliche Lehramt über kein höheres Licht als alle Glaubenden. Der Glaube wirkt sich für die Erkenntnis moralischer Normen nicht dadurch aus, daß er Argumente ersetzt[11], sondern daß er den Men-

---

11 Deshalb war es nicht überzeugend, wenn Paul VI. sich in der Enzyklika »Humanae vitae« an die Priester mit den Worten wandte: »Wie ihr wohl wißt, verpflichtet euch dieser Gehorsam nicht so sehr wegen der beigebrachten Beweisgründe, als wegen des Lichtes des Heiligen

schen aus der Macht der Angst um sich befreit, die ihn sonst auch in seinem Vernunftgebrauch beeinträchtigen kann.

Als Fazit: Moralische Normen können gewiß vom Lehramt der Kirche authentisch, also amtlich gelehrt werden; innerhalb der Kirche wird damit dem, der sie bestreitet, die ihn um des Glaubens willen im Gewissen bindende Beweislast aufgebürdet. Es scheint jedoch in keinem Fall legitim möglich, für moralische Einzelnormen die Unfehlbarkeit des Glaubens zu beanspruchen oder sie mit der Begründung definitiv zu lehren, daß ohne sie der Glaube keinen Bestand hat.

---

Geistes, mit dem besonders die Hirten der Kirche bei der Darlegung der Wahrheit ausgestattet sind« (HV 28).

Max Seckler

# Der Dialog zwischen dem Lehramt und den Theologen

## Zur »Instruktion über die kirchliche Berufung des Theologen«

In der »Instruktion über die kirchliche Berufung des Theologen«, die von der Kongregation für die Glaubenslehre am 24. Mai 1990 erlassen und am 26. Juni veröffentlicht wurde, kommt dem *Dialogmotiv* zentrale Bedeutung zu. Die Kirche selbst ist als eine Gemeinschaft gesehen, die im geistig-geistlichen Austausch der Gaben innewird, die ihr im dialogischen Heilsgeschehen von Gott her zukommen. Sie ist eine Dialoggemeinschaft auf heilsökonomischer Grundlage. Das Dialogische wird damit zu einer ekklesiologischen Grundbestimmung, und zwar in zweifacher Hinsicht. Erstens hat diese Grundbestimmung *strukturierende* Auswirkungen bezüglich der Bauformen der Kirche. Sie ist ein in sich gegliederter Organismus, dessen verschiedenartige Glieder den Austausch tragen. Aber nicht nur die einzelnen Personen sind Dialogpartner, sondern auch die Ämter und Dienste in der Kirche sind auf dialogischen Austausch abgestellt. Insofern hat das Dialoggeschehen in der Kirche nicht nur eine personale, sondern auch eine strukturell-institutionelle Seite. Zweitens ergeben sich aus der heilsökonomischen Verankerung des Dialogischen auch Konsequenzen für die *qualitativen* Dimensionen des innerkirchlichen Dialogs. Sie betreffen die spirituellen Formgesetze des Dialogs, die dem Geist des Zusammenwirkens und dem Ethos des Austausches seine besondere Prägung geben.

Wie für die Ekklesiologie überhaupt, so ist der Dialoggedanke auch für die Darlegungen der Instruktion von zentraler Bedeutung. Das ganze Dokument ist von ihm her konzipiert, und die beiden Aspekte des Dialogmotivs kommen im Fortgang der Gedankenführung zur Entfaltung. Sie stellen deshalb auch den eigentlichen hermeneutischen Schlüssel für die Erfassung der Sinnzusammenhänge dar, in welche die Details eingebettet sind und aus denen heraus sie ihre Sinnlogik empfangen. Der flüchtige Leser, der darauf nicht achtet, sondern nur aus dem Zusammenhang gerissene Einzelheiten zur Kenntnis nimmt, müßte deshalb fast unvermeidlich zu Urteilen und Schlußfolgerungen gelangen, die den Intentionen des Dokuments nicht gerecht werden.

Auf der Grundlage dieses Dialogmotivs läßt die Instruktion sich nun von bestimmten *Optionen* leiten, die gleichsam der inneren Ausgestaltung und konsequenten Anwendung des Dialoggedankens dienen. Hier erfolgen die eigentlichen Weichenstellungen für den Sachgehalt und die elementaren Orientierungen des Dokumentes. Die Grundsätze, die hier zum Tragen kommen, repräsentieren in ihrer Auswahl und in ihrer inhaltlichen Fassung zugleich eine theologische Vision des Christentums und der Kirche im ganzen, die als solche bemerkenswert ist und sich keineswegs von selbst versteht. Von diesen Optionen her bestimmt sich dann auch maßgeblich die Architektur jenes Verhältnisses zwischen dem Lehramt und der Theologie, die das eigentliche Thema der Instruktion ist.

Die erste dieser Optionen betrifft das Moment der *Wahrheit*. Der Text der Instruktion beginnt demonstrativ mit einem Zitat aus dem Johannesevangelium: »Die Wahrheit, die frei macht, ist ein Geschenk Jesu Christi« (vgl. Joh 8,32). Mit dieser Intonation signalisiert das Dokument bereits eindeutig, welche Bedeutung es dem Aspekt der Wahrheit für die Identität des Christlichen und von daher auch für seine

Darlegungen zum innerkirchlichen Dialog beimißt. Damit wird das geistige Leben der Kirche schon im ersten Ansatz in der Wahrheitsdimension verankert. Von diesem Tenor ist das ganze Dokument geprägt. Wie anders müßte sich alles darstellen, wenn die Wahrheit im Christentum nicht diesen Rang hätte! Indem aber das Christentum als Religion der Wahrheit bestimmt wird, empfängt auch der Dienst an der Wahrheit eine besondere Wichtigkeit und Würde. Das muß Auswirkungen auf die Verfassung der Kirche haben.

Mit dieser Option verbindet die Instruktion eine zweite. Indem die Wahrheitsdimension und das Dialogmotiv miteinander in Beziehung gesetzt werden, wird sichtbar, wie aus dem Innersten der Heilsökonomie heraus die Wahrheit des Dialogs bedarf und der Dialog der Wahrheit dient. Der Dialog aber ist ein Austausch der daran beteiligten Subjekte. So empfangen gerade vom Dialogmotiv her die Glieder und Gliederungen in der Kirche die Auszeichnung, nach dem Maß ihrer Gaben auch Subjekte und Träger des Dialogs zu sein. Auf dieser Grundlage werden von der Instruktion denn auch tatsächlich das hierarchische Lehramt einerseits und die theologische Wissenschaft anderseits als besondere und als besonders aufeinander verwiesene *Dialogpartner* begriffen. Auch diese Option ist bemerkenswert, denn nicht zu allen Zeiten stellte sich die Sache so dar. Im Gegensatz zu manchen Befürchtungen, die unmittelbar nach der Veröffentlichung der Instruktion laut geworden sind, wird dabei der Theologie sogar eine ausgesprochen starke Position eingeräumt. In dieser Hinsicht greift die Instruktion auf die besten Traditionen der Theologischen Prinzipienlehre zurück.

Zwar scheint dadurch, daß das Dokument in seinem Titel von der Berufung des *Theologen* spricht, der eine Dialogpartner personalisiert und sozusagen individualisiert zu werden, während der andere eher in der Generalität des Institutionellen verbleibt. In Wahrheit aber ist die personalisierende Sichtweise unterfangen vom Gedanken der ekklesiologischen Institutionalität auch und gerade der *Theologie*. Nicht nur Bischöfe und Theologen sind Partner des Dialogs, sondern eben auch – und sachlich grundlegender – das pastorale Lehramt und die theologische Wissenschaft. Die kirchliche Berufung des Theologen ist eine Berufung zur Arbeit in der theologischen Wissenschaft. Indem der Theologe zur Ausübung dieser Wissenschaft berufen wird, wird er ipso facto in eine Aufgabe eingewiesen, deren objektive Merkmale dem Belieben entzogen sind. Es ist deshalb besonders wichtig, auf das Theologieverständnis zu achten, von dem die Instruktion sich leiten läßt.

Ihren Ursprung – einen originär eigenen Ursprung – hat die Theologie demnach nicht etwa in einer kirchenamtlichen Setzung, sondern im Dasein des Volkes Gottes und in der inneren Bewandtnis des christlichen Glaubens. Die Theologie gehört konstitutiv und integrativ zum Leben und zur Verfassung der Kirche. Ihre Ausgestaltung in der Weise einer Wissenschaft gehört mit dazu und wird von der Instruktion eindeutig bejaht. Die »unverzichtbare« und »zu allen Zeiten wichtige« und in Zeiten großer geistiger und kultureller Umbrüche »noch wichtigere« Rolle der Glaubenswissenschaft wird betont. Von dieser Option ist das ganze Dokument geprägt. Als Glaubenswissenschaft unterliegt sie der regula fidei, ist zugleich aber auch den Bedingungen der Wissenschaftlichkeit verpflichtet. Wie den kirchlichen Amtsträgern auf ihre Weise, so kommt auch den Theologen in der Ausübung ihres Berufes ein Charisma der Wahrheit zu.

Auch die Freiheit der theologischen Forschung wird ausdrücklich anerkannt; sie gilt als eines der kostbarsten Güter. Der Ort der theologischen Freiheit liegt im rationalen Diskurs innerhalb des Offenbarungsglaubens. Es handelt sich um eine Freiheit zur Selbstentfaltung des glaubenswissenschaftlichen Diskurses, in welchem Sachkompetenz, Unabhängigkeit des Urteils, Vernunft und Gewissen ihre Funktion haben. Die Freiheit der Theologie ist aber nicht unbegrenzt. Ihre Glaubensprinzipien, das Wort Gottes und die Glaubenslehre der Kirche muß sie bejahen, wenn sie sich nicht selbst auflösen will. In der Vermittlung der Glaubenslehre kommt dem pastoralen Lehramt die authentische Bezeugung der christlichen Botschaft zu. Sein Glaubenszeugnis hat nicht nur den Charakter einer theologischen Lehrmeinung, sondern es eignet ihm auktoritative Verbindlichkeit, und zwar je nach dem Maß, in welchem es seine Auktorität jeweils geltend macht. Dazu gehört auch ein doktrinales Entscheidungsrecht gegenüber theologischen Lehrmeinungen. Es verlangt Respekt auch dort, wo eine Lehrentscheidung den Glauben nur indirekt betrifft oder wo eine solche Entscheidung nicht definitiv ist, sondern nur den Charakter einer »einstweiligen Verfügung« hat. Mit alledem wird die Theologie nicht nur wissenschaftstheoretisch in den Glauben der Kirche eingewiesen, sondern bleibt auch wissenschaftspraktisch an ihn gebunden. Das ist gleichsam die Geschäftsbedingung der Theologie als kirchlicher Glaubenswissenschaft. Nur in diesem Rahmen kann die Theologie ihre Lehrfreiheit entfalten. Eine Einschränkung ihrer Forschungsfreiheit bedeutet das jedoch nicht. Im Gegenteil: Auch und gerade dann, wenn das Lehramt einer theologischen Lehrmeinung entgegentritt, soll die Forschung vertieft weitergehen. Worauf es bei alledem wohl ankommt, ist dies, daß die Theologie Wissenschaft ist und Wissenschaft bleiben soll und daß einer Wissenschaft keine Leitungsbefugnis – auch keine doktrinale Leitungsbefugnis – zukommt. Insofern sollen in der asymmetrischen Partnerschaft zwischen Lehramt und Theologie klare Verhältnisse herrschen. Eine Depotenzierung der Theologie als Glaubenswissenschaft aber bedeutet das nicht oder könnte es nur dann bedeuten, wenn sie nach dem Szepter greifen wollte. Es ist deshalb konzeptionell durchaus konsistent, wenn die Theologie in den Darlegungen der Instruktion als eine Eigengestalt christlicher Wahrheitsliebe, als ein unaufhebbarer ekklesialer Grundvollzug und als ein irreduzibler locus theologicus erscheint. Dieser Eigenwert der Theologie – und darin auch ihre Eigenständigkeit – wird klar gesehen und anerkannt, und die Auffassung, die Kirche wolle die Theologie als eine bloße Hilfsfunktion des Lehramtes betrachten, wird ausdrücklich zurückgewiesen. Die Theologie soll vielmehr die Eigenschaften eines eigenständigen und kraftvollen Dialogpartners haben.

Daß die Instruktion das ernsthaft will, geht nicht zuletzt daraus hervor, daß sie in den Spannungen, die zwischen Lehramt und Theologie auftreten können, auch ein Positivum sieht. Spannungen werden als dynamisches Moment im Wahrheitsprozeß und als Impuls für den Dialog eingeschätzt. Sie sollen auf beiden Seiten zu vertiefter Besinnung, zum Hören aufeinander und zum Überdenken der eigenen Position führen. Sie sind ein Ferment für Lernprozesse. Die Entwicklung geht weiter, auf beiden Seiten. Die Instruktion signalisiert deutlich genug, für sie der Grundsatz der wechselseitigen Beeinflussung und Bereicherung keine hohle Phrase ist und daß sie dem Dialog gerade auch unter den erschwerten Bedingungen sachlicher Divergenzen eine produktive Rolle beimißt. Die offenen Horizonte, in die ein wahrer Dialog hineinführt, sind gesehen. Aber noch einmal: Zum wahren Dialog gehört die Unterschiedlichkeit der Partner ebenso wie deren relative Autonomie in ihren je eigenen Bereichen. Ohne Autonomie im Eigenen gibt es keine Partnerschaft für andere. Aber auch die Abhängigkeit ist eine wechselseitige.

Nicht nur ist die Theologie darauf angewiesen, Vertrauen für ihre Arbeit und Anerkennung für ihre Arbeitsergebnisse zu finden; auch das Lehramt ist darauf angewiesen, daß die Theologie gedeiht. Nur zum geringeren Teil schafft es selbst das, was es lehrt; den größten Teil verdankt es den Vorarbeitern der Glaubenswissenschaft. Zwar »weiß« es selbst, was zum Glauben gehört und muß sich dafür nicht auf die Auktorität der Theologen berufen. Aber es darf sich des Nutzens, den wissenschaftliche Bildung und Sachkompetenz darstellen, nicht selbst berauben. Es muß sein Urteil im Kontext des glaubenswissenschaftlichen Diskurses bilden und sein Zeugnis auch darin bewähren. Wenn die Theologen schlecht arbeiten, ist auch das Lehramt davon betroffen, wie auch umgekehrt gilt: Wenn es aus guter Theologie nicht den angemessenen Nutzen zieht, dann bleibt es hinter dem zurück, was erwartet werden kann.

Ein besonderes Problem stellt die *Dissensfrage* dar. Man hat vermutet, daß von der Instruktion jedem sachlichen Gegensatz zwischen Lehramt und Theologie die Legitimität abgesprochen werde. Indem das Dokument die Legitimität des Dissenses so entschieden verneine, betrachte es eigenständiges Denken und abweichende Auffassungen, seien sie nun im Gewissen oder in Argumenten begründet, als unzulässig. Von daher wurde der Vorwurf totalitärer Repressivität erhoben. Man muß aber beachten, daß die Instruktion einen qualifizierten Dissensbegriff verwendet. In der Umgangssprache bedeutet »Dissens« einfach soviel wie unterschiedliche Standpunkte. Wenn solche nicht zulässig wären, könnte es allerdings auch keine legitimen und produktiven Spannungen in der Kirche und zumal zwischen Lehramt und Theologie geben. Der politologisch qualifizierte Dissensbegriff dagegen, den auch die Instruktion verwendet, steht für organisierte Oppositionsbewegungen, die die Einheit aufkündigen. Das Dokument spricht tatsächlich von »organisierten Gruppen«, die in einer Haltung »systematischer Opposition« und unter Zuhilfenahme der »Massenmedien« ihre Ziele verfolgen. Es geht also um ein ganz bestimmtes Konfliktmodell mit entsprechender Oppositions- und Proteststrategie. Was hier zur Debatte steht, betrifft die Ekklesiologie in ihren Fundamenten. Das Bild einer Kirche, das nach den Grundsätzen einer kruden Klassenkampfgesellschaft oder einer politologisch konzipierten basisdemokratischen Interaktionsgemeinschaft konzipiert wäre, mit Lehramt und Theologie als Hauptakteuren, wird zurückgewiesen. Im Grunde zielt die scharfe Zeichnung dessen, was nicht sein soll, wohl nicht einmal auf einzelne extreme Zuspitzungen, die in Ausnahmefällen und Notstandslagen zu verkraften wären, sondern auf deren blanke Etablierung als via ordinaria und auf eine Kirche, in der die Theologen die eigentlichen Lehrer wären und notfalls mit den Methoden der Agitation den »Dialog« beherrschten. Wenn die Instruktion dagegen Stellung nimmt, dann handelt es sich infolgedessen um eine elementare ekklesiologische Option. Und wenn sie für vertrauensvolle Beziehungen in der Gemeinschaft der Liebe plädiert, für brüderliches Gespräch und die Geduld des Reifenlassens, für Einheit in der Wahrheit dort, wo substantielle Spaltungen drohen, und für Einheit in der Liebe dann, wenn Gegensätze unvermeidlich sind, und wenn sie gegebenenfalls auch schweigendes und betendes Leiden für richtig hält, dann entspricht das in seinen theologischen Grundzügen und in seiner Spiritualität durchaus dem Kirchenbild, von dem eingangs die Rede war.

In diesem Zusammenhang ist noch ein Wort zum theologischen Publikationswesen zu sagen. Es ist der Eindruck entstanden, als ob die Instruktion den Theologen gerade in strittigen Sachfragen den Zugang zu den Medien als Organen des Austausches und der Meinungsbildung verwehren wolle. Hier muß man jedoch sorgfältig unterscheiden. Wie jede Wissenschaft für den Fortgang der Forschung auf Kommunikationsorgane angewiesen ist, die den Diskurs objektivieren, so auch die Glaubenswissenschaft. Etwas anderes ist die Indienstnahme der Massenmedien zum Zweck der öffentlichen

Meinungsbildung oder Meinungsbeeinflussung. Letzteres hat zweifellos einen legitimen Ort im geistigen Leben und in den Bewußtseinsbildungsprozessen der Kirche, wo die Kräfte des Volkes Gottes miteinander ringen. Das Publikationswesen, in welchem der glaubenswissenschaftliche Diskurs der Theologie sich artikuliert, ist jedoch von anderer Art und hat andere Zwecke. Zwar können die Grenzen zwischen beiden oft nicht scharf gezogen werden. Trotzdem muß man sehen, daß es diese Grenze nun einmal gibt, wenn man zwischen Wissenschaft und Politik oder zwischen Forschung und weltanschaulichem Meinungskampf überhaupt einen Unterschied machen will.

## Quellennachweis

Instruktion über die kirchliche Berufung des Theologen/Instruction sur la vocation ecclésiale du théologien: Libreria Editrice Vaticana, Vatikanstadt 1990.

Bernard Sesboüé in: La Croix vom 29. Juni 1990 (Interview von Michel Kubler), S. 15.

Otto B. Roegele in: Rheinischer Merkur/Christ und Welt, Nr. 27 vom 6. Juli 1990, S. 23.

Elmar Klinger in: Publik Forum 19 (1990), Nr. 14 vom 13. Juli 1990, S. 18 f.

Peter Hebblethwaite in: National Catholic Reporter vom 13. Juli 1990, S. 15 u. 28.

Walter H. Principe in: Catholic New Times vom 23. Juli 1990, S. 3.

Karl-Heinz Weger in: Frankfurter Allgemeine Zeitung vom 28. Juli 1990, S. 8.

Dietmar Mieth in: Orientierung (Zürich) 54 (1990), Nr. 13/14 vom 15./31. Juli 1990, S. 152 f. und Nr. 15/16 vom 15./31. August 1990, S. 171–175. Der erste Teil des Beitrags gleichzeitig in: Kirche intern (Wien), August 1990.

Peter Hünermann in: Herder-Korrespondenz 44 (1990), Nr. 8 (August 1990), S. 373–377.

Avery Dulles in: The Tablet. The international Catholic weekly vom 18. August 1990, S. 1033 f.

Ladislas Örsy in: The Tablet vom 25. August 1990, S. 1066–1069.

Christian Duquoc in: The Tablet vom 1. September 1990, S. 1097 f. (gekürzte Fassung, der Text in diesem Buch geht vom französischen Originalmanuskript aus).

Erwin Fahlbusch in: MD. Materialdienst des Konfessionskundlichen Instituts Bensheim 41 (1990), Nr. 5 (September/Oktober 1990), S. 87–91.

Peter Knauer in: Stimmen der Zeit 115 (1990), Heft 10 (Oktober 1990), S. 661–675.

Max Seckler in: L'Osservatore Romano 20 (1990) dt. Ausg., Nr. 42 vom 19. Oktober 1990, S. 6.

Die Übersetzung der Beiträge aus dem Englischen (P. Hebblethwaite, W.H. Principe, A. Dulles, L. Örsy) besorgte Hildegard Haker, Tübingen. Die Übersetzung der Beiträge aus dem Französischen (B. Sesboüé, Ch. Duquoc) besorgte Dietmar Mieth.

## Zu den Autoren

AVERY DULLES SJ, geboren 1918 in Auburn/New York, Mitglied der Gesellschaft Jesu, ist Inhaber des Laurence J. McGinley-Lehrstuhls für Religionswissenschaft und Gesellschaftslehre an der Fordham University in New York.

CHRISTIAN DUQUOC OP, geboren 1926 in Nantes, Mitglied des Dominikanerordens, ist Professor für Dogmatik in Lyon und Genf.

ERWIN FAHLBUSCH, geboren 1926 in Frankfurt am Main, ist Professor für Religionswissenschaft in Frankfurt am Main und wissenschaftlicher Mitarbeiter des Konfessionskundlichen Instituts Bensheim.

PETER HEBBLETHWAITE, geboren 1930, Journalist, lebt in Oxford und ist Vatikankorrespondent des National Catholic Reporter.

PETER HÜNERMANN, geboren 1929 in Berlin, ist Professor für Dogmatik an der Universität Tübingen.

ELMAR KLINGER, geboren 1938 in Herzogenaurach, ist Professor für Fundamentaltheologie und Vergleichende Religionswissenschaft an der Universität Würzburg.

PETER KNAUER SJ, geboren 1935 in Berlin, Mitglied der Gesellschaft Jesu, ist Professor für Fundamentaltheologie an der Philosophisch-Theologischen Hochschule St. Georgen in Frankfurt am Main.

Dietmar Mieth, geboren 1940 in Berlin, ist Professor für Theologische Ethik an der Universität Tübingen.

Ladislas Örsy SJ, geboren 1921 in Ungarn, ist Professor für Kirchenrecht an der School of Religious Studies of The Catholic University of America in Washington, D. C.

Walter H. Principe CSB, geboren 1922 in Rochester/New York, Mitglied der Congregation of St. Basil, ist Professor am Pontifical Institute of Mediaeval Studies in Toronto und amtierender Präsident der Catholic Theological Society of America.

Otto B. Roegele, geboren 1920 in Heidelberg, ist em. Professor für Zeitungswissenschaft der Universität München und Mitherausgeber des Rheinischen Merkur/Christ und Welt.

Max Seckler, geboren 1927 in Westerhofen, ist Professor für Fundamentaltheologie an der Universität Tübingen.

Bernard Sesboüé SJ, geboren 1929 in Le Mans, Mitglied der Gesellschaft Jesu, ist Professor für Dogmatik an der Theologischen Fakultät des Centre Sèvres in Paris.

Karl-Heinz Weger SJ, geboren 1932 in Schweinfurt, Mitglied der Gesellschaft Jesu, ist Professor für Grundlegung der Theologie und Philosophische Anthropologie und Leiter des Instituts für Fragen der Religionskritik an der Hochschule für Philosophie in München.